INOCENCIA RACIAL

INOCENCIA RACIAL

DESENMASCARANDO LA ANTINEGRITUD DE LOS LATINOS Y LA LUCHA POR LA IGUALDAD

TANYA KATERÍ HERNÁNDEZ

BEACON PRESS • BOSTON

Beacon Press books
are published under the auspices of
the Unitarian Universalist Association of Congregations.

Printed in the United States of America

28 27 26 25 24 8 7 6 5 4 3 2 1

This book is printed on acid-free paper that meets the uncoated paper
ANSI/NISO specifications for permanence as revised in 1992.

Text design and composition by Kim Arney

Library of Congress Cataloging-in-Publication Data is available for this title.

ISBN: 978-0-8070-2040-1; e-book: 978-0-8070-1872-9

Este libro está dedicado a Miriam Esther Jiménez Román, QEPD, audaz líder de los Estudios Afrolatin@s. Me he esforzado al máximo por recordar todo lo que me enseñó y por emular su valentía al plantear que "algunos 'marrones' son más marrones que otros, que algunos negros también son latinos y que muchos latinos son víctimas de la discriminación racial y cultural" ("Real Unity for AfroLatinos," AfroLatin@sForum.org.).

Y a James Quentin Walker,
por todo, siempre.[*]

* *Egyptian Ankh symbol should be inserted here*

TABLA DE CONTENIDO

INOCENCIA
RACIAL

CAPÍTULO 1

¿QUÉ ES LA ANTINEGRITUD DE LOS LATINOS?

Aun antes de entender la palabra "nigger", había escuchado "negro" en español.

—JOSÉ LUIS VILSON, educador afrolatino[1]

Vaya donde vaya, un negro sigue siendo un negro.

—FRANTZ FANON[2]

Los latinos pueden ser racistas. Algunos se sorprenderán al escuchar esto. Después de todo, nuestros diálogos nacionales acerca del racismo parecen no tomar en cuenta este hecho, y algunos líderes de los movimientos a favor de los derechos civiles también se muestran reticentes a "sacar al sol los trapos sucios" del prejuicio que existe dentro de las comunidades de color, por temor a que eso distraiga del "verdadero racismo" de la supremacía blanca. Sin embargo, al mismo tiempo, los afrolatinos y los afroamericanos sufren discriminación a manos de latinos que sostienen que la mezcla racial de su cultura los hace inmunes al racismo. Llamo a esto el velo de la "inocencia racial de los latinos", que oculta la complicidad latina con el racismo estadounidense. A su vez, la ignorancia pública acerca de la antinegritud latina impide abordar plenamente las complejidades del racismo estadounidense en lo que tiene que ver con el desarrollo de políticas públicas y la aplicación de las leyes contra la discriminación. Los jueces, además del resto de la sociedad, tienen que aprender que los latinos pueden tener prejuicios tanto hacia los afroamericanos como hacia los afrolatinos.

La omnipresencia de la violencia antinegritud, tan marcada incluso décadas después de los logros del movimiento por los derechos civiles, no puede entenderse ni tratarse fácilmente si nos enfocamos solo en los actores blancos no hispanos (es decir, los blancos no latinos). Según la Oficina del Censo de los Estados Unidos, la cantidad de blancos no hispanos está disminuyendo. El censo de 2020 reportó por primera vez la reducción de la población blanca no hispana desde que se implantó la encuesta nacional. Los blancos no hispanos ahora representan 57.8 por ciento de la población, una disminución de 8.6 por ciento desde el censo de 2010.[3] Además, se pronostica que la cantidad de blancos no hispanos se reducirá a 15 por ciento para el 2060.[4]

Por ende, la efervescencia constante de las posturas supremacistas no puede explicarse exclusivamente desde la perspectiva de una cantidad decreciente de blancos no hispanos. La continuada defensa y aceptación silente de la antinegritud implica a muchos otros grupos raciales y étnicos de los Estados Unidos y del planeta.[5]

Explorar la complicidad de los latinos con la antinegritud resulta particularmente útil. Los latinos, por ser un grupo étnico compuesto por personas de muchas tonalidades de piel, son percibidos con frecuencia como ajenos al racismo o, cuando menos, ajenos a sus formas más excluyentes. Examinar cómo la antinegritud sigue manifestándose entre los latinos—un abanico multicolor de mezcla de razas que en estos momentos constituye el 18.7 por ciento de la población y que se espera que aumente a 28 por ciento para el año 2060— es, por ende, una demostración contundente de que las personas de color pueden fortalecer el racismo.[6]

De todos modos, cuando le digo a la gente que parte de mis investigaciones giran en torno a la antinegritud en las comunidades latinas (y explico que sí, que eso sucede), los latinos de piel clara o de tez blanca muchas veces reaccionan diciéndome que la mayoría de los latinos y afroamericanos se llevan bien y que con frecuencia viven en áreas colindantes o en los mismos edificios. En otras palabras, lo que están expresando es que no creen que la antinegritud sea un problema real en las comunidades latinas como lo es en las comunidades blancas no hispanas.

Si bien sería ideal que los latinos en realidad fueran todos indiferentes al color e incapaces de cometer actos racistas, como afrolatina no puedo darme el lujo de creer en la utopía de la mezcla racial latina. Como comento en el epílogo, la evidente ascendencia negra de mi familia significa que tengo un interés personal en la evaluación precisa de cómo operan las múltiples formas del racismo. En consecuencia, este libro desentierra las voces de los afrolatinos y los afroamericanos que han experimentado la antinegritud latina con el fin de combatir la ignorancia pública y la aversión de los latinos a lidiar con la antinegritud. La necesidad de este tipo de intervención queda demostrada cuando consideramos la adoración de los latinos por la reina afrocubana de la salsa, Celia Cruz.

Cuando Cruz murió, el 16 de julio de 2003, su velorio en Miami atrajo a no menos de cien mil fanáticos. Posteriormente, cuando sus restos fueron llevados a la ciudad de Nueva York, miles esperaron para verla, una multitud mayor a la que honró a Judy Garland y a Ed Sullivan en la misma funeraria. A cualquiera que viera en los noticieros las imágenes de latinos de todas las razas expresando su amor por Celia se le haría difícil imaginar a cualquiera de esos dolientes como personas con prejuicios contra los negros.[7] De hecho, los mismos dolientes latinos denunciarían de inmediato una acusación de ese tipo. Y, sin embargo, el amor absoluto por el arte que crean algunos individuos negros puede coexistir con el impulso jerárquico a menospreciar a los negros como seres intelectualmente inferiores y socialmente peligrosos.[8] Este dualismo es fácil de ver en el profundo culto estadounidense a la estrella afroamericana Beyoncé, simultáneamente con el asesinato generalizado de afroamericanos desarmados presuntamente peligrosos por naturaleza.

No obstante, el racismo contra los negros que surge fuera del contexto lamentablemente familiar en Estados Unidos del prejuicio de los blancos no hispanos contra los afroamericanos puede resultar desconcertante para muchos. Esto se debe en parte a que se piensa que la negritud en Estados Unidos la personifican principalmente los afroamericanos anglohablantes. A su vez, la antinegritud por lo común se entiende como un fenómeno exclusivo de Estados Unidos que afecta a los afroamericanos anglohablantes (con un reconocimiento ocasional de las luchas racializadas de los africanos y otros de la diáspora africana).[9] Esta percepción distorsionada se exacerba por la manera en que las comunidades latinas mismas marginan o borran por completo la existencia de los afrolatinos.

El volumen fundamental *The Afro-Latin@ Reader: History and Culture in the United States* destaca esta marginación en su definición inicial:

> ¿Afrolatin@? ¿Qué es un(a) afrolatin@? ¿Quién es afrolatin@? El término nos confunde porque estamos acostumbrados a pensar en "afro" y "latin@" como distintos entre sí y mutuamente excluyentes: o se es negr@ o se es latin@.
>
> La respuesta breve es que l@s afrolatin@s pertenecen a ambos grupos. Son las personas de ascendencia africana en México, Centro y Sur América, el Caribe hispano y, por extensión, las de ascendencia africana en Estados Unidos cuyos orígenes están en Latinoamérica y el Caribe.[10]

De manera que, para que quede claro, los afrolatinos son, a la vez, latinos desde el punto de vista étnico y negros desde el punto de vista racial.[11] En la vida diaria pocas personas se preocupan por cómo y cuándo la identidad étnica difiere de la identidad racial. En efecto, hay quienes ven los conceptos como iguales o por lo menos están al corriente de cuánto pueden coincidir como constructos sociales. Algunos investigadores hasta prefieren el término "étnico-racial" (con guion) para referirse a esta coincidencia.[12] No obstante, para los afrolatinos que viven en la intersección de la negritud y la latinidad (una visión de una comunidad latina panétnica), los dos términos destacan diferencias importantes que son útiles. Como señala la escritora afroperuana Kayla Popuchet Quesada, "Todos los latinos sufren opresión por su nacionalidad, pero no todos los latinos sufren opresión por su raza o su etnicidad".[13]

En términos generales, la etnicidad se refiere a cómo se asocian los individuos con un grupo social en base a marcadores culturales como el idioma, la religión, las costumbres, las tradiciones, los alimentos, el origen geográfico, etc., y no principalmente en su apariencia física.[14] Dentro de un grupo étnico, la apariencia física puede variar mucho. En consecuencia, cuando este libro se refiere a los "latinos" sin un calificador racial como "blanco" o "afro", se refiere al grupo étnico de los latinos en general.

La raza está más directamente ligada a jerarquías sociales impuestas que se basan en diferencias físicas o presuntas diferencias físicas de linaje ancestral.[15] El color de la piel es solo uno de los marcadores físicos, como, por ejemplo, los rasgos faciales, la textura del cabello y forma del cuerpo, todos ellos enmarañados en una matriz de estereotipos degradantes. A diferencia de la etnicidad, la raza siempre tiene que ver con crear o mantener un sistema de castas.[16] Las suposiciones que hacemos de que los rasgos físicos automáticamente revelan verdades inherentes sobre la persona tienen un orden jerárquico.[17] Socialmente, ese orden se entiende como un orden racial. Los significados sociales raciales están tan profundamente arraigados que incluso individuos sin los marcadores físicos están expuestos a los estereotipos despectivos cuando se dan a conocer sus conexiones ancestrales.

Aunque los miembros de un grupo racial de un espacio geográfico específico con el tiempo pueden llegar a identificarse como distintos desde el punto de vista de la cultura, los grupos raciales, a diferencia de los grupos étnicos, no tienen una única cultura. Por ejemplo, la cultura negra de los afroamericanos de Estados Unidos no es igual en el sur que en el norte, y también es distinta a la de los afrocolombianos, afrofranceses, afrocoreanos, etc. Pero en todos esos espacios culturales distintos, los marcadores físicos racializados crean experiencias comunes de marginación social.

Por ende, en este libro la negritud racial y el término "negros" incluyen a los afroamericanos y a los afrolatinos también. Los poetas, novelistas y autores de memorias han representado esta dualidad desde hace mucho. Escritores como Elizabeth Acevedo, Jaquira Diaz, Junot Diaz, Dahlma Llanos-Figueroa, Marianela Medrano, Willi Perdomo, Spring Redd, Daniel Serrano y Piri Thomas, entre otros, conforman este grupo.[18]

Sin embargo, nuestros diálogos nacionales sobre el racismo parecen no percatarse de esto, con algunas notables excepciones.[19] Esta indiferencia es un problema. La falta de consciencia pública no puede justificarse con la suposición de que la situación difícil que sufren los afrolatinos sencillamente duplica los problemas del sistema de castas que afligen a otros grupos (como, por ejemplo, las jerarquías de color entre los indoamericanos o los afroamericanos, y las tensiones interétnicas entre los serbios y los croatas, los tutsis y los hutus, o los norteamericanos de origen irlandés y los de origen italiano a finales del siglo XIX). Una distinción importante es que la antinegritud latina no se reconoce públicamente como problema, como sí se hace con otros sistemas de castas, y cuando se denuncian casos de antinegritud latina, se consideran intrascendentes.

No obstante, la confusión societal con relación a quién es afrolatino no cambia el hecho de que las circunstancias de vida de los latinos vienen influenciadas no solo por el significado social de ser de origen étnico hispano, sino además por los marcadores físicos de la negritud en el color de la piel, los rasgos faciales y la textura del cabello.[20] Las conexiones faciales visibles con África también racializan al latino como negro. En efecto, el estatus socioeconómico restringido de los afrolatinos en Estados Unidos es más parecido al de los afroamericanos que al de otros latinos o norteamericanos blancos. Los latinos que también se identifican como negros desde el punto de vista de la raza con frecuencia tienen ingresos más bajos, índices de desempleo más altos, índices de pobreza más altos, menos educación y oportunidades, y es más probable que residan en vecindarios segregados que los que se identifican como latinos blancos o como "otro".[21] Además, los afrolatinos informan ser víctimas de más hostigamiento racial de parte de las autoridades del orden público y de complicaciones con el sistema de justicia criminal.[22]

De la misma manera, identificarse públicamente como negro resulta inmaterial a cómo la ascendencia africana afecta el estatus socioeconómico y la salud psicológica del latino.[23] (La presión de la cultura latina a rechazar las identidades raciales negras se abordará en el Capítulo 6, en la discusión de la política de las categorías censales). Aquellos que los demás consideran que tienen apariencia de afrolatinos tienen poco acceso a seguros y servicios médicos de manera paralela a los resultados de salud dispares de los afroamericanos.[24] Estos resultados de salud distintos según la raza existen entre los latinos a pesar de tener comidas y otros rasgos culturales comunes. Por ejemplo, en Puerto Rico, los índices de presión arterial varían según el color de la piel. Quienes son percibidos como afropuertorriqueños tienen niveles de presión arterial e índices de hipertensión más altos que los puertorriqueños percibidos socialmente como de mayor ascendencia europea.[25] Además, la percepción social de la negritud predice mejor la condición de salud mental de los latinos que la autoidentificación racial de los latinos.[26] Dado cuánto influye el fenotipo africano, el pelo y el color de la piel en la condición socioeconómica de los latinos, algunos investigadores sugieren que las observaciones del entrevistador acerca de la apariencia racial ofrecen la herramienta más precisa para monitorear la discriminación entre los latinos de distintas tonalidades de piel.[27] A pesar de que cada vez hay más pruebas de que para los latinos hay resultados sociales diferentes en función de si se trata de un matrimonio mixto, de la segregación en la vivienda, la escolaridad alcanzada, las penas de prisión y el acceso al mercado laboral, que varían para los latinos según el estatus racial percibido externamente, el trato desigual de los afrolatinos es invisible en nuestro discurso público con sus referencias a todos los latinos, independientemente de su apariencia, como "marrones".[28]

Queda oculto que la indiferencia de los latinos hacia la negritud desempeña un papel en la condición de subordinación de los afrolatinos y, a su vez, la exclusión de los afroamericanos. Los supervisores latinos en los lugares de trabajo les niegan a ambos grupos de negros el acceso a ascensos y aumentos salariales. Los propietarios de viviendas latinos rechazan a potenciales inquilinos y compradores negros. Los trabajadores latinos en restaurantes no permiten la entrada de negros y se niegan a servirles. Los estudiantes latinos hostigan y abusan de estudiantes negros. Los educadores latinos menosprecian a los estudiantes negros. Los oficiales de policía latinos agreden y matan a negros. Los más odiosos son los latinos que ingresan en organizaciones de poder blanco violentas y hacen daños a los negros. Sin embargo, aun cuando los latinos no se identifiquen racialmente como blancos, como un supremacista blanco, su identidad exclusivamente latina no mitiga los ejemplos de antinegritud antes mencionados.

Aun así, muchos latinos niegan la existencia del prejuicio contra los afrolatinos y de un "verdadero" racismo latino contra los afroamericanos. Esta negación se origina en la noción cultural de los mestizos latinos de que, como personas con una mezcla de razas única, los latinos son incapaces de tener actitudes racistas. A su vez, el mestizaje latino sitúa la antinegritud como constructo norteamericano culturalmente foráneo que se aprende cuando se llega a Estados Unidos, donde los latinos "racialmente inocentes" se encuentran con el pensamiento racista por primera vez.[29]

De esta manera, la inocencia racial latina caracteriza las interacciones negativas con los afroamericanos como momentos de incomprensión cultural, disputas por recursos escasos o encuentros políticos genéricos de grupos de interés político. Este estado de negación sobre el racismo contra los negros por parte de los latinos con frecuencia va acompañado de referencias a descripciones anecdóticas de las muchas veces que los latinos y los afroamericanos se llevan bien, colaboran y viven en áreas vecinas. A la vez, los latinos descartan las instancias de discriminación latina contra los afroamericanos como intrascendentes en comparación con la atrocidad del racismo de los blancos no hispanos. En California, hasta el asesinato de afroamericanos que no pertenecían a pandillas con el propósito explícito de mantener a los latinos segregados de los negros ha sido caracterizado por algunos comentaristas latinos como algo no relacionado con las historias de antinegritud latina. De hecho, se suscitó una reacción latina virulenta cuando en un artículo de opinión publicado en *Los Angeles Times* me atreví a caracterizar los asesinatos en California como una "limpieza étnica de los afroamericanos en vecindarios multirraciales llevada a cabo por latinos".[30] Por ejemplo, un lector, Mario Ashla, escribió lo siguiente:

> Me opongo a la conclusión [de la escritora] de que las tensiones entre latinos y negros están arraigadas principalmente en el prejuicio de los latinos. Un defecto importante en el pensamiento [de la escritora] es equiparar el "racismo" latino con el racismo histórico de Estados Unidos. Además, la mayoría de los latinos en Estados Unidos provienen de una mezcla de razas.[31]

Otra lectora, Adriana E. Padilla, estuvo de acuerdo y acusó a la autora del artículo de opinión (es decir, a mí) de estar completamente errada porque "su análisis histórico no es pertinente" al contexto.[32] Las cartas de odio que recibí reflejaban una indignación similar ante mi afirmación de que existe el prejuicio latino contra los negros. Un examen más detenido de la violencia sugiere una realidad racial más compleja influenciada por muchos factores y que varía según el contexto.[33] No obstante, la antinegritud persiste como factor relevante. Por ejemplo, cuando las actitudes raciales de los inmigrantes latinos se comparan con las de los latinos no inmigrantes que todavía residen en la República Dominicana, se evidencia poca diferencia en el grado y la naturaleza de las actitudes raciales en contra de los negros.[34] Por ende, las actitudes negativas hacia la negritud en general y hacia los norteamericanos negros en particular se desarrollan mucho antes de que los inmigrantes lleguen a Estados Unidos.

Es llamativo que los estereotipos raciales negativos de los inmigrantes latinos pueden ser peores que los de los blancos nacidos en Estados Unidos. Es significativamente más probable que los inmigrantes dominicanos de Boston y Nueva York piensen que los negros prefieren vivir del *welfare*[35] o asistencia social. Incluso las generaciones más jóvenes con esquemas biculturales tienen opiniones raciales negativas por influencia de sus parientes mayores.

Sin embargo, cuando el sector público o el académico le presta atención al tema de las relaciones raciales entre latinos y afroamericanos, el interés predominante es explorar la hipótesis de que los afroamericanos guardan resentimiento y prejuicio contra los latinos porque, en la competencia por empleos y recursos, los latinos los superan.[36] De hecho, la atención desproporcionada en los afroamericanos como causa de las hostilidades que se perciben entre latinos y afroamericanos puede entenderse como parte de la omnipresencia de la antinegritud, que rápidamente le atribuye la causa de las malas actitudes a los afroamericanos.[37] Por esta razón, busco balancear el panorama presentando el papel de la intervención de los latinos en las manifestaciones de antinegritud.

Junto intencionalmente la discriminación de los latinos hacia los afrolatinos y hacia los afroamericanos con el propósito de alterar los discursos que desestiman la importancia del prejuicio que sufre cada grupo. En primer lugar, el prejuicio latino contra los afrolatinos se descarta por ser meramente una parte de las jerarquías internas de las comunidades latinas que no es igual que el "verdadero racismo" de los blancos no hispanos contra los afroamericanos. En segundo lugar, el prejuicio latino contra los afroamericanos se descarta por ser sencillamente una manifestación de favoritismo dentro de un grupo excluyente o como una competencia interétnica que también es distinta al "verdadero racismo" que los blancos no hispanos cometen contra los afroamericanos. Unificar el análisis de la discriminación latina contra los afrolatinos y los afroamericanos ayuda a esclarecer la importancia de la antinegritud latina como factor que contribuye a las acciones discriminatorias de los latinos contra *todos* los grupos afrodescendientes.

Dado el estado de negación acerca de la antinegritud latina y la confusión acerca de la existencia de afrolatinos en medio de daños comprobables causados por latinos a cuerpos negros, alterar el estado de las cosas resulta de crucial importancia. En este libro, busco intervenir introduciendo el mundo de los casos judiciales en la discusión sociopolítica de las actitudes raciales latinas. ¿Por qué es esto útil?

Las noticias por sí solas no pueden corregir la ignorancia acerca de la antinegritud de los latinos. La cobertura de los medios de comunicación es desigual. Y cuando los periodistas deciden dirigir su atención a casos de antinegritud latina, muchos latinos y otras personas descartan los informes como incidentes aislados sacados de proporción por la prensa. Ni siquiera los recuentos de primera mano de antinegritud latina que han aparecido en las redes sociales han salvado las deficiencias del discurso público en torno a las actitudes raciales de los latinos. Estas redes sociales incluyen, pero no se limitan, al blog *Black Latinas Know Collective*, el pódcast *Radio Caña Negra* y al centro de adiestramiento del Latinx Racial Equity Project [Proyecto de Equidad Racial Latinx].[38]

Considerar casos judiciales verídicos junto con los reportajes disipa la noción de que la antinegritud latina es un problema inventado. La legislación de derechos civiles es el campo en el cual se formulan las historias de discriminación racial y su lenguaje se emplea eficazmente para clarificar qué es un prejuicio motivado por la raza. El lenguaje y la gramática de los casos judiciales de antidiscriminación iluminan lo que con frecuencia se confunde en la evasión societal de las realidades del racismo. Los casos analizados en el libro incluyen ejemplos de prejuicio individual, así como formas estructurales de discriminación, porque la antinegritud latina se manifiesta de ambas formas.

Eso no significa que la ley es perfecta y siempre precisa en su articulación. No obstante, el campo jurídico tiene la ventaja de ser el espacio en el que desde hace mucho se ha dado atención a formular mecanismos para identificar y describir la discriminación. En resumen, los casos jurídicos ayudan a iluminar los contornos de la antinegritud latina porque es el espacio público dedicado a exponer y dar nombre a los perjuicios de la discriminación. Como tal, el derecho tiene mucho que contribuir a las pocas discusiones sociopolíticas de antinegritud latina que existen en la actualidad.

Simultáneamente, evaluaré los casos en los que los jueces malinterpretan la manifestación e importancia de la antinegritud latina. La jurisprudencia estadounidense contra la discriminación entiende desde hace mucho que "negro" es una referencia solo a los afroamericanos y ha considerado a los blancos no latinos los principales agentes de discriminación. En ese contexto, los afrolatinos que afirman que han sido discriminados por otros latinos presentan un enigma que no encaja con la narrativa tradicional de la discriminación en Estados Unidos. En consecuencia, los afrolatinos pueden ser un dilema para los tribunales estadounidenses, y las expresiones de prejuicio latino contra los afroamericanos pueden ser objeto de incomprensión judicial. Me propongo que el libro profundice nuestra comprensión de los cambiantes retos a la legislación contra la discriminación ante la importancia creciente de las actitudes raciales latinas.

Ciertamente, educar a los actores legales y al público en general no es una solución a todos los problemas, pero puede ser parte de la solución. Sin embargo, ayudar a las personas a adquirir conocimientos relacionados con la existencia de la antinegritud latina puede ser una herramienta de cambio solo si se acompaña de un juicio crítico con respecto a cómo este prejuicio, al sustentar la supremacía blanca, afecta adversamente a los afrolatinos y a los afroamericanos. Las campañas en las redes sociales para concienciar sobre los patrones de preferencia de los latinos por la blancura y su aversión a la negrura, tal como ha hecho hasta el momento la concienciación afrolatina en Twitter, Facebook e Instagram, es solo el comienzo de lo que hay que hacer. De forma aislada, este tipo de información solo sirve para situar la antinegritud latina como un prejuicio cultural desconectado de los sistemas de racismo. Esto se resume en la expresión de que las personas de color pueden tener prejuicios, pero no pueden ser racistas porque no crean ni controlan los sistemas de racismo. Las historias de discriminación incluidas en este libro suponen una revisión de esa hipótesis.

Cuando los latinos –y si vamos al caso, otras personas de color– participan activamente en la negación, por motivos de raza, del acceso a oportunidades importantes (un hogar, un empleo, una educación sin obstáculos, entrada a los lugares públicos y ausencia de violencia), dejan de ser poseedores pasivos de un prejuicio cultural contra los negros. Son parte del problema del racismo. Ciertamente, ninguna de las víctimas de la antinegritud de las historias de discriminación contenidas en este libro se apaciguaría con la alegación: "Tu experiencia no es un ejemplo de racismo porque los latinos no tienen el poder sistémico para ser racistas en las estructuras creadas por blancos no hispanos".

De inmediato podemos imaginarnos a la víctima diciendo, "Ah, ¿sí? Ese latino supuestamente no racista es quien me oprimió por ser negro". Una afirmación de inocencia racial en el mundo racista creado por los blancos no hispanos en Estados Unidos es un apoyo frágil de superioridad moral cuando una mano latina es la que cierra la puerta a la inclusión de los negros.

En consecuencia, este libro es algo más que un llamado a reconocer que los latinos también pueden tener prejuicios. Más bien, se trata de un ruego para que en todas las futuras intervenciones en asuntos de racismo se aborde críticamente la forma en que los latinos (y muchos otros) colaboran y sostienen estructuras racistas. Al reconocer que son parte del problema, las intervenciones también pueden tratarlos como parte de la solución. A los jueces y los jurados se les puede enseñar a no distraerse con la defensa "No puedo ser racista porque soy latino" usando el enfoque de la teoría crítica de la raza para los patrones racializados de exclusión y desigualdad sistémicas en que participan los latinos.[39] En resumen, desmantelar el racismo en Estados Unidos requiere separar todos los componentes de sus estructuras, incluso los que se expresan en español.

LOS ORÍGENES DE LA ANTINEGRITUD LATINA

Resulta útil resumir primero las visiones latinoamericana y caribeña sobre los afrolatinos, es decir, sus propios afrodescendientes, antes de discutir cómo esas visiones también afectan las actitudes latinas hacia los afroamericanos en Estados Unidos. La presentación de la ideología de raza latinoamericana y caribeña no tiene la intención de sugerir que todos los latinos son racistas y adoptan estas perspectivas racializadas o insinuar que todos los latinos piensan de determinada manera. Ciertamente, las discusiones que se centran en un grupo siempre corren el riesgo de sugerir una visión fija y esencialista de un grupo.[40] La investigación sobre las visiones raciales latinas se ofrece para demostrar la naturaleza de estereotipos raciales latinos que los actores legales en Estados Unidos podrían desconocer. Reconocer y abordar eficazmente la conducta discriminatoria de los latinos requiere comprender cómo los latinos actúan con respecto a estos estereotipos y toleran estructuras de desigualdad racial.

El racismo, y la antinegritud, en particular, es un hecho omnipresente e histórico en Latinoamérica y el Caribe (incluso a lo largo y lo ancho de la variación sociopolítica e histórica de la región).[41] Más del 90 por ciento de los cerca de 10.7 millones de africanos esclavizados que sobrevivieron el pasaje del Atlántico medio fueron llevados a Latinoamérica y el Caribe, mientras que solo 0.036 por ciento fueron llevados a Estados Unidos.[42] Por consiguiente, el legado de la esclavitud en Latinoamérica y el Caribe es similar al de Estados Unidos: tener tez más clara y rasgos europeos aumenta las oportunidades socioeconómicas, mientras que tener tez más oscura y rasgos africanos limita seriamente la movilidad social.[43] La clase socioeconómica más pobre está compuesta principalmente por afrolatinos, mientras que la clase más privilegiada está compuesta en su mayoría por blancos; existe una posición socioeconómica intermediaria para algunos "mulatos" y "mestizos" de tez clara. Por ejemplo, hasta la Revolución cubana de 1959, algunas ocupaciones usaban preferencias explícitas de color para contratar mulatos y excluir por completo a los afrocubanos más oscuros, basándose en la premisa de que los mulatos eran superiores a los afrocubanos de tez oscura, aunque no tenían el mismo estatus que los blancos. Aun con la erradicación de barreras raciales formales que trajo la revolución socialista, la antinegritud continúa plagando la vida de los afrocubanos de hoy.[44]

La supremacía blanca está profundamente arraigada y continúa hasta el presente. En la meticulosa investigación empírica de Edward Telles acerca del racismo contemporáneo en América Latina, su equipo de investigadores encontró que el color de piel es un eje central de la estratificación, incluso cuando se toman en cuenta en el análisis las variables del nivel de educación y la condición socioeconómica.[45] En otras palabras, mientras más oscura sea una persona en América Latina, peor será su acceso a las oportunidades en comparación con las de piel más clara y el mismo nivel de educación y condición socioeconómica.[46]

A pesar de estos patrones racializados, muchas personas en América Latina apuntan al uso generalizado de frases amorosas que se refieren a la negritud como prueba cultural de la ausencia de discriminación racial. Por ejemplo, se expresa afecto diciendo, "ese es mi negro" o llamando a alguien "mi negrito". Hasta los elogios dirigidos a las personas negras se reservan para quienes se piensa que "desplazan" su negritud porque tienen otros rasgos "superiores". "Ese negro tiene el alma (o el corazón) de un blanco"; "Es negra pero guapa"; "Es negro, pero bien acicalado y perfumado" son algunos elogios de este tipo. Este uso de lenguaje racializado como expresión de cariño apela de manera inconsciente al paternalismo del pasado de la esclavitud. Aunque estas afirmaciones no se hacen con malicia racial, activan estereotipos raciales sobre la inferioridad de los negros. De hecho, estas perspectivas sobre las personas de ascendencia africana están tan incorporadas a la fibra social de las sociedades latinoamericanas que el estatus subordinado de los negros en la sociedad se ve como algo natural y lógico.

Incluso en Puerto Rico, donde las leyes estadounidenses en contra de la discriminación han estado disponibles debido a la condición de territorio estadounidense de esta isla hispanohablante, las patologías raciales latinoamericanas persisten. En una encuesta de estudiantes universitarios en Puerto Rico, la gran mayoría describió a los "puertorriqueños que son 'tontos' como personas de 'piel oscura'".[47] En cambio, los mismos estudiantes correlacionaron el color de piel claro con la descripción "los puertorriqueños que son físicamente fuertes". Estas perspectivas racializadas sobre la ascendencia africana no se limitan a los estudiantes universitarios. En 1988, cuando el gobernador de Puerto Rico afirmó públicamente que la contribución de la raza negra a la cultura puertorriqueña era irrelevante, que era meramente retórica, fue congruente con lo que los científicos sociales describen como la paradoja estándar de Puerto Rico: los puertorriqueños se enorgullecen de decir que son el pueblo más blanco de las islas del Caribe, a la vez que afirman que no son racistas. El orgullo de ser una población presuntamente blanca es una reacción directa a la idea puertorriqueña de que "Los negros se perciben como culturalmente poco refinados y faltos de ambición".[48]

Más de treinta y un años más tarde, otro gobernador de Puerto Rico se revelaría como racista en la debacle conocida como "Telegramgate" o "Chatgate" o "RickyLeaks". El 8 de julio de 2019, el Centro de Periodismo Investigativo de Puerto Rico publicó más de ochocientas páginas de un chat entre el gobernador Ricardo Rosselló y miembros de su Gabinete en la aplicación de mensajería Telegram.[49] Entre los intercambios de mensajes homófobos y sexistas de Rosselló había comentarios racistas sobre el cabello estilo afro y el uso de imágenes de Aunt Jemima para menospreciar a la alcaldesa de San Juan, Carmen Yulín Cruz, su oponente. Se desataron protestas por los mensajes sexistas que predominaban. El público puertorriqueño se sintió particularmente movido a protestar por los chistes de Rosselló sobre los isleños empobrecidos que murieron durante el huracán María. Rosselló renunció debido al escándalo político, pero los estereotipos raciales que él usó siguieron fortaleciéndose. Con respecto a lo anterior, el ejemplo puertorriqueño es emblemático de las actitudes raciales en todo el Caribe y América Latina.[50]

Además, como en Estados Unidos, quienes desprestigian la identidad negra no son solo los mulatos, mestizos y blancos, sino también los afrolatinos de piel más oscura que pueden haber internalizado normas racistas. El racismo internalizado puede significar o bien sentimientos internalizados de superioridad y privilegio, o sentimientos de ser menos digno, y los miembros de grupos racializados pueden sentir ambas cosas a la vez.[51] La internalización afrolatina se manifiesta en una preocupación generalizada entre los afrolatinos con respecto al grado de pigmentación, el ancho de la nariz, el grosor de los labios y el tipo de pelo; el pelo lacio europeo se denomina, literalmente, pelo "bueno". Esta preocupación relacionada con la tez y los rasgos europeos también influye en los juicios de los afrolatinos acerca de las parejas preferidas para casarse. Casarse con alguien de tez más clara es "adelantar la raza" bajo la teoría del blanqueamiento, que valora la mezcla de razas precisamente para ayudar a reducir la existencia de afrolatinos.

Aun en medio del énfasis nacionalista latinoamericano de hacer que los individuos se identifiquen solo por su país de origen en vez de por la ascendencia racial, se hacen distinciones sobre el valor disminuido de los negros y la negritud. De hecho, incluso es común en América Latina y el Caribe colocar en orden de prestigio a los países en función de en un espectro de color en el que se identifica racialmente a cada país.[52] Así, la "nacionalidad es una medida indirecta de la raza" que encarna la supremacía blanca. Como resultado, los países con un alto porcentaje de blancos se valoran mientras que los que tienen un alto porcentaje de negros se menosprecian por ser "menos cultos".[53] La atribución de una identidad racial a los países, con la nacionalidad como medida indirecta de la raza, también favorece una capacidad esquizofrénica de lanzar calumnias sobre el bagaje de una persona sin hablar nunca abiertamente sobre la raza. Estas medidas indirectas de la raza están profundamente arraigadas en las culturas nacionales de América Latina y el Caribe.

TRAUMAS RACIALES EN LA FAMILIA

Con todo lo perturbador que puede ser la antinegritud de las culturas nacionales de América Latina y el Caribe, para muchos afrolatinos las cicatrices raciales más profundas son las infligidas dentro de las estructuras íntimas de la familia.[54] Cuando se trata del racismo latino, la familia es la escena del crimen. El trauma racial se engendra cuando los padres latinos tratan con preferencia a sus hijos de tez más clara[55] y constantemente hacen juicios negativos sobre los rasgos faciales, el color de la piel y la textura de pelo racializados como negros.[56] Hay memorias afrolatinas contemporáneas repletas de recuerdos familiares de heridas y desaires dirigidos a la persona más oscura, incluso en las gamas más diversas de tonos de piel en una familia. El sociólogo afropuertorriqueño Eduardo Bonilla-Silva describe las interacciones familiares racialmente negativas como una "segregación suave" que distingue entre los miembros más oscuros y los más claros de una familia.[57] Las reuniones familiares grandes, como las bodas, son ejemplos emblemáticos de esta segregación suave que sienta a los miembros más oscuros de la familia en mesas separadas de los miembros más claros. Así, las familias operan sus propios sistemas intuitivos tipo Jim Crow.* Las justificaciones implícitas de la segregación racial continuamente se refuerzan con comentarios racistas sobre los miembros negros de la familia y sobre la negritud en general. Bonilla-Silva recuerda que sus tías e incluso a su propia madre decían: "Eduardo, esa gente [negra] no tiene clase" y "Sabes, tu tía

* El término "Jim Crow" se refiere a una serie de leyes estatales y locales que impusieron la segregación racial en Estados Unidos desde fines del siglo XIX hasta mediados de la década de 1960.

[negra] no sabe lo que hace porque está acostumbrada a vivir en la mierda".

De manera similar, Marta I. Cruz-Janzen describe de manera conmovedora la forma en la que los miembros blancos de su familia puertorriqueña menospreciaban la negrura de su padre afropuertorriqueño y la de sus hermanos que habían heredado su tono de tez marrón, sus rasgos africanos y su pelo rizo:

> Era una pena. Ambos lados de la familia continuamente emitían juicios sobre nuestra apariencia: quien tuviese los rasgos más claramente blancos era considerado guapo. Constantemente me recordaban que me pinchara la nariz todos los días para que perdiera su redondez y fuera más perfilada como la de mis hermanos y hermanas [más blancos]. A mi hermana menor le elogiaban abiertamente su pelo largo y lacio, mientras que a mí me tenían lástima por mis greñas.[58]

Cruz-Janzen con frecuencia escuchaba a sus parientes puertorriqueños de piel blanca preguntarle a su madre con respecto a sus hijas de piel más oscura: "¿Cómo las vas a casar?".[59] De la misma manera, la familia de Cruz-Janzen constantemente le recordaba su responsabilidad de casarse con alguien más claro o, con suerte, blanco, para mejorar el estatus de la familia. A la vez, ella era consciente de que, para las familias puertorriqueñas, "Traer a una mujer negra a la familia a través de la santidad del matrimonio es una pesadilla pública inaguantable ... una verdadera amenaza a la pureza y honra pública de la familia". La afropuertorriqueña Lillian Comas-Díaz también narra instancias de trauma racial familiar que comienzan desde la primera infancia cuando su hermano de tez más clara la llamaba "moyeta".[60] De hecho, Comas-Díaz identifica la familia latina como la fuente principal de "rechazo racial" de miembros de la familia con ascendencia africana visible.[61] Según señala la estudiosa puertorriqueña Hilda Llorens acerca del contexto puertorriqueño: "Miles de niñas y mujeres con pelo que no es lacio sufren una gran angustia psicológica y psíquica".[62]

Las dinámicas familiares con frecuencia filtran las interacciones a través de un cedazo que le atribuye a la negritud el origen de todas las cosas negativas. Por ejemplo, cuando a una bebita con cólico se le menosprecia como "prieta majadera", la familia inculca la injuria de la negritud.[63] Esto también sucede cuando miembros de la familia gritan insultos como "maldito sea este pelo" al cepillar cabello rizo afrodescendiente y "cierra esa bemba" cuando mandan a callar a niños negros,[64] o cuando se examina la parte posterior de las orejas de los bebés para determinar si desarrollarán una piel oscura.[65] En resumen, la piel oscura, el pelo rizo y los rasgos corporales africanos evocan expresiones familiares de ridículo, rechazo y hostilidad que convierten al núcleo familiar en la incubadora para inculcar antinegritud. De hecho, los niños latinos de tan solo cuatro años tienen un riesgo mayor de desarrollar problemas de salud mental mientras más oscura sea su piel.[66]

Con la llegada de la adolescencia, la vigilancia familiar contra la negritud se intensifica en el proyecto latino de alcanzar o mantener la apariencia de blancura. La obsesión con mejorar y adelantar la raza a través del matrimonio con parejas más claras y, con suerte, blancas, se traduce en que cada pretendiente potencial se examina en búsqueda de señales de negritud. La antropóloga puertorriqueña Maritza Quiñones Rivera sintió una presión familiar intensa para que saliera solo con hombres blancos. Sin embargo, cuando conoció a la familia de su primer novio puertorriqueño blanco, la llamaron "negra sucia, poco inteligente y puta".[67] Estas fronteras raciales están tan profundamente internalizadas que trascienden la supervisión parental y llegan incluso a las modernas citas en línea.

En un estudio sobre personas que se citan por internet en Los Ángeles, Nueva York, Chicago y Atlanta, se encontró que en todas estas ciudades donde residen latinos de distintos países de origen, los latinos prefieren la citas con blancos y excluyen a los negros más o menos en las mismas proporciones. Cincuenta y siete por ciento de las latinas y 44 por ciento de los latinos del estudio excluyeron a las personas negras como citas potenciales.[68] Estos índices se aproximan a los de los blancos no hispanos, en los que el 66 por ciento de las mujeres blancas no hispanas y el 56 por ciento de los hombres blancos no hispanos excluyen salir con negros. Puesto que el estudio no tomó en consideración el color de piel ni la identidad racial de los latinos encuestados, también es muy posible que el índice de rechazo a los negros sea todavía mayor entre los latinos identificados como blancos. Pues, como comenta Angela Jorge en torno a las lecciones familiares sobre el racismo, "La intimidad con un norteamericano negro es absolutamente tabú".[69] En efecto, un estudio cualitativo de jóvenes adultos hijos de inmigrantes latinos en Los Ángeles sugiere que los padres latinos comunican fuertes mensajes racializados sobre los afroamericanos que desalientan a sus hijos nacidos en Estados Unidos de salir con afroamericanos.[70]

No debe sorprender, entonces, que los migrantes de América Latina y el Caribe viajen a Estados Unidos con su cultura nacional y familiar de racismo contra los negros intacta. A su vez, esta faceta de la cultura latina se trasmite hasta cierto grado a las generaciones más jóvenes.[71] En un estudio etnográfico de la identidad racial dominicana en Estados Unidos, todas las preocupaciones acerca del color de piel y del fenotipo europeo perfeccionadas en la República Dominicana eran claramente evidentes entre los miembros de la diáspora dominicana en Estados Unidos.[72] De manera similar, entrevistas con clientas dominicanas en un salón de belleza en Washington Heights, Nueva York, mostraron el desprecio generalizado, por parte de latinoamericanas y caribeñas, del pelo rizo africano como "malo" y el pelo lacio europeo como "bueno", así como la aversión a la piel oscura.[73] Así, cuando se encuesta a los latinos, los afrolatinos muestran índices más altos de discriminación racial por motivos de color de piel en contraposición a la discriminación por estatus socioeconómico.[74]

A pesar de las largas historias de antinegritud entre la población latinoamericana y la caribeña, existe una incapacidad o, quizás, renuencia a percibir el racismo latino en Estados Unidos. En el discurso público estadounidense con frecuencia se acepta sin reparos el mito latinoamericano de que en América Latina no existe el racismo y de que el racismo no ha sido, por ende, parte de la herencia latina por generaciones.[75] A su vez, los latinos y los comentaristas que describen sus actitudes raciales tienden a aceptar la idea relacionada de que cualquier sentimiento contra los negros expresado por latinos en Estados Unidos es consecuencia del aprendizaje de las normas culturales de Estados Unidos y de su paradigma racial.[76] No obstante, una creciente bibliografía del campo de las ciencias sociales refuta esa premisa.

LA DISTANCIA SOCIAL ENTRE LATINOS Y AFROAMERICANOS

Si bien la experiencia con la pandemia de COVID-19 que comenzó en 2020 nos familiarizó a todos, lamentablemente, con la idea general de la "distancia social", el término también tiene un sentido particular en los estudios de la discriminación. El concepto sociológico de distancia social mide la incomodidad social que un grupo étnico o racial siente en las interacciones con otro grupo étnico o racial.[77] Aunque los estudios de ciencias sociales de las actitudes raciales de los latinos son pocos y, en ocasiones, antiguos, los que existen exhiben un cuadro consistente de una preferencia latina general a mantener una distancia social con respecto a los afroamericanos.[78] Debe señalarse, sin embargo, que estos estudios pocas veces desagregan sus hallazgos sobre las actitudes latinas según el tono de la piel o la identidad racial más allá de su etnicidad latina.

En particular, se ha identificado que ser inmigrante influye en las actitudes raciales. El nivel de distancia social es mayor entre los inmigrantes latinoamericanos recientes. Una encuesta de seiscientos latinos (de los cuales dos terceras partes eran mexicanos, el resto salvadoreños y colombianos) y de seiscientos afroamericanos en Houston, Texas, halló que los afroamericanos tenían una visión más positiva de los latinos que viceversa.[79] Si bien una pequeña mayoría de los latinos nacidos en Estados Unidos empleó identificadores positivos para describir a los afroamericanos, solo una minoría de los latinos nacidos en el extranjero lo hicieron. Una afirmación típica de los encuestados latinos nacidos en el extranjero era "No confío en ellos. Los hombres, en especial, todos usan drogas y todos portan armas". Por ende, no debe sorprender que este mismo estudio encontrara que, aunque los inmigrantes latinos viven en vecindarios residenciales con afroamericanos en la misma proporción que los latinos nacidos en EE. UU., el 46 por ciento de los inmigrantes latinos informan no tener casi ninguna interacción con los afroamericanos.[80]

Un estudio posterior de latinos que viven en Houston encontró que vivir en áreas integradas con los afroamericanos no incrementó el contacto social y la amistad con ellos.[81] Los residentes blancos no hispanos de Houston eran dos veces más propensos que los latinos a tener un amigo negro, y cuatro veces más propensos al comparárseles con la población inmigrante latina de Houston. De manera similar, la Encuesta de Desigualdad Urbana de Los Ángeles encontró que los inmigrantes latinos recientes y de término intermedio tenían los estereotipos más negativos de los afroamericanos.[82]

La distancia social de los latinos con respecto a los afroamericanos se refleja consistentemente en las respuestas de los latinos a otras preguntas de la encuesta.[83] En una encuesta de quinientos residentes de Durham, Carolina del Norte, (distribuidos equitativamente entre latinos, afroamericanos y blancos no hispanos), los estereotipos negativos de los latinos con relación a los afroamericanos sobrepasaron los de los blancos no hispanos.[84] Específicamente, una mayoría de inmigrantes latinos del estudio –58.9 por ciento– manifestó que pocos o ningún afroamericano trabaja arduamente. El cincuenta y siete por ciento dijo que pocos, si alguno, afroamericanos eran confiables y casi una tercera parte dijo que pocos, si alguno, son fáciles de tratar. En contraste, de los blancos no hispanos del estudio, el 9.3 por ciento manifestó que pocos afroamericanos trabajan arduamente, el 9.6 manifestó que los afroamericanos no son confiables y el 8.4 por ciento dijo que los afroamericanos no eran fáciles de tratar.

Las actitudes raciales de los latinos nacidos en EE. UU. no son muy distintas de las de los inmigrantes latinos. Algunas comunidades más establecidas de latinos en EE. UU. también se caracterizan por su distancia social de los afroamericanos. En entrevistas realizadas en 2015 a latinos que viven en Nueva Orleans, la cantidad de años vividos en EE. UU. no tuvo impacto sobre la distancia social de los latinos con respecto a los afroamericanos.[85] Independientemente del lugar de nacimiento o de los años que llevaran viviendo en EE. UU., los latinos de Nueva Orleans entrevistados de tez más clara eran los menos propensos a percibir que tienen cosas en común con los afroamericanos a la vez que sentían tener poca o ninguna competencia económica con ellos.

Con actitudes negativas similares, los latinos de Los Ángeles rechazan más a los afroamericanos como potenciales vecinos que los miembros de otros grupos raciales.[86] En todas partes de la nación, los latinos indican que los afroamericanos son las parejas menos deseables para casarse.[87] En contraste, los afroamericanos aceptan más el matrimonio con los latinos.

De manera similar, los latinos afirman que tienen más en común con los blancos no hispanos y menos en común con los afroamericanos.[88] En contraste, los afroamericanos respondieron que sienten que tienen más en común con los latinos y menos en común con los blancos y los asiáticoamericanos. Resulta irónico que los afroamericanos, a quienes se les representa públicamente como reacios a construir coaliciones con los latinos, ofrezcan en las encuestas respuestas que están más en congruencia con los datos socioeconómicos que demuestran los elementos comunes entre la comunidad latina y la afroamericana. Sin embargo, las respuestas de los latinos contradicen todos los datos socioeconómicos que demuestran paralelismo entre afroamericanos y latinos.[89]

Aunque algunos podrían atribuir la preferencia latina por los blancos no hispanos, en lugar de los afroamericanos, a la competencia que perciben de los afroamericanos en el mercado laboral, el hecho es que los latinos identifican con más frecuencia a otros latinos como competidores económicos en vez de a los afroamericanos.[90]

No obstante, cuanto mayor sea la distancia social que los latinos prefieran mantener respecto de los afroamericanos, mayor la probabilidad de que vean a los afroamericanos como competidores.[91] En otras palabras, la animosidad contra los negros facilita la percepción de los afroamericanos como amenaza económica porque el prejuicio contribuye a las percepciones de amenaza grupal y competencia económica. Esto es particularmente evidente en el sur de EE. UU., donde los afroamericanos son más numerosos y donde los latinos ven a los afroamericanos como una fuente mayor de competencia económica.[92] En contraste, los afroamericanos ven a los latinos como competidores económicos en una proporción menor.[93] Los latinos también atribuyen el desorden a los vecindarios afroamericanos con mayor facilidad que otros grupos raciales o étnicos.[94] De hecho, los estereotipos latinos sobre los vecindarios afroamericanos influyen más en las percepciones de desorden que las observaciones reales de desorden.

Existe una afinidad de los latinos por los blancos no hispanos que es parte integral de la identificación latina con la blancura. En efecto, en contraste con los muchos informes sobre la proclividad latina por las categorías raciales censales mixtas, existe una fuerte preferencia latina por la categoría racial blanca, y algunos grupos latinos, como los cubanos, seleccionan esa categoría de manera desproporcionada.[95] Cuando los latinos seleccionan una única categoría racial, desproporcionadamente seleccionan blanco, como hizo el 81 por ciento de los latinos que seleccionó una sola categoría en el censo de 2020, y el 92.3 por ciento la década anterior.[96] La categoría racial blanca es especialmente preferida por los inmigrantes recientes, independientemente de su tono de piel.[97] Y cuando las generaciones posteriores abandonan la categoría racial blanca, lo hacen para favorecer etiquetas étnicas nacionales como "latino" o "hispano".[98] Esto lo ejemplifica el 42.2 por ciento de los latinos del censo de 2020, y el 36.7 por ciento del censo de 2010, que seleccionó la opción "otra raza" y luego escribió una etiqueta étnica como "latino" o "hispano", o una nacionalidad como "peruano" o "guatemalteco", en lugar de otra categoría racial.

Además, cuando los encuestados latinos cambian su selección de categoría racial de una década censal a otra, principalmente se mueven de "otra raza" a "blanco". Por ejemplo, 2.5 millones de encuestados que afirmaron que eran hispanos u "otra raza" en el censo de 2000, luego dijeron en el censo de 2010 que eran hispanos y blancos.[99] En su búsqueda de la blancura, los latinos son la raza o grupo étnico que más cambia su selección de categoría racial de un año censal a otro.

No en balde la representación visual por defecto de la identidad latina en los medios de comunicación es un rostro blanco.[100] Hasta para los latinos que reconocen su ascendencia africana, hay una presión cultural para enfatizar su etnicidad latina públicamente como mecanismo para distanciarse de la asociación pública con la clase societal denigrada de los afroamericanos.[101] Este hecho que salta a la vista lo subraya la expresión popular, "Mientras más oscura la piel, más duro hablan el español".[102]

El único ámbito en el que la antinegritud latina se ha discutido en Estados Unidos es con respecto al sistema de castas raciales aparente en la televisión de habla hispana, que presenta a los latinos casi exclusivamente como blancos y a los afrolatinos como "marginalmente latinos".[103] La afrolatina Ilia Calderón, un unicornio en los noticieros de Univisión, tiene televidentes latinos que publican en las redes sociales mensajes como "Los hispanos no son negros, TÚ no nos representas en la TV".[104] Debido a las escasas y despectivas imágenes de los afrolatinos en los medios, algunos activistas abogaron por que el Puerto Rican Legal Defense and Education Fund [Fondo Puertorriqueño para la Educación y la Defensa Legal] considerara llevar un caso contra dos cadenas de televisión de habla hispana para impugnar su representación estereotipada de los afrolatinos.[105] Algunos activistas latinos ven un paralelo directo entre la blancura de la televisión en habla española y la política latina. Uno de estos activistas afirma:

> Los líderes y las organizaciones latinas no quieren reconocer que el racismo existe entre nuestra gente, por lo que ignoran el asunto y suscriben una estrategia de origen nacional. Esta

estrategia identifica a los latinos como un grupo compuesto por nacionalidades diversas, creando así la falsa impresión de que los latinos viven en una sociedad sin prejuicios raciales.[106]

Muchos ejemplos concretos demuestran que esto no es así. Para comenzar, los latinos de tez más oscura y los afrolatinos que se identifican así en Estados Unidos sufren de discriminación por color a manos de otros latinos. Es revelador que mientras el 64 por ciento de ellos dicen haber experimentado discriminación, el 41 por ciento indica que la victimización proviene de otros latinos.[107] Más aún, a pesar de variaciones entre regiones y grupos étnicos, la distancia social en las relaciones entre latinos y afroamericanos permanece constante. Lo que sigue a continuación es una exploración de la bibliografía del campo de las ciencias sociales que demuestra la consistencia del sentimiento antinegritud de varias comunidades latinas a lo largo y ancho de Estados Unidos.

ACTITUDES RACIALES DE LOS LATINOS DE DISTINTOS GRUPOS ÉTNICOS Y REGIONES

De todos los subgrupos étnicos latinos, los mexicanoamericanos tienen la presencia demográfica mayor dentro de Estados Unidos. El censo de 2020 reportó que de los 62 millones de latinos que constituyen 18.7 por ciento de la población de EE. UU., aproximadamente 62.3 por ciento son de origen mexicano o mexicanoamericano.[108] Esta considerable presencia demográfica representa no solo las corrientes migratorias contemporáneas desde México, sino además las generaciones de mexicanoamericanos que trazan sus raíces a la incorporación de tierras mexicanas a Estados Unidos después del Tratado de Guadalupe Hidalgo de 1848, que dio fin a la Guerra Mexicano-Estadounidense.[109]

El desarrollo de una identidad racial mexicanoamericana en Estados Unidos ha estado sujeta a una variedad de influencias. Antes del movimiento chicano de la década de 1960, los líderes mexicanoamericanos sostenían que los mexicanos eran caucásicos y, por ende, merecedores del mismo estatus social que los blancos no hispanos.[110] Ian Haney López, latino especialista en el estudio de la raza, señala: "La generación mexicanoamericana se consideró a sí misma un grupo blanco. Esta autopercepción recurría al prejuicio contra los afroamericanos y también lo fomentaba, lo que a su vez entorpecía las relaciones directas entre estos dos grupos".[111] Un observador contemporáneo de la evolución del movimiento chicano fue Rubén Salazar, un periodista de *Los Angeles Times*. Él señaló, significativamente, que en aquel momento muchos mexicanoamericanos todavía abrigaban "La idea de que los mexicanoamericanos son caucásicos y, por ende, blancos, es decir, *one of the boys* [un miembro más del grupo]".[112] Por otra parte, Salazar denunció: "Varios de los líderes mexicanoamericanos más conservadores [se opusieron] con fuerza a 'mezclar' los reclamos de los mexicanoamericanos con los de los negros".[113] No fue hasta después del movimiento negro de los derechos civiles, cuando afloró la brutalidad policíaca generalizada y el maltrato judicial contra los mexicanos, que surgió un movimiento chicano que resaltaba una identidad chicana no blanca.[114] Sin embargo, esta identidad no blanca se centraba en la ascendencia indígena y ocultaba por completo su ascendencia africana.[115] Más aún, la distancia social y las actitudes negativas sobre la negritud y los afroamericanos continuaban.[116]

Los chicanos de California y del suroeste, en las décadas de 1960 y 1970, expresaban sentimientos de superioridad cultural con respecto a los afroamericanos que afectaban adversamente las interacciones intergupales.[117] Por entonces, un estudiante universitario chicano resumió este sentimiento cuando escribió:

> Nosotros no somos como los negros. Ellos quieren ser hombres blancos porque no tienen una historia de la que sentirse orgullosos. Mis antepasados provienen de una de las naciones más civilizadas del mundo.[118]

Después de la insurrección urbana de Watts en 1965, este tipo de sentimiento fomentó el resentimiento chicano con respecto a la asignación de fondos del Gobierno en Los Ángeles para organismos de servicio que atendían lo que los chicanos describían como afroamericanos "menos necesitados".[119] Este tipo de opinión no ha cambiado mucho en el nuevo milenio. En Los Ángeles, donde una cantidad predominante de latinos son chicanos, se ha observado lo siguiente:

> Muchos latinos no entienden la complejidad y gravedad de la experiencia de los negros. Con frecuencia critican a los negros por su pobreza y los exhortan a echar hacia adelante como han hecho otros inmigrantes. Peor todavía, algunos hasta repiten los mismos epítetos antinegritud usados por los blancos racistas.[120]

Así, Fernando Oaxaca, un prominente empresario y comentarista mexicanoamericano de Los Ángeles que fundó el Republican National Hispanic Assembly [Asamblea Hispana Nacional Republicana] y murió en 2004, explicaba así la diferencia entre las condiciones económicas de los latinos y de los afroamericanos: "Nosotros tenemos una ética del trabajo".[121] Las actitudes racializadas de Oaxaca ejemplifican los continuos efectos adversos de que históricamente los mexicanoamericanos se posicionen como racialmente blancos.[122]

Las generaciones más jóvenes no son inmunes al sentimiento antinegritud. Estudiantes latinos de escuela secundaria en el sector Inglewood de Los Ángeles han tenido reyertas con estudiantes afroamericanos por causa de varias celebraciones del Mes de la Historia Negra.[123] El origen de la violencia es el resentimiento de los adolescentes latinos por la celebración de la cultura negra durante todo un mes. En una ocasión, el director de la Escuela Secundaria de Inglewood sencillamente decidió cancelar la celebración del Mes de la Historia Negra para evitar que se repitiera la violencia.[124]

Lamentablemente, la violencia interétnica de los adolescentes no se ha limitado a Inglewood, puesto que "La tensión étnica y racial llega a Los Ángeles con la misma regularidad que los vientos de Santa Ana".[125] Cuando estudiantes latinos y negros se enfrentaron violentamente en Poly High School en Long Beach en 2019, los padres negros comentaron que el enfrentamiento reproducía las experiencias que ellos habían tenido en la misma escuela secundaria una generación antes.[126] Muchos también recuerdan el horror de la reyerta de cien estudiantes en la Jefferson High School en el sur de Los Ángeles entre latinos y negros en 2005.[127] Incidentes similares han sido reportados en otras escuelas del sur de Los Ángeles, en el valle de San Fernando, en el condado de San Bernardino, en Oakland, Rialto y San Jacinto.[128]

Algunos latinos de Los Ángeles hasta han propuesto celebrar reuniones de las asociaciones de cuadra que excluyan a los residentes afroamericanos de la cuadra, lo que llevó a un residente afroamericano a afirmar: "Parece que los latinos ni siquiera quieren tratar de forjar una unidad vecinal".[129] Esta distancia social se extiende a las congregaciones en las que latinos y afroamericanos que pertenecen a la misma iglesia asisten a servicios distintos, sirven en consejos parroquiales separados y nunca se encuentran.[130] Es interesante señalar que a pesar de que congregaciones afroamericanas de otras partes de Estados Unidos han incorporado activamente a su ministerio hacer acercamientos a sus vecinos latinos, la distancia social latina permanece.[131]

Estudios etnográficos de mexicanoamericanos de Chicago y de los estados del sur revelan el mismo desprecio por los afroamericanos.[132] Como dijo un estudiante de escuela secundaria en Chicago: "Es una locura. Pero muchos de los chicos hispanos de aquí no quieren ser amigos de los negros".[133] Los latinos adultos en el sur del país reflejan esta misma hostilidad racial. En la rígida jerarquía social de la industria del cerdo de Carolina del Norte, en la que las tareas se asignan por raza, los empleados latinos han dirigido su malicia hacia sus compañeros de trabajo afroamericanos en lugar de hacia la injusticia de una gerencia toda blanca.[134]

Por ejemplo, al reflexionar sobre las dificultades del trabajo en la línea de ensamble del matadero, la señora Fernández, una trabajadora mexicana, afirmó: "Los negros no quieren trabajar. Son vagos". Su esposo estuvo de acuerdo y añadió: "Odio a los negros".

Un estudio más amplio de las actitudes raciales latinas en las zonas rurales del sur reveló actitudes similares de los latinos contra los negros, ejemplificadas en la siguiente observación: "Los hispanos vienen a este país y no quieren tener nada que ver con los negros. No queremos socializar con ellos ni ser parte de ese mundo. Hasta en nuestros propios países, aprendemos esto. Aprendemos que no queremos ser parte de su comunidad".[135] Las zonas metropolitanas del sur reflejan la misma antinegritud latina que las rurales. Así, en encuestas de latinos en Richmond, Virginia, los investigadores encontraron indicadores de distancia social de los latinos con respecto a los negros y muy poca interacción entre ambos grupos.[136]

Una rara excepción al patrón generalizado de antinegritud es cuando a los afrolatinos se les solicita su opinión. Así, en entrevistas de latinos en Winston-Salem, Carolina del Norte, un afromexicano afirma: "Tengo muchos amigos negros. La gente negra aquí te trata como un amigo, como un hermano. La gente blanca, ellos te tratan como a cualquiera".[137]

Las relaciones raciales de los cubanos con los afroamericanos en Florida no han sido mucho mejores. De hecho, Miami (una ciudad en la que los cubanos y otros latinos predominan y tienen poder político) tiene la distinción de ser la única ciudad donde sucedieron cuatro motines raciales en la década de 1980.[138] La causa inmediata de los cuatro motines fueron disparos de la policía hacia afroamericanos, y en dos de los cuatro motines hubo oficiales de la policía latinos directamente implicados. Aunque la brutalidad policíaca contra los afroamericanos es endémica en Estados Unidos, Miami es una ciudad con muchos policías latinos y, lo que es más alarmante, con una población latina aparentemente indiferente a la brutalidad policíaca contra los negros.

Cuando William Lozano, un policía inmigrante colombiano, fue hallado culpable de homicidio por matar al motociclista afroamericano Clement Lloyd, la comunidad latina se echó a las calles a protestar por la sentencia.[139] Además, los latinos denunciaron públicamente las revueltas que caracterizaron las afrentas a la humanidad de los afroamericanos como obra de "elementos criminales".[140] Esto resulta representativo de cómo los latinos de Miami asocian a los afroamericanos con el crimen, junto con "una comparación injusta entre el progreso económico de los hispanos—atribuido al trabajo arduo, los valores familiares y la autosuficiencia— y la dependencia de los negros del *welfare* y otros programas de asistencia social".[141]

En contraste, algunas investigaciones sobre las relaciones de los puertorriqueños con los afroamericanos en el noreste de Estados Unidos con frecuencia han descrito las interacciones entre puertorriqueños y afroamericanos como "comparativamente menos contenciosas".[142] Un factor que mitiga las tasas de antinegritud medidas en las encuestas es la presencia de una cantidad mayor de afropuertorriqueños y de puertorriqueños que se identifican como culturalmente negros en Nueva York.[143] Los puertorriqueños que también se identifican como negros viven con más frecuencia en vecindarios con afroamericanos.[144]

No obstante, como sucede con frecuencia en las comparaciones muy amplias, importantes matices pueden resultar infravalorados. La distancia social entre los afroamericanos y los puertorriqueños, y todos los demás grupos étnicos latinos, también está afectada por los detalles situacionales e históricos de las distintas regiones.[145] En Miami y Los Ángeles, la expansión residencial hace que los latinos por lo general estén más segregados, en términos de espacio, con respecto a los afroamericanos. Mientras que, en Nueva York, la densidad urbana del entorno construido ha tenido históricamente a los puertorriqueños y afroamericanos en más proximidad los unos de los otros, de maneras que han propiciado una mayor interacción y comunidad.[146] El establecimiento de puertorriqueños en Nueva York también contrasta con el contexto urbano de Chicago, donde los funcionarios gubernamentales buscaron dispersar a los puertorriqueños en vecindarios predominantemente blancos de la zona norte (North Side) de la ciudad, con la esperanza de impedir la formación de guetos latinos “problemáticos”.[147] La proximidad de los puertorriqueños y los afroamericanos en Nueva York facilitó el activismo político colaborativo durante la Guerra Contra la Pobreza, en la década de 1960, y la lucha por una educación pública de calidad.[148]

Sin embargo, aun en Nueva York y otras partes, los puertorriqueños manifiestan racismo contra los negros. Angela Jorge señaló desde temprano que a los puertorriqueños se les enseña en los círculos familiares a tenerle aversión a los afroamericanos.[149] Debido a su antinegritud, los puertorriqueños no desean que se les identifique con los afroamericanos.[150] En Estados Unidos, cuando los afropuertorriqueños no forman parte del análisis, la medida de la segregación residencial es alta entre los puertorriqueños que no se identifican como negros y los afroamericanos.[151]

Un observador de las coaliciones a favor de los derechos civiles que se han formado históricamente entre los puertorriqueños y los afroamericanos incluso ha llegado a sostener que la coalición “era más que nada un dispositivo estratégico y no una descripción factual de la verdadera naturaleza de la relación entre los grupos. La participación de puertorriqueños en las organizaciones de derechos civiles y en las líneas de piquete era menor que la de los blancos”.[152] En efecto, los puertorriqueños de Nueva York y del noreste constituían solo el uno por ciento de los manifestantes pacíficos en la Marcha en Washington por el trabajo y la libertad de 1963.[153] Más aún, a pesar de que organizaciones juveniles de puertorriqueños, como los Young Lords, en las décadas de 1960 y 1970 tomaron como modelo a los Panteras Negras, algunos comentaristas informan que esos grupos nunca tuvieron mucho contacto con las organizaciones del Poder Negro.[154] Como en Nueva York, Chicago también ha sido lugar de tensiones raciales entre puertorriqueños y afroamericanos debido a la competencia por la rehabilitación de la vivienda, en la cual los puertorriqueños han representado a los afroamericanos como supuestos miembros de pandillas, criminales y, en términos generales, los causantes de que el mercado de vivienda se contraiga.[155]

La preocupación por las tensiones raciales entre latinos y afroamericanos no se disipan cuando examinamos a los dominicanos, quienes con frecuencia son vistos como negros.[156] De hecho, los latinos de ascendencia africana más pronunciada, como los dominicanos, citan con más frecuencia la discriminación por color para explicar el prejuicio que sufren de la mano de otros latinos.[157] No obstante, a pesar de compartir a menudo la huella facial visible de la ascendencia africana con los afroamericanos, los dominicanos y los afroamericanos tienen un alto nivel de segregación residencial los unos de los otros en la ciudad de Nueva York.[158] Además, se ha informado que los dominicanos resienten la competencia de los afroamericanos por los empleos.[159] Algunos incidentes de violencia en escuelas secundarias muestran a jóvenes dominicanos y afroamericanos participando de encontronazos violentos también.[160]

En resumen, gran parte de las investigaciones que se han hecho hasta la fecha en torno a las actitudes raciales de los latinos indican un problema persistente con la negritud en diversas comunidades latinas. Sin embargo, muchos latinos no reconocen ni le dan importancia a esta verdad. La política pública del Gobierno de EE. UU., a su vez, se desarrolla sin que haya habido una comprensión plena de las realidades raciales latinas, en perjuicio del progreso racial. Busco analizar la brecha que existe entre las investigaciones sobre las actitudes raciales de los latinos y la forma en la que la política aborda la igualdad racial a través de la creación de políticas y el derecho públicos. En los capítulos que siguen, examino casos jurídicos y relatos personales de discriminación racial que muestran ejemplos concretos de cómo se manifiesta la antinegritud latina en el contexto de las escuelas, las instalaciones públicas, los lugares de trabajo, el mercado de vivienda, la política electoral y el sistema de justicia penal. Juntos, todos los relatos de discriminación individual y estructural iluminan la necesidad de considerar críticamente el estatus racial de los afrolatinos, la antinegritud latina y la seudodefensa jurídica de que "los latinos no pueden tener prejuicios". En el esfuerzo global de desmantelar todos los aspectos de la jerarquía y subordinación racial, estas historias de discriminación de afrodescendientes tienen que ser escuchadas y consideradas. "Nunca más un mundo sin nosotros".[161]

A PROPÓSITO DEL TÉRMINO "LATINO"

Este libro emplea el término "latino" por razones pragmáticas de facilidad de presentación, en lugar de las alternativas actuales: hispano, latina/o, latin@, latine o latinx. La sencillez de "latino" como término también es más inclusiva hacia los latinos de distintas generaciones y espacios geográficos que todavía no han aceptado los términos inclusivos latina/o y latin@, o el neutro latinx, que han sido adoptados por los estudiantes universitarios y los habitantes de algunas ciudades grandes.[162] De hecho, la encuesta nacional de latinos de 2019 realizada por el Pew Research Center encontró que solo alrededor del 3 por ciento de los latinos emplean el término "latinx", mientras que otro el 75 por ciento ni siquiera lo ha escuchado.[163] "Latinos" también ofrece una mayor claridad para el público que no está tan familiarizado con la evolución de la multiplicidad de términos relativos a la identidad.[164] La decisión de emplear "latino" de ninguna manera rechaza la inclusividad que quiere ofrecer el sufijo "x".[165] Tengo la esperanza de que todos los lectores, independientemente de sus elecciones personales en cuanto a la terminología, puedan apreciar lo que el libro tiene para ofrecer, del mismo modo que mi Mami reconoce su realidad afrolatina en sus páginas.

CAPÍTULO 2

"NO JUEGUES CON NIÑOS DE COLOR EXTRAÑO"

JUGAR Y APRENDER EN LOS ESPACIOS DE LOS LATINOS "BLANCOS"

Diciendo a su hijo de cinco años,
No juegues con niños de color extraño.[1]

Los latinos aprenden las reglas de la jerarquía racial al estilo latinoamericano y caribeño en los espacios públicos de ocio y en las escuelas, los dos ámbitos en que más intensamente se inculcan las reglas fuera del hogar. Estos dos espacios, donde la gente juega y aprende, están íntimamente entrelazados porque, aun antes de que un niño comience a ir a la escuela, está inmerso en espacios públicos racializados. El que determinados espacios públicos se reconozcan, sin cuestionar, como espacios para blancos se establece implícitamente a una tierna edad (por la mediación de los adultos cuidadores) y sirve para normalizar las jerarquías raciales de la escuela.

La formación de espacios para latinos blancos en Estados Unidos está influenciada por el reconocimiento implícito por parte de los latinos de la forma en la que las geografías latinoamericana y caribeña están estructuradas y reguladas racialmente. Las élites gobernantes de latinos blancos, tales como políticos, líderes de empresas y propietarios, estructuran el acceso a los espacios que poseen y frecuentan tanto en América Latina como en Estados Unidos. Ciertamente, viajar por gran parte de la América Latina y el Caribe en un cuerpo negro puede ser desconcertante.

A la vez que produce mucho placer ver a una gran cantidad de afrodescendientes caminando por las calles, advertir su ausencia notable como consumidores en muchos espacios públicos de ocio y entretenimiento es algo que estremece. Aunque la explicación popular de esta dualidad es la afianzada convergencia entre el color de la piel y el estatus socioeconómico, también existe una vigilancia racial activa de las esferas públicas que las mantiene como espacios para la élite blanca. Resulta alentador que una cantidad creciente de casos relacionados con las leyes contra la discriminación de América Latina impugnan la exclusión de los afrodescendientes en instalaciones públicas tales como discotecas y bancos.[2] Lo que resulta revelador, sin embargo, es cuán cercano es el paralelo entre las historias de caso latinoamericanas y los relatos de los latinos que cultivan espacios para latinos blancos en Estados Unidos y sus territorios.

Puerto Rico, un territorio de Estados Unidos, es un lugar apropiado para comenzar a desentrañar la complejidad de la construcción y preocupación de los latinos con los espacios para blancos bajo la ley estadounidense. Puerto Rico, una posesión de Estados Unidos desde el fin de la guerra Hispanoestadounidense de 1898 a la que, de conformidad con la Ley Jones de 1917, se le confirió la ciudadanía estadounidense, está sujeta a las leyes federales de derechos civiles de Estados Unidos. Al igual que el resto del Caribe y de América Latina, Puerto Rico posee una larga historia de estratificación racial como resultado de la esclavitud.[3] Los colonizadores españoles de Puerto Rico dependían mucho del trabajo esclavo después que diezmaron la población indígena de la isla a inicios del siglo XVI.[4] Como colonia española, Puerto Rico no abolió la esclavitud hasta 1873. A partir de entonces, la jerarquía racial en la colonia continuó con una élite blanca privilegiada, una clase intermedia "amortiguadora" de personas de ascendencia africana con ascendencia europea aparente y una población de tamaño considerable de afrodescendientes sin poder, de piel más oscura.[5] De hecho, cuando las tropas de EE. UU. invadieron Puerto Rico durante la guerra Hispanoestadounidense de 1898, fueron recibidas calurosamente por puertorriqueños de ascendencia africana que llevaban banderas estadounidenses prendidas a la ropa.[6] Pero, después de quedar sometida a la autoridad del Gobierno de EE. UU., la sociedad puertorriqueña siguió estando estratificada racialmente, como lo está hoy.[7] Esto es así a pesar de que la Legislatura de Puerto Rico instituyó, a partir de 1943, una variedad de medidas en contra de la discriminación racial, mucho antes de que el Gobierno federal de EE. UU. promulgara la Ley de Derechos Civiles de 1964.[8]

Puerto Rico hace mucho vive una hibridez legal y cultural. Es un territorio de habla hispana con su propia legislación codificada influenciada por el Código Civil español, y también está sujeto a la legislación federal de EE. UU., como en el caso de la legislación en contra de la discriminación.[9] Por esta razón, las prácticas culturales racistas de los puertorriqueños pueden juzgarse aplicando la legislación de derechos civiles de EE. UU. Consideremos, entonces, cómo se manifiesta esto en el imperativo legal de acceso racialmente igualitario a las esferas públicas de socialización, conocido como "legislación de las instalaciones públicas" (que incluye restaurantes, clubes nocturnos, centros de servicio e instalaciones recreativas).[10]

Los viernes, en Puerto Rico, se conocen como "viernes social", cuando colegas y amigos se reúnen después del trabajo para socializar y tomarse un trago y, a veces, a comer. Un viernes social, los amigos Héctor Bermúdez Zenón, Jaime Tosado Martínez y Pedro Mantilla se reunieron en el Restaurante Compostela, en el centro de San Juan, para cenar juntos.[11] Ya que se estaban reuniendo después del trabajo, tenían vestimenta semi formal, como los demás comensales del restaurante. No obstante, este grupo de amigos se distinguía de todos los otros clientes. Dos de ellos eran afropuertorriqueños, y el tercero, puertorriqueño blanco. Compostela, un restaurante propiedad de dos españoles blancos, Maximino del Rey y José Manuel del Rey, era como muchos otros espacios elegantes y exclusivos en Puerto Rico, poblado de puertorriqueños con aspecto de blancos. Héctor Bermúdez Zenón ya estaba acostumbrado a los espacios exclusivos para blancos en Puerto Rico debido a su vida profesional como ingeniero en la isla. Sin embargo, Héctor esperaba, implícitamente, que su educación de élite, sus logros y su vestimenta profesionales suavizara su acceso a los espacios recreativos racialmente exclusivos de Puerto Rico.

Por ende, Héctor y su grupo multirracial de amigos no se alarmaron cuando se les pidió que esperaran en el área del bar del restaurante hasta que hubiera una mesa disponible para cenar. Compostela era un restaurante popular, y ellos entendieron que era posible que tuvieran que esperar. Esperaron tres horas. Tres horas en las que se pusieron al día, pero que también notaron que los clientes blancos que llegaron después de ellos fueron atendidos de inmediato. Cuando Héctor y sus amigos preguntaron por qué solo ellos estaban esperando tanto, el personal del establecimiento afirmó que el restaurante requería reservaciones para cenar. Preguntándose por qué no les habían informado de inmediato que esa era la política, los amigos abandonaron el establecimiento. Pero en lugar de marcharse, llamaron al restaurante y preguntaron si podían cenar allí esa noche. No hacía falta reservar, les indicaron durante la llamada, poco después de que al grupo le habían negado el acceso.

Así, al igual que en los casos de discriminación en instalaciones públicas en América Latina, en las que se expresa una razón que no tiene que ver con la raza para negarles el acceso a los negros (hay que reservar, se requiere atuendo formal, club privado, función privada y así por el estilo), el restaurante Compostela realizó una clasificación racial similar. Por fortuna, Héctor y sus amigos pudieron presentar una demanda por discriminación ante el Tribunal Federal de EE. UU. en Puerto Rico. Cuando los dueños del restaurante pidieron la desestimación del caso, el juez no estuvo de acuerdo en que la demanda por discriminación no procedía y el restaurante llegó a un acuerdo de transacción con Héctor y sus amigos.

Lamentablemente, son pocas las instancias de discriminación en instalaciones públicas que se denuncian y son sancionadas por un tribunal. Denunciar oficialmente un incidente de exclusión pública implica tener que reconocer el insulto racial, lo que puede intensificar el sufrimiento. En Puerto Rico (y otros lugares) muchas personas prefieren reprimir el recuerdo de la exclusión y reordenar su vida para evitar cuidadosamente invadir los espacios para blancos cuando prevén que no serán bienvenidos. Zaire Dinzey-Flores, una socióloga afrolatina, ofrece un relato emotivo de este tipo de elección racial para sobrevivir.

> Una noche, cuando tenía cerca de once años, mi hermana y yo, y otros niños fuimos recogidos en un auto por la mamá de una compañera de clases, a quien la raza no parecía importarle mucho (para la amistad, quiero decir), para ir a una "disco party" en un club privado llamado El Club Deportivo. Algunos de nosotros éramos miembros y otros, no. Todos los niños fueron admitidos con hospitalidad, excepto mi hermana y yo. El guardia de la entrada nos dijo que nosotras no podíamos entrar. La mamá de nuestra compañera nos llevó a casa. Unos días más tarde, cuando otro padre blanco se quejó, el club envió una disculpa y prometió el ingreso gratis a la siguiente "disco party". Nosotras no volvimos a intentarlo.[12]

Este tipo de exclusión sucede en innumerables ocasiones y puede ser devastador para la autoestima y psiquis de un niño.

Hay que señalar que la clasificación racial latina de los espacios públicos no se limita a los entornos de latinos blancos en Puerto Rico. Los espacios públicos dominados por latinos en Estados Unidos continental, como Miami y Nuevo México, también han estado aquejados de las tácticas de exclusividad antinegritud de los latinos. Miami es una ciudad que hace mucho se conoce por la densidad y el crecimiento de su población latina. En 2019, la Oficina del Censo de EE. UU. calculó que los latinos constituyen

72.7 por ciento de la población de la ciudad.[13] Según el censo de 2020, los latinos son el 68.7 por ciento de los habitantes del condado Miami-Dade.[14] Con una presencia demográfica como esta, es comprensible que a Miami se le conozca como la "capital de América Latina".[15] Al igual que en América Latina, en Miami los latinos blancos obtienen resultados económicos más altos que los latinos negros.[16] Además, la ventaja socioeconómica de los latinos blancos persiste aun cuando su educación es solo un poco más alta que la de los latinos negros. La replicación racial de los espacios raciales latinoamericanos en Miami es la razón por la cual las actitudes raciales latinas son fundamentales para comprender la forma en la que la discriminación racial opera en la ciudad. De hecho, cuando Mark Sawyer, un científico político, procuró explicar las particularidades del racismo latino en Miami, comenzó su ensayo con una anécdota relacionada con las instalaciones públicas.

> En la Pequeña Habana, en Miami, una joven afrocubana fue a un salón de belleza "cubano" para hacer una cita. Preguntó cortésmente, en español, cómo podía hacer una cita para arreglarse el pelo. La propietaria del salón contestó de manera cortante en inglés: "Aquí no trabajamos con pelo de negros, tendrás que ir a otra parte". Las mujeres que estaban en el salón continuaron conversando en español y la afrocubana se marchó desmoralizada.[17]

El siguiente relato de cómo afloró la discriminación "al estilo latino" en un local de Miami de una cadena nacional de restaurantes ofrece detalles de la antinegritud latina. Cuatro años después de que Denny's, la cadena nacional de restaurantes, acordara pagar $54 millones para resolver las demandas por discriminación de miles de clientes afroamericanos a quienes se les había negado servicio o que habían tenido que esperar más, o pagar más, que los clientes blancos, una de sus sucursales, gestionada por un latino, continuó sus prácticas de exclusión racial. A pesar de la orden nacional del tribunal y de la capacitación sobre diversidad que la compañía brindó a sus empleados, junto con un nuevo sistema de monitoreo interno con inspecciones al azar, la antinegritud latina en Denny's continuó.[18] En 1994, el convenio de transacción de Denny's fue el más grande y abarcador bajo la legislación federal de instalaciones públicas, lo que hace del incidente de 1998 en Miami un caso mucho más preocupante.

El 2 de enero, después de haber trabajado el turno de cuatro de la tarde a la medianoche en el Everglades Correctional Institution [Institución Correccional de Everglades], un grupo de nueve trabajadores uniformados se reunieron en un Denny's de Miami para celebrar las fiestas de fin de año. Seis de los nueve trabajadores eran afroamericanos (Nicole Channer, Sylvia Clinch, Clifford Fortner, Vickie Kendrick, Maryline Laroche, y Aaron Wright) y los otros tres, blancos (Daniel Carpenter, Francis Tulino, y Alma Waters). Después que los sentaron, el mozo regresó a su mesa y les dijo que no quedaba comida en el restaurante. Esta alegación fue desmentida con los registros del propio restaurante, que indicaban que el tráfico de clientes era escaso a aquella hora y que solo se había atendido a ocho clientes entre la medianoche y la 1:00 a. m., a pesar de que el restaurante tenía capacidad para 143 comensales. Puesto que el grupo podía ver que se estaba dando servicio a otros clientes y que los cocineros estaban preparando comida en la cocina, pidieron hablar con el gerente. Inoportunamente, era Carlos Ibarra, un latino, quien estaba de turno como gerente en aquel momento. En lugar de seguir las instrucciones establecidas para aplacar quejas de los clientes, "Don't Fight, Make it Right" [es decir, no discuta, solo resuelva el asunto], Ibarra escaló la situación.

Ibarra insistió en que en el restaurante no quedaba nada de comida y que el grupo podía llamar al número gratuito del restaurante si tenían una queja. Entonces les informó que no hablaría más con ellos, que el restaurante había cerrado y que "tendrían que irse". No ofreció explicación de por qué el restaurante cerraba cuando su horario publicado era de veinticuatro horas al día ni de por qué inicialmente los sentaron a una mesa después de la presunta hora de cierre. Ibarra entonces escoltó al grupo hasta la salida del restaurante, cerró la puerta y les dijo: "You don't look right together" [ustedes no se ven bien juntos]. Como los trabajadores todavía estaban vestidos con sus uniformes de guardias de la correccional, la diferencia más significativa en su apariencia era el color de su piel y su género. Sin embargo, si bien muchos de los clientes que estaban dentro del restaurante eran grupos de distintos géneros, ninguno de ellos era afroamericano. Además, cuando el guardia de la correccional Laroche llamó al restaurante desde el estacionamiento después de que sacaran al grupo del lugar, el empleado del restaurante que contestó la llamada afirmó que el restaurante sí estaba abierto, pero que algunos pocos ítems del menú no estaban disponibles. Mientras esperaban en el estacionamiento, los trabajadores observaron que un grupo de cinco o seis clientas latinas blancas llegaron, Ibarra les abrió la puerta y las acomodó en el restaurante. Todo lo cual llevó al guardia correccional afroamericano Fortner a reconsiderar lo que le habían dicho un mes antes, cuando había tratado de comer allí y le habían dicho que "la estufa estaba descompuesta".

Dada la notoriedad anterior de Denny's en relación con la discriminación racial, resultaría fácil atribuir el comportamiento de Ibarra a la anterior capacitación de gerentes de la cadena con respecto a cómo tratar los casos de *blackout*, el código que usaba la compañía para lo que ellos entendían que era demasiados negros en el restaurante a la vez.[19] No obstante, después de que Ibarra sacó al grupo multirracial de guardias correccionales del restaurante, tres de los guardias afroamericanos se dirigieron a otro local de Denny's en el área suburbana de Miami Lakes. Allí, esa misma noche, los guardias afroamericanos fueron recibidos y les sirvieron sin ningún cuestionamiento. Parece que solo el restaurante Denny's administrado por Ibarra estaba prohibiendo la entrada a clientes negros en Miami. Como parte de su capacitación gerencial, Denny's le había brindado a Ibarra dos sesiones distintas sobre sus políticas de no discriminación, junto con instrucción sobre los protocolos de la corporación para los informes sobre incidentes con clientes y sobre nunca cerrar inapropiadamente las puertas del restaurante. Ibarra violó flagrantemente todas estas políticas de Denny's y mintió a los guardias correccionales sobre la carencia de comida esa noche, e insistió en que el grupo multirracial de amigos "no se ven bien juntos". Cuando los guardias correccionales incoaron su demanda por discriminación, Denny's decidió no defender a Ibarra. Por el contrario, el gerente regional de Denny's lo suspendió y, después de una investigación, Denny's despidió a Ibarra. Todo esto destaca la importancia de las acciones de Ibarra como gerente latino separado del historial de Denny's. Como resultado, el tribunal le adjudicó una compensación financiera a cada uno de los guardias correccionales por la exclusión racial que habían sufrido.

Aunque, aparte de Miami, ninguna otra ciudad en los Estados Unidos continentales tiene un sobrenombre similar a "capital de América Latina", otras ciudades tienen importantes poblaciones de latinos en las que la antinegritud puede influir en la regulación del espacio público. De hecho, ya para comienzos de la década de 1930, Evelio Grillo, un afrocubano, señaló que los clubes de inmigrantes cubanos en Tampa, Florida, no admitían a afrocubanos.[20] Cuando llegó el nuevo siglo, llegó acompañado por la misma exclusión de los afrolatinos por parte de los latinos blancos en Tampa y otros lugares.[21]

Al igual que Tampa y Miami, Chicago es una ciudad con una densidad de residentes latinos que viven y trabajan en enclaves latinos. En este tipo de enclave étnico, no es inusitado que latinos sean dueños de restaurantes y tiendas. Lamentablemente, el control de este tipo de establecimiento de ocio y comercio por parte de latinos también ha venido acompañado de una cultura latina de antinegritud contra los afrolatinos y los afroamericanos también.

Eric Trujillo, un afrolatino, sintió el frío de la animosidad contra los negros cuando quiso almorzar en un restaurante mexicano, el Cuauhtémoc.[22] Luego de sentarse a una mesa, Eric esperó cuarenta y cinco minutos mientras la dueña latina del lugar, Martha Pérez, y una mesera lo miraban y murmuraban entre ellas en lugar de acercarse a la mesa para atenderlo. Después de fijarse en que por lo menos otros diez comensales de apariencia latina entraron en el restaurante después que él y fueron recibidos con cortesía y les sirvieron rápidamente, Eric alzó la voz para llamar la atención de la mesera. Cuando la mesera le pidió a Eric su orden, lo hizo a una distancia de tres pies de su mesa. Cuando la comida llegó, la mesera la deslizó sobre la mesa como si Eric estuviese enfermo. Ninguno de los clientes latinos no negros fue tratado con la misma descortesía dirigida a Eric, la única persona de ascendencia africana que estaba en el restaurante. Si bien Eric no tuvo gastos por el largo tiempo que tuvo que esperar por el servicio, la Comisión de Relaciones Humanas de Chicago concluyó que la humillación racial que el restaurante le causó justificaba una compensación financiera para él y, además, el pago de la multa máxima a la Ciudad de Chicago.

Además de la compensación por angustia emocional y las multas administrativas, las víctimas de discriminación también pueden recibir daños punitivos cuando la conducta racista es particularmente ofensiva. Edna Pryor y Emma Boney son dos residentes de Chicago que sufrieron este tipo de conducta ofensiva cuando procuraron comprar en la tienda de ropa de Cirilo Echevarria, Passion for Fashion/Casa Echevarria.[23] Cuando Edna, una mujer de Jamaica, entró en Casa Echevarría, el dueño del establecimiento le pidió que dejara su bolsa en la caja. Edna explicó que no tenía ninguna bolsa, que solo tenía su cartera y que no quería dejarla en la caja. En lugar de reconocer la preocupación legítima de Edna por la seguridad del contenido de su cartera, (un monedero, la identificación y artículos personales), Echevarría le ordenó a Edna que saliera de la tienda, diciendo que no quería "*N—rs*"[†] en su establecimiento. Cuando Edna luego regresó con su amiga Emma Boney (quien es afroamericana), Echevarría escaló el conflicto diciendo que su establecimiento no era para gente negra, y repitió que no quería "*N—rs*" en su tienda.

† [N de la T] Muchos autores recurren a esta forma, u otras similares, para no reproducir una palabra que consideran un insulto racial tan ignominioso que no se debe ni siquiera transcribir en una cita. No tiene un equivalente en español que comunique la misma intensidad de afrenta, por lo que en adelante se mantendrá tal cual la autora lo escribe en inglés.

Se negó a hablar con ellas, y en lugar de eso les gritó que salieran de allí mientras las escoltaba hasta la puerta.

Aunque ni Edna ni Emma incurrieron en gastos a causa del incidente, la Comisión de Relaciones Humanas de Chicago decidió que la antinegritud flagrante de Echevarría justificaba la imposición de una sanción financiera por las angustias emocionales que Echevarría le había causado tanto a Edna como a Emma. Además, la comisión les adjudicó daños punitivos a Edna y a Emma, y le impuso una multa a Echevarría pagadera a la Ciudad de Chicago.

La antinegritud de los latinos de Chicago no se limita a establecimientos que son propiedad de latinos, sino que también infecta las operaciones de establecimientos de cadenas locales y nacionales. Bernie Andrews es un afroamericano que sufrió la humillación producida por la hostilidad y la exclusión de los latinos contra los negros cuando entró a una franquicia de McDonald's localizada en el área de Jefferson Park en el North Side de Chicago.[24] Si bien Jefferson Park hace mucho se conoce como un vibrante vecindario residencial polacoamericano con una cantidad considerable de irlandeses americanos también, la gerenta latina del McDonald's local aparentemente decidió encargarse de que el lugar fuera un establecimiento solo para blancos.

Bernie pudo entrar al restaurante y comer. Sin embargo, sigue habiendo una infracción a la ley cuando a un cliente se le trata de manera diferente debido a su raza después de que lo admiten y le prestan servicio. Cuando terminó de comer, Bernie entró al baño y, mientras estaba allí, la gerenta latina entró y le preguntó con sarcasmo si se estaba dando un baño. Entonces, le dijo, "Sal de aquí, *n—r*", y se marchó. Mientras Bernie se lavaba las manos, otras dos empleadas abrieron la puerta del baño de los varones, y a través de la puerta abierta él vio a la gerenta hablando con un cliente latino. Después de hablar con la gerenta, el cliente latino entró al baño y tropezó con Bernie. Entonces colocó la mano derecha en el bolsillo de su abrigo, fingiendo que tenía un arma, mientras interrogaba a Bernie: "¿Por qué estás molestando a esa señora, viejo? *N—r*, ¿por qué no regresas al South Side, donde perteneces?

Cuando el propietario de la franquicia de McDonald's pidió que el caso se desestimara por falta de fundamento, la Comisión de Relaciones Humanas de Chicago discrepó y se negó a desestimarlo. La comisión concluyó que era razonable inferir de las alegaciones que no solo la gerenta latina había acosado por motivos raciales a Bernie con su agresión verbal, sino que además había solicitado o condonado el acoso racial del cliente latino. Después de que la comisión se negara a desestimar el caso, las partes decidieron renunciar a continuar el proceso, como sucede con frecuencia cuando los litigantes resuelven una demanda entre ellos con un.

Lamentablemente, clientes como Bernie pueden ser objeto de la antinegritud latina fuera de ciudades como Chicago y Miami, que son conocidas por tener una alta densidad de residentes latinos que viven y trabajan en enclaves étnicos latinos. Por ejemplo, Carlsbad, Nuevo México, es una ciudad cuya economía, basada en la extracción de minerales y el turismo de los parques estatales, no cuenta con el mismo reconocimiento que Miami. Sin embargo, también está poblada por una cantidad significativa de latinos. El censo de 2000 registró a los latinos como el 36.7 por ciento de la población de Carlsbad.[25] Ya en el censo de 2010, esa cantidad había aumentado a 42.5por ciento, y la Encuesta de la Comunidad de 2019 estimó un aumento a 51.5 por ciento.[26] Si bien no se confundirá a Carlsbad con Miami, los latinos allí son lo suficientemente numerosos para influir en la experiencia del racismo. Grant Pirtle es un residente afroamericano de Carlsbad que sintió el aguijón de la exclusión de los negros por parte de los latinos, a pesar de estar casado con una latina de piel clara.[27]

Un sábado en la tarde, Grant Pirtle entró a Allsup's Convenience Store, localizada en la National Parks Highway [Autopista de los Parques Nacionales], y trató de hacer una compra por un costo total de $7.63. Grant pagó con un billete de cinco dólares y tres billetes de un dólar, cambio que había recibido antes en una gasolinera Chevron donde había hecho una compra. Cuando recibió los ocho dólares, la cajera latina blanca, Mary Jane Celaya, examinó el billete de cinco a la luz y afirmó que el billete era falso.

Grant entonces le ofreció un billete de diez y uno de veinte. Celaya entonces procedió a frotar los billetes con la mano y concluyó que todo el dinero de Grant era "falso y no sirve", a pesar de que no examinó los billetes de un dólar.[28] Tampoco empleó ninguno de los protocolos oficiales de la tienda que le habían enseñado a implementar cuando hay una sospecha de que los billetes son falsos (y que estaban convenientemente enumerados en un cartel al lado de su caja registradora). Los protocolos incluyen distintas maneras de detectar billetes falsos y qué acción tomar, como, por ejemplo: "Retener el billete y no devolverlo al cliente que lo pasó", "Entretener al cliente que pasó el billete con alguna excusa, si posible", "Llamar a la policía o al Servicio Secreto de EE. UU." y "Escribir tus iniciales y la fecha en el borde del billete y entregarlo solo a la policía o al Servicio Secreto". El que Celaya no haya seguido ninguno de los procedimientos establecidos por la tienda sugiere que su preocupación con respecto a los billetes falsos era una fabricación. Entonces, le puso broche final a su *performance* colocando los artículos que Grant quería comprar fuera de su alcance, detrás del mostrador.

Impedido de hacer su compra en la tienda y avergonzado por la sospecha de Celaya sobre él como cliente, Grant abandonó el lugar. Atormentado por la humillación pública a la que Celaya lo había sometido, Grant decidió regresar a la tienda Chevron donde le habían dado los supuestos billetes falsos. Grant relató las dificultades que había tenido con Celaya, y el empleado de Chevron examinó el dinero y usó un marcador especial para determinar si los billetes eran falsos. Usando el marcador, el empleado de Chevron pudo concluir definitivamente que los billetes no eran falsos. De hecho, Grant entró a otra tienda ese día y pudo hacer una compra con los mismos billetes que Celaya se había rehusado a aceptar.

Grant entonces regresó a Allsup's Convenience Store y le preguntó a Celaya cómo Allsup determina que un billete es falso. Celaya respondió que no hay un método formal establecido y que ella podía determinarlo "por cómo se sienten".[29] Grant pidió hablar con el gerente y Celaya se lo impidió diciendo que no había un gerente en la tienda, que no había gerentes en ninguna otra de las instalaciones de Allsup's, y, finalmente, que no podía llamar al gerente auxiliar, que estaba en la tienda, porque estaba ocupado y no podía hablar con Grant. El golpe de gracia de Celaya fue ordenarle a Grant que abandonara la tienda.

Grant regresó a su casa y le contó a su esposa, Yolanda Pirtle, el incidente, que todavía le molestaba. Yolanda decidió regresar a la tienda y ver si Celaya la iba a tratar distinto por ser una latina de piel clara. Celaya no solo no le hizo preguntas a Yolanda sobre los billetes que usó para pagar, sino que aceptó los billetes y le permitió a Yolanda completar su compra. Los billetes que Celaya aceptó de parte de Yolanda sin cuestionar eran los mismos billetes que le había rechazado a Grant por ser supuestamente falsos. Grant presentó una denuncia a la Oficina de Derechos Humanos de Nuevo México. La Oficina realizó su propia investigación y concluyó que había causa probable para hacer valer una demanda por discriminación. Posteriormente, Grant presentó una demanda en el tribunal federal, y se llegó a un acuerdo de transacción.

Vistos en conjunto, los ejemplos de casos de instalaciones públicas demuestran que los espacios públicos dominados por latinos, ya sean de élite o no, desde los restaurantes *gourmet* caros hasta los restaurantes de cadena de nivel medio y las tiendas de las autopistas, todos pueden ser objeto de vigilancia racial. No obstante, cuando se les confronta con relatos de discriminación, la gente con frecuencia responde con expresiones de esperanza de que la educación y el paso del tiempo traigan un cambio social. Esa reacción puede ser sincera y bien intencionada, pero no toma en cuenta que incluso el contexto educacional puede estar plagado de una antinegritud que propicia las jerarquías. Lo que destacan las siguientes narraciones es que desenredar las raíces de la discriminación racial debe ser intencionado para ser eficaz, porque la operación ordinaria de nuestros entornos educacionales no siempre está equipada para alterar la antinegritud latina.

EL ESPACIO EDUCACIONAL

A pesar de que los campus universitarios a menudo se enorgullecen de estar a la vanguardia de la discusión pública sobre la diversidad racial, los estudiantes universitarios afrolatinos han reportado que, en el campus, "los espacios latinos siempre han sido los más violentos".[30] Un estudio realizado en 2017 de entrevistas, entradas en blogs y grupos focales de estudiantes universitarios afrolatinos halló que la mayoría sentía mucha exclusión social de parte de otros latinos en sus universidades. Como señaló uno de los participantes:

> Toda mi vida, los espacios latinos siempre han sido los más violentos para mí. Todavía hoy, no puedo entrar en un espacio donde haya solo latinos. Aunque todos sabían que yo pertenecía a la junta [de un grupo latino de estudiantes universitarios], y yo estaba presente en todas las reuniones, una chica se sentía incómoda con mi presencia, pero no creo que se diera cuenta, en realidad, que eso era lo que revelaba su cara tan pronto yo entraba al salón, pero yo conozco esa cara bien y sé exactamente lo que ella estaba pensando en ese preciso instante y lo que su incomodidad significaba en ese espacio y por qué.[31]

En 2020, nuevamente se encontraron hallazgos similares en las entrevistas de estudiantes afrolatinos que asistían a una pequeña universidad urbana pública en la zona metropolitana de Nueva York.[32] El tema común de todas las entrevistas era la antinegritud que los estudiantes experimentaban de parte de sus condiscípulos latinos, quienes se burlaban de ellos por ser *demasiado negros* en apariencia como para reclamar una identidad latina. "Se burlaban de mí, como que tú no eres latina".[33]

Esto también concuerda con investigaciones que indican que la participación de estudiantes latinos en organizaciones mayoritariamente latinas de estudiantes universitarios aumenta de manera significativa las probabilidades de hostigamiento dentro del grupo.[34] Este tipo de descubrimiento ayuda a explicar hallazgos anteriores que indican que el color de piel de las estudiantes inmigrantes universitarias latinas influye en su autopercepción.[35] Las estudiantes inmigrantes universitarias de piel más oscura tenían una autoestima más baja en comparación con las estudiantes inmigrantes universitarias latinas de piel más clara.

Como antídoto, los investigadores recomiendan intervenciones específicas, y exhortan a los profesionales de la educación superior a adquirir conocimientos y conciencia del colorismo dentro de la comunidad latina, así como de las microagresiones contra estudiantes afrolatinos. Con este conocimiento, los educadores podrán propiciar, intencionadamente, ambientes de aprendizaje que cuestionen la antinegritud entre los estudiantes latinos. Además, es aconsejable propiciar la "colaboración y el diálogo entre los grupos de estudiantes latinos y negros, [en particular porque] los que son víctimas de discriminación también pueden victimizar a otros a quienes se percibe que ocupan posiciones raciales más subordinadas".[36]

También se han recomendado intervenciones similares con respecto a las tensiones entre los estudiantes universitarios latinos y los afroamericanos. El estudio de Patricia Literte sobre estudiantes de universidades públicas de California señaló que los estereotipos raciales entre los estudiantes latinos propiciaban la antinegritud. "Nancy, una estudiante mexicanoamericana, describió los estereotipos: 'Básicamente, los negros son muy ruidosos y siempre buscan pelea'".[37] Literte concluye que las universidades deben ser proactivas e instituir programas de resolución de conflictos y de construcción de paz para aliviar las tensiones entre los latinos y los afroamericanos. Las estadísticas de casos incoados indirectamente sugieren que este tipo de programa de resolución de conflictos son urgentemente necesarios. Pero, primero, unas palabras acerca de los registros de casos.

Las leyes federales y locales de EE. UU. protegen la privacidad de los estudiantes que presentan demandas por discriminación, y por esa razón los registros públicos sobre las demandas son muy limitados. A menos que el demandante dé su consentimiento, los organismos gubernamentales, como la Oficina de Derechos Civiles (Office of Civil Rights, OCR) del Departamento de Educación federal, que administra las demandas de discriminación, tienen prohibido dar a conocer públicamente el nombre y la información personal del demandante.[38] Como resultado, los datos disponibles al público de la Oficina de Derechos Civiles enumeran todos los casos pendientes solo con el nombre de la institución demandada.[39] Buscar específicamente las demandas de latinos en los datos públicos de la OCR resulta imposible. El acceso público se posibilita solo cuando los demandantes (o menores representados por sus padres) deciden usar sus recursos para continuar su lucha en el tribunal federal y dar a conocer su identidad.

Los organismos locales que se ocupan de velar por el cumplimiento de las leyes contra la discriminación con frecuencia se abstienen de siquiera publicar su lista de casos pendientes. Después de una solicitud de información adicional tramitada en virtud de la Ley por la Libertad de Información (Freedom of Information Act, FOIA), uno de estos organismos, la División de Derechos Humanos del Estado de Nueva York, indicó que la ley de privacidad les permitía publicar solo una lista de los casos en los que la agencia había llegado a una determinación final. Entre 2010 y 2020, este organismo identificó cuarenta y cinco determinaciones finales relacionadas con prejuicio latino contra afrolatinos y afroamericanos.

Eso significa que todavía queda todo un universo de casos pendientes. Pero de inmediato se hace evidente un patrón: por lo menos el 58 por ciento de las determinaciones finales pertinentes eran casos presentados en el ámbito de la educación superior, mientras que solo el 42 por ciento se relacionaba con el ámbito de kínder a duodécimo grado. Lo que sugiere que el ámbito de la educación superior podría beneficiarse grandemente de las intervenciones de resolución de conflictos entre latinos y negros que los comentaristas han recomendado. Esto lo reitera la antinegritud de educadores universitarios latinos de la cual pueden dar fe colegas afrolatinos.[40]

No obstante, el contexto educacional de kínder a duodécimo grado presenta un conjunto de circunstancias todavía más graves. La bibliografía de los estudios de la educación ha tendido a enfocarse en la lucha entre las comunidades latina y afroamericana como competidores por escasos recursos en las escuelas con recursos insuficientes en se segrega a los niños de color mientras que los blancos asisten a escuelas públicas con más recursos.[41] Los investigadores de la educación han invertido menos tiempo en el análisis de los encontronazos físicos entre estudiantes latinos y afroamericanos; sin embargo, en California, en particular, por lo menos diez escuelas distintas, descritas en el Capítulo 1, han sido el centro de violencia de latinos contra negros. Esta violencia ha tenido poco que ver con las pequeñas luchas estratégicas de los líderes de color que buscan el control político de las instituciones públicas.[42] En otras palabras, las escuelas segregadas pueden ser "un lugar para la negociación del poder, los recursos y el control entre las poblaciones minoritarias de una comunidad", pero no es eso lo que incita la violencia interracial entre la población estudiantil.[43]

Un incidente que se destaca como ejemplo es el de Samohi High School en Santa Monica, California, donde en 2005 a veintiséis oficiales de policía les tomó media hora resolver una trifulca con la ayuda de refuerzos de otros departamentos de policía de la zona.[44] Inicialmente, hubo una pelea en la cafetería de la escuela entre un estudiante afroamericano y uno latino, luego de lo cual, aparecieron en la escena doscientos estudiantes que esperaban otra pelea entre afroamericanos y latinos, tal y como había sucedido en el pasado. Esto no estaba relacionado con violencia entre pandillas. Un estudiante afroamericano expresó temor por su seguridad porque los estudiantes latinos "que se han graduado de Samohi con frecuencia participan; llegan después de la escuela y se preparan para buscar pelea con los muchachos negros. Simplemente no se agradan. No va a acabar nunca". En efecto, luego, Antonio Villaraigosa, el alcalde, tuvo que intervenir personalmente cuando surgieron otras trifulcas entre estudiantes latinos y afroamericanos.

Estos problemas no se limitan a California. De hecho, el especialista en educación, David Stovall, advierte que es muy importante fijarse en las especificidades regionales cuando se examina el tema de la antinegritud latina en los entornos escolares.[45] Los patrones migratorios históricos y la variación en los espacios segregados a lo largo y lo ancho del país influyen en cuándo, cómo y contra qué poblaciones afrodescendientes se manifiesta la antinegritud latina. En Chicago, donde el profesor Stovall ha trabajado e investigado como maestro de kínder a duodécimo grado, él ha observado olas de encontronazos entre estudiantes latinos y afroamericanos, desde fines de la década de 1990, la década del 2000 y nuevamente en la década de 2010. Con cada oleada de violencia, los funcionarios de las escuelas públicas de Chicago procuraban mitigar las confrontaciones racializadas designando entradas separadas a la escuela para los estudiantes que llegaban del sur de Chicago y los que venían del norte. La intensa segregación residencial de Chicago garantizaba que las entradas separadas se convertirían de facto en "puertas solo para afroamericanos" y "puertas solo para latinos" para estos estudiantes provenientes de sectores separados de la ciudad.

No obstante, hay ocasiones en las que los intentos administrativos *ad hoc* para contener el conflicto racial son insuficientes dentro y fuera de Chicago, a tal grado que las agencias de noticias se percatan de ello. Varios reportajes importantes incluyen la pelea de 2014 entre afroamericanos y latinos en Streamwood High School, en un suburbio de Chicago. En la pelea participaron por lo menos cuarenta estudiantes, en dos pisos y oficinas distintas.[46] Los educadores advierten que los espacios racializados de almuerzo son los lugares "donde por lo general hay problemas".[47] Otra trifulca a la hora de almuerzo que llegó a los canales de noticias fue la de Canyon Springs High School en Las Vegas. Fue notable porque la policía se sintió obligada a usar gas pimienta para acabar con la pelea entre estudiantes latinos y afroamericanos.[48]

Aparte de las trifulcas de gran escala en las escuelas, la antinegritud latina también aparece en instancias individuales de abuso.

Alma Yariela Cruz, una estudiante afrolatina de Puerto Rico, tenía once años en 2018 cuando, a lo largo de dos años, dos de sus condiscípulas se mofaban de ella con insultos raciales como "negra sucia", "negra asquerosa", "negra *dientúa*", además de comentarios racistas sobre su pelo afrodescendiente.[49] El hostigamiento racial que Alma experimentó se asemeja al de otra estudiante de escuela media afrolatina en Denver. De camino a la escuela, iba emocionada porque un profesional le había peinado el pelo por primera vez. Pero cuando llegó a la escuela, sus compañeros de clase latinos le dijeron que, a pesar de lo que se había hecho en el pelo, seguía siendo fea y repugnante. Le echaron agua en la ropa y el pelo y la llamaron "*ape man, jungle bunny and monkey*" [hombre mono, conejito de la jungla y mico].[50]

Cuando Kavin, una afroamericana, resultó víctima de hostigamiento racial en la escuela pública a la que asistía en Marion, Texas, parte del ambiente racialmente hostil que experimentó de la población blanca no hispana, que era mayoritaria, incluyó una agresión de dos estudiantes latinas.[51] Las dos latinas rodearon a Kavin en su casillero y comenzaron a provocarla, le pegaron y la empujaron contra él. Las dos estudiantes latinas podrían haber decidido abstenerse de participar en la campaña de los estudiantes blancos no hispanos para aterrorizar a Kavin y a sus dos hermanas, que eran de las pocas afroamericanas en la escuela. Pero, en cambio, decidieron unirse de manera activa a los hostigadores antinegros blancos no hispanos que repetidamente la insultaban y la excluían del equipo de porristas dominado por blancas no hispanas al cual ella pertenecía nominalmente. Estas alianzas raciales no son difíciles de entender cuando se considera que la antinegritud aprendida en las familias latinas se deja sentir ya en el nivel preescolar. Sili Recio, una afrolatina que vivía en Orlando, Florida, en 2015, recuerda que a su hija de edad preescolar un compañerito latino también de edad preescolar le dijo "negra fea".[52]

Con todo lo angustiante que puede ser el hostigamiento por prejuicios, la antinegritud latina en la escuela no termina allí. Los funcionarios escolares latinos también son parte del problema. De hecho, la antinegritud de los instructores latinos ha sido documentada desde 1884. Ese fue el año en el que al bibliófilo puertorriqueño Arturo Schomburg su maestra de quinto grado le dijo: "Los negros no tienen historia, ni héroes, ni grandes momentos".[53] (Fue la antinegritud de esa latina blanca lo que inspiró a Schomburg a dedicar toda su vida a reunir el archivo de literatura y cartas de la diáspora africana que ahora se encuentran en el Centro Schomburg de la División de Investigación de la Biblioteca Pública de Nueva York).[54]

Más de un siglo más tarde, la antinegritud de algunos instructores latinos sigue siendo un problema. Después de veinte años como educadora, la afropuertorriqueña Noemí Cortés todavía recuerda claramente a un maestro latino en Chicago que excluía a los estudiantes negros.[55] Debido a que este maestro de lectoescritura de escuela media, un cubano blanco, daba por sentado automáticamente que todos sus estudiantes negros tenían deficiencias, se negaba a interactuar con ellos directamente y en su lugar los apartaba a un rincón del salón de clases para que recibieran instrucción de un asistente de educación especial. Cortés además señaló que las opiniones racializadas del maestro acerca de sus estudiantes negros también influían en su percepción de que era imposible trabajar con una niña de doce años porque era "muy adulta". (La "adultificación" de los jóvenes negros como dinámica racista se discutirá con más detalle más adelante.) Para estos estudiantes negros de Chicago, la exclusión en el salón de clases impuesta por su maestro latino constituía parte del trauma racial que experimentaban en la escuela: los estudiantes latinos usaban la palabra *n—r* en el edificio y el guardia de seguridad puertorriqueño hablaba abiertamente de su suposición de que todos los estudiantes negros tenían problemas de conducta y de que había que supervisarlos y regularlos de cerca. Por esta razón, Cortés entendió que era necesario brindar tiempo y espacio en el salón de clases para que estos estudiantes negros se relajaran del estrés causado por tener que transitar el campo minado de la antinegritud en una escuela predominantemente latina.

Cortés, sin embargo, no es la única que se preocupa por la antinegritud de algunos maestros latinos de Chicago. David Stovall ha observado de primera mano a administradores latinos en Chicago que se basan en estereotipos raciales antinegros para decidir los castigos para infracciones cometidas por estudiantes afroamericanos que, en contraste, se consideran inconsecuentes cuando las cometen estudiantes latinos.[56] Stovall recuerda vívidamente a una directora escolar específica que estaba tan aferrada a sus opiniones racistas sobre los estudiantes afroamericanos como inherentemente problemáticos y en quienes no se podía confiar, que nunca consideraba las opiniones de estos. Todas y cada una de sus interacciones con estudiantes afroamericanos eran hostiles, y esto se reflejaba también en la negación de beneficios de la escuela (ingreso a programas especiales, citas con consejeros, citas con reclutadores de universidades, acceso a viajes escolares, etc.).

Esta dinámica se extiende más allá de Chicago. Consideremos las reflexiones de José Luis Vilson, un afrodominicano que enseñó matemáticas durante quince años, entre 2005 y 2020, en una escuela pública de la Ciudad de Nueva York, en Washington Heights, que estaba densamente poblada por latinos, en especial provenientes de la República Dominicana. Durante sus quince años enseñando, Vilson fue testigo, en repetidas ocasiones, del trato que los administradores daban a los estudiantes de piel oscura, como si fueran inherentemente incompetentes y propensos a comportarse mal.[57] Esta dependencia de los estereotipos raciales negros también generaba castigos desproporcionados para los estudiantes negros. No obstante, el sesgo racial parecía imperceptible para los administradores latinos de la escuela.

La antinegritud de los latinos hace su aparición al comienzo de la formación de los maestros. Roberto Montoya, un instructor de estudiantes de pedagogía en la Escuela de Educación de la Universidad de Colorado en Denver desde 2012, ha observado en repetidas ocasiones a estudiantes latinos expresar su antinegritud e interactuar de manera negativa con sus condiscípulos negros.[58] A Montoya le preocupa especialmente que cuando él procura intervenir para crear un momento de aprendizaje en relación con la antinegritud latina en el salón de clases, muchos de los estudiantes latinos de pedagogía desestiman la oportunidad por considerarla irrelevante. Estos son los educadores ineducables que salen a enseñar a los jóvenes de la nación. En resumen, la antinegritud de los maestros y administradores escolares latinos tiene consecuencias materiales a pesar de ser, en efecto, invisible en la discusión pública. Y esta invisibilidad afecta adversamente hasta los intentos de reforma escolar mejor intencionadas.

Providence, Rhode Island, ofrece un estudio de caso útil. Se trata de un distrito escolar en el que los estudiantes latinos constituyen el 65 por ciento de la población escolar de kínder a duodécimo grado, y los estudiantes negros, el 16 por ciento.[59] Durante el año escolar, los estudiantes tienen en su mayoría maestros blancos no hispanos que continuamente someten a los estudiantes de color a castigos por infracciones que otros estudiantes también cometen sin sufrir las mismas consecuencias disciplinarias.[60]

Sin embargo, durante los meses de verano, el programa Generation Teach ofrece a estos mismos estudiantes de escuela media un programa de enriquecimiento académico que específicamente busca terminar con las injusticias raciales y la desigualdad en la educación.[61] Los instructores son deliberadamente más diversos desde el punto de vista racial, y se les indica que deben suscribir la misión antirracista del programa. No obstante, la antinegritud de los instructores latinos logra invadir este espacio educacional tan cuidadosamente elaborado. Una y otra vez, los maestros observaron a una líder latina del programa regañar a estudiantes afroamericanos por las mismas infracciones que estudiantes latinos de piel más clara habían cometido sin castigo.[62] El trato diferenciado de la líder latina del programa llegó hasta el punto de regañar a estudiantes afroamericanos por conducta tan inofensiva como comprar comida en las máquinas expendedoras de la escuela en lugar de comer la comida de la cafetería. La disparidad racial era especialmente notable porque toda la población escolar usaba las máquinas como alternativa a la comida que no les gustaba de la cafetería.

Igualmente preocupante es que se observó a una joven instructora latina sexualizando en exceso a estudiantes de escuela media afroamericanos y afrolatinos de maneras problemáticas que nunca fueron abordadas por el programa.[63] La sexualización en exceso de los chicos se manifestaba en el coqueteo y toqueteo constante de la instructora latina con ellos, que muchos otros maestros consideraban inapropiado. La "adultificación" de jovencitas negras es un tema que ha llegado a la atención pública solo recientemente, en la discusión acerca de la discriminación interseccional (el vórtice en donde se combinan la raza y el género).[64] No obstante, la adultificación es igual de perjudicial a la formación de varones de color. Interactuar con niños de color como si fuesen mucho mayores, basándose en estereotipos raciales sobre su potencia sexual inherente, no solo priva a esos niños de una verdadera infancia caracterizada por el cuidado y la guía de los adultos, sino que también los expone a recibir un trato disciplinario más severo. La adultificación es donde comienza el trayecto sin salida de la escuela a la prisión (*school-to-prison pipeline*).

Los colegas de la joven instructora latina pensaban que ella operaba bajo este tipo de estereotipo racial, dada su proclividad a insertar en la conversación el tema de cuánto deseaba salir con hombres negros, comenzando por los de tez más clara y luego "progresando" hasta los de piel más oscura. A las colegas les parecía que el comportamiento inapropiado de esta maestra latina con sus estudiantes negros era una ensayo de su fantasía de salir con hombres negros. Los programas de educación que pasan por alto la puesta en práctica de estereotipos raciales por parte de los latinos crean ambientes educativos hostiles para los niños de ascendencia africana.

Lamentablemente, la sexualización latina de los estudiantes negros no se limita a este único ejemplo de una educadora latina de Providence. David Stovall, un especialista en Educación, ha apuntado al mismo problema con la sexualización latina de estudiantes negras de Chicago.[65] De hecho, un reportaje de 2018 del *Chicago Tribune* reveló que en el distrito escolar de Chicago hubo una cantidad enorme de abusos y agresiones sexuales contra sus estudiantes, y los informes de abuso sexual continúan.[66] Notablemente, una cantidad significativa de los estudiantes victimizados que el *Chicago Tribune* describió eran negros. Puesto que los latinos y los afrolatinos en conjunto constituyen el 20.9 por ciento de la población de maestros del distrito escolar de Chicago, estos no están excluidos de los problema del abuso sexual racializado.[67]

El clima racial en el país tampoco es mucho mejor entre los educadores latinos mismos. En una reunión de educadores latinos en Colorado, Marta Cruz-Janzen, una afrolatina, fue recibida con mucha hostilidad y le dijeron: "Algunos de los hispanos no quieren que seas uno de ellos porque tú representas todo lo que ellos no quieren ser. ¿Cómo se atreve esta mujer negra a hablar español y decir que es una de nosotros? Te ven como negra y ellos no quieren ser negros. Quieren que dejes de decir que tú eres como ellos".[68]

En resumen, los relatos de antinegritud latina en espacios públicos de recreación y educación todos resuenan con el mismo tema. En diversos lugares geográficos, lo que es constante es la manera en que los latinos regulan los espacios públicos para excluir y menospreciar la negritud. Es en los espacios de juego y aprendizaje dominados por latinos blancos donde a los afrolatinos se les enseñan las reglas de las jerarquías raciales latinas, y donde se les informa a los afroamericanos que ellos no son bienvenidos. En el siguiente capítulo, considero la forma en que todo esto se extiende al contexto laboral.

CAPÍTULO 3

TRABAJAR EN LOS ESTADOS UNIDOS DE AMÉRICA

La cultura popular a menudo representa los ambientes de trabajo "diversos" como utopías raciales en las que personas de todas las razas y orígenes étnicos coexisten felizmente. Por ejemplo, el programa de televisión *Brooklyn Nine-Nine*, que ganó el premio Globo de Oro en 2014 y se trasmitió entre 2013 y 2021, presentaba a oficiales de policía negros, latinos y blancos de Nueva York trabajando juntos sin ningún tipo de acritud racial. Como tantas otras representaciones mediáticas, el programa no profundizaba en las realidades cotidianas de la coexistencia racial que se dan en un espectro mucho más complejo. Simultáneamente, este tipo de representación idealizada que presentan los medios (des)informa nuestras concepciones societales de lo que realmente significa la diversidad racial.

En contraste, las narraciones judiciales de lo que sufren los individuos y lo que perciben cuando ocurre un conflicto racial ofrecen un cuadro que se sustenta en la complejidad y el caos de los diversos contextos reales. Lo que las historias revelan acerca de los latinos es que la antinegritud es un fenómeno actual que afecta de manera adversa a afrolatinos, afroamericanos y africanos por igual, incluso en un panorama enriquecido de diversidad donde la cooperación interracial existe simultáneamente con el conflicto racial. Las historias que cuentan estos demandantes tienen mucho que enseñarnos acerca de la complejidad de los ambientes de trabajo latinos racialmente diversos.

Edward Olumuyiwa, un nigerianoamericano residente de Brooklyn, fue contratado como guardia de seguridad por Harvard Protection Services, una compañía basada en la ciudad de Nueva York que brinda servicios de seguridad a clientes corporativos. Edward desconocía que en aquella época existía en la compañía una estructura salarial racializada mediante la cual los empleados latinos y yugoslavos recibían el 50 por ciento más que Edward y los guardias de seguridad afroamericanos. Además, la compañía también les ofrecía a los trabajadores latinos y yugoslavos horarios y turnos más favorables.[1]

Sin embargo, Edward se enteró de la jerarquía racial cuando se convirtió en objeto de hostigamiento racial de parte de un supervisor latino, Jason Ortiz. El prejuicio racial era evidente porque el supervisor Ortiz afirmó directamente que no le simpatizaba Edward porque era nigeriano. Su campaña de hostigamiento racial incluía comentarios abiertamente discriminatorios como los siguientes: "¿Por qué tu culo negro duerme aquí? ¡Voy a deducir dos horas de trabajo de tu maldito cheque!" y "¡Los hispanos dirigimos esta oficina!" Los comentarios racialmente inflamatorios iban acompañados de acciones que pretendían degradar todavía más a Edward.

Aunque la política general de Harvard Protection era que un supervisor apareciera solo una vez en un lugar de trabajo cada noche, el supervisor Ortiz apareció en el lugar de trabajo de Edward cerca de seis veces y lo hostigó con la pulla, "¡Te voy a pillar!". Además, a Edward se le requería trabajar más horas que a cualquier otro guardia de seguridad empleado por Harvard Protection. En por lo menos diez ocasiones, se le pidió que trabajara dieciséis horas consecutivas. Incluso cuando Edward le notificó al vicepresidente Camacho que tenía problemas del corazón y que necesitaba cuatro días libres para una cirugía, Camacho le negó la petición rotundamente. De hecho, la gerencia mayoritariamente latina de la compañía de seguridad y su vicepresidente latino, Ron Camacho, condonaron el hostigamiento.

Solo después de presentar una demanda por discriminación ante el tribunal, Edward pudo llegar a un en relación con el trato desfavorable que había recibido. En efecto, los casos de antinegritud latina que con más frecuencia se resuelven a favor del demandante negro (ya sea afrolatino, afrocaribeño, afroamericano o inmigrante africano) son los casos como el de Edward, en el que existe un trato preferente claro hacia los empleados latinos a expensas de los empleados negros, a quienes se menosprecia, además de los casos de hostigamiento racial abierto y de trato desfavorable intencional.[2]

No obstante, la virulencia de la antinegritud latina puede ser particularmente violenta cuando se dirige hacia afrolatinos en particular, porque los epítetos con frecuencia se expresan en doble dosis: en inglés y en español. Eloy Cruz, un afrolatino, tenía uno de estos atacantes bilingües cuando era gerente de un almacén en una compañía de Hialeah Gardens, una ciudad en el condado de Dade de la ciudad de Miami, en Florida. El gerente de ventas, Jorge Fernández, fue el latino que se impuso como misión bombardear repetidamente a Eloy con una descarga de términos racialmente hostiles: "n—r", "negro estúpido", "negro maricón", y "negro de mierda".[3] Al ambiente racialmente hostil se añadían las amenazas de Fernández de hacer daño físico a Eloy y convertir su trabajo en un "infierno", lo que llevó finalmente al despido de Eloy. Al igual que Edward Olumuyiwa, Eloy pudo transigir su caso.

En el contexto del derecho antidiscriminatorio, los abogados de derechos civiles consideran los acuerdos de transacción un éxito. Esto se debe a que la gran mayoría de las demandas por discriminación racial son desestimadas por los tribunales sin ir a juicio.[4] Entre 1979 y 2006, los demandantes federales ganaron solo el 15 por ciento de los casos de discriminación en el trabajo. En comparación, en todos los otros casos civiles, el índice de casos ganados fue del 51 por ciento.[5] Los comentaristas atribuyen el bajo índice de casos ganados a una creciente hostilidad de los tribunales hacia las alegaciones de discriminación.[6] Los tribunales, aparentemente, creen que el hecho de haber aprobado leyes de derechos civiles por sí solo ha producido una sociedad posracial en la que las instancias de discriminación intencional son raras. Como resultado, cuando un juez se abstiene de desestimar una demanda de discriminación racial como legalmente insuficiente de su faz, los abogados lo interpretan como si "el juez casi ha dado su aprobación al caso del demandante", lo que a su vez facilita que las partes lleguen a un acuerdo de transacción.[7] Por esto los acuerdos de transacción a menudo se interpretan como un "triunfo" para el demandante en los casos de discriminación racial.

Lamentablemente, no todos los casos de conducta racista dentro de los lugares de trabajo predominantemente latinos, como el caso de Edward Olumuyiwa, se resuelven con éxito por el sistema judicial.[8] Muchas instancias de discriminación nunca llegan hasta un juez. De hecho, los economistas han documentado que los gerentes latinos con frecuencia se abstienen de contratar a afroamericanos en la misma proporción que lo hacen los gerentes blancos no hispanos.[9]

Los latinos tampoco son más receptivos a la ascendencia africana cuando un empleado afrolatino busca ascender en los lugares de trabajo dominados por latinos. Lo que sigue es la historia de José Arrocha de los retos que los afrolatinos pueden enfrentar en los lugares de trabajo latinos. Al igual que Edward, José Arrocha vivía y trabajaba en la ciudad de Nueva York y, como afropanameño de piel oscura, se sentía excluido por sus superiores latinos.

José trabajó durante dos años como instructor adjunto en el campus Medgar Evers College (MEC) de la Universidad de la Ciudad de Nueva York, en el programa de español del Departamento de Lenguas, Literatura y Filosofía. Luego de haber sido nombrado instructor adjunto durante tres semestres consecutivos, el contrato de José no fue renovado después de una única evaluación tibia de la evaluadora departamental, la profesora Iraida López.[10] A pesar de haber sido evaluado como satisfactorio (3 en una escala de 1 a 5) durante evaluaciones anteriores, la profesora López redujo su puntuación a 2.5 y afirmó:

> La clase de una hora de duración que observé cubrió demasiado material ... Los estudiantes deben desempeñar un papel más activo. Debe hacerse un uso más creativo de los ejercicios para desafiar a los estudiantes y alentarlos a usar el idioma de manera activa. El instructor depende de las explicaciones y ejercicios del libro de texto.

En función de este comentario ambiguo que surge de una observación de una clase de una hora, el contrato de José no fue renovado. Dada el fundamento laxo para la no renovación del contrato de José, él se alteró y perturbó cuando descubrió que los ocho instructores que habían sido vueltos a contratar en lugar de él eran blancos. Según José, esto reflejaba "una cultura perturbadora de favoritismo que favorec[ía] los nombramientos de cubanos, españoles e hispanos *blancos* de Sur América ... [con] el uso de un proceso de evaluación empleado para desacreditar mi trabajo y excluirme del personal docente de Español solo porque soy negro. Medgar Evers no tiene un *profesor negro* de Español debido al racismo evidente de los hispanos *blancos* hacia los hispanos *negros*. En mi opinión, los hispanos *negros* no tienen una oportunidad igual de enseñar Español". Como resultado, José presentó una demanda legal en la que afirmaba que los dirigentes latinos del departamento de Español de Medgar Evers College discriminaban contra los hispanos *negros* como él.

Sin embargo, a diferencia de Edward Olumuyiwa, José no pudo persuadir al tribunal de que la no renovación de su contrato era fruto de la discriminación. Aunque la preferencia desproporcionada de candidatos latinos blancos a partir de la observación de una clase de una hora de duración parecía indicar una decisión racializada, esta no tuvo mucho peso para el juez.

El juez de José de inmediato rechazó la posibilidad de discriminación porque cinco de los ocho instructores adjuntos que fueron contratados en lugar de José eran oriundos de otros países de

Sur o Centroamérica, como Argentina, Perú y México, así como de República Dominicana. Solo porque la universidad volvió a contratar a personas oriundas de otros países latinoamericanos, el juez trató a todos los latinos como si fueran racial y étnicamente intercambiables y, por ende, incapaces de discriminar contra otros latinos. Esto queda claramente evidenciado en el comentario del juez: "La *diversidad* en la plantilla de un empleador debilita la inferencia de una intención discriminatoria" (énfasis añadido), presumiblemente porque al contratar a muchos latinos se manifiesta una cultura corporativa igualitaria del empleador. Pero, ¿para quién, exactamente, era el Departamento de Español un lugar de trabajo no racializado y "diverso"?

Considérese que esta equivalencia judicial solo era posible si no se tomaban en cuenta las formas en las que la cultura latina fusiona una jerarquía racializada a la lista de naciones latinoamericanas y caribeñas. Según se discutió en el Capítulo 1, los países que se perciben como europeos son considerados más adelantados que los que están más poblados por personas de ascendencia indígena o africana. En la lista de países que el juez consideró equivalentes, los constructos raciales latinoamericanos colocarían a Argentina como un país blanco muy valorado, seguido de Perú y México con sus poblaciones indígenas, seguidos de República Dominicana y el país de origen de José, Panamá, porque están poblados por una cantidad mayor de personas de ascendencia africana.

Hay nociones despectivas sobre la inadecuación del español influenciado por voces de origen africano impregnadas en la taxonomía racial de los países latinoamericanos. Mientras más se asocie a una nación con la blancura, más se pensará que sus habitantes hablan un español culto y refinado. Según el importante señalamiento de Frantz Fanon, los sujetos de las sociedades poscoloniales a menudo emplean el idioma como herramienta para imponer una jerarquía racial.[11] Las observaciones de Fanon acerca del orden jerárquico que impone el idioma francés en Martinica son igual de importantes para las nociones latinoamericanas sobre las naciones hispanas "civilizadas". Para José, el departamento de

Español era su propia sociedad poscolonial que menospreciaba los presuntos orígenes "negros" de su español panameño y, a su vez, la legitimidad de su capacidad para enseñar a otros un español correcto (castellano blanco).

Ciertamente, para los latinos influidos por los paradigmas raciales latinoamericanos, en que cada país tiene una identificación racial, una fuerza laboral diversa de latinos no es el equivalente inmediato de un contexto libre de prejuicios. Y la preferencia de color tampoco está divorciada de una ideología racializada dentro del contexto latino. Así, cuando José enumeró específicamente los países hispanos de origen de los candidatos favorecidos, lo hizo como parte del relato de cómo las jerarquías raciales operan en el ambiente de trabajo. Sin embargo, para el juez, la etnicidad latina de José borraba su identidad racial negra y la capacidad del juez de ver diferencias raciales entre los distintos candidatos latinos. Las intuiciones del juez fueron validadas, aparentemente, por la ausencia de una identificación racial en los archivos de personal de los empleados. Específicamente, de los ocho instructores adjuntos que fueron vueltos a contratar, solo uno se identificaba a sí mismo como blanco, mientras que otros tres no brindaron ninguna identificación racial, los otros tres caracterizaron su raza como "hispana" y el último instructor dijo que era mexicano de piel marrón. En efecto, la aversión de los latinos a especificar una raza permitió que eso sirviera de velo judicial en torno a los detalles de la diferenciación racial latina. Como resultado, el juez permitió que el jurado evaluara solo si se trataba de un caso de discriminación por color de piel.

Pero, ¿qué le quedaba al jurado para examinar? El enfoque compartimentador del juez al evaluar el color, la raza y la etnicidad como dinámicas independientes falla al no ver el racismo latino como una intersección profundamente entrelazada de prejuicios basados en el color, la raza y la etnicidad. Si se separan las hebras, el cuadro de cómo opera el racismo latino se hace incomprensible. Con la búsqueda de gradaciones visibles en el color de la piel en el ambiente de trabajo descontextualizada de la comprensión de los significados racializados latinos, no es de sorprender que José Arrocha no lograra persuadir al jurado de que su ostracismo había sido un acto de discriminación por color.

En resumen, la existencia de un ambiente de trabajo supuestamente diverso operó como velo en torno a la posible discriminación racial, a pesar del precedente del Tribunal Supremo que explícitamente advierte que no se debe presumir que no puede existir discriminación intraétnica e interracial.[12] El tribunal, en el caso de Arrocha, trató erróneamente el identificador panétnico "latino/hispano" como factor que excluye la discriminación entre varios latinos. Trabajar como abogado en casos de demandas por antinegritud latina requiere educar a los jueces y los jurados acerca de las actitudes raciales de los latinos.

Aprender acerca de las características de la antinegritud latina también implica considerar la forma en la que el prejuicio racial puede manifestase de manera sexualizada, en lo que ha venido a conocerse como discriminación interseccional.[13] La discriminación interseccional ocurre cuando múltiples fuentes de prejuicio (tales como la raza y el género) convergen en una persona como experiencia singular de discriminación con estereotipos interactivos. Como sucede con frecuencia cuando se toma a afroamericanos como objeto del hostigamiento en el trabajo, los afrolatinos también son victimizados por otros latinos en función de estereotipos raciales relacionados con los atributos sexualizados de la negritud. Las dos historias siguientes ilustran cómo los latinos racializan el cuerpo negro a través de la sexualización.

Cruz Young, una camarera en el hotel Marriott Phoenix Airport, es una mujer afrodominicana que cayó en el vórtice de la discriminación interseccional latina cuando su compañero de trabajo, José Herrera, comenzó a hostigarla.[14] Herrera hizo referencias repetidas a que Cruz tenía un trasero grande y que era una "*fucking* puta" [puta singúa] con un "*fucking N—r*" [negro singón] de novio, mientras la tocaba en contra de su voluntad. Así, el hostigamiento sexual de Herrera estaba obsesionado con la cosificación cultural latina del cuerpo negro. La literatura latina, las letras de las canciones, el cine, la televisión y la discusión pública todos presentan el cuerpo negro como la encarnación del sexo y de la potencia sexual. Las nalgas no son meramente una parte del cuerpo cuando se trata de un cuerpo negro; son el sexo mismo. A su vez, Juan Jones no era meramente el novio de Cruz, sino, para Herrera, literalmente, un "*fucking N—r*" [negro singón].

El resto de los compañeros de trabajo de Cruz que testigos del hostigamiento y de las lágrimas de Cruz lo vieron veían a través del lente latino, racialmente sexualizado, en el que Herrera "intentaba enamorarla o cortejarla". Solamente en un contexto cultural latino, que equipara la negritud con la disponibilidad y la promiscuidad, podría considerarse que un hombre que por la fuerza toca, agarra, arrastra y ataca verbalmente a una mujer como un objeto racial está "cortejando". De hecho, cuando Cruz presentó su demanda de discrimen, su gerente latino, Raúl Peña, se refirió a ella como "esa basura" que debía "regresar a la República Dominicana" (que los latinos caracterizan como un país negro y atrasado).

Afortunadamente para Cruz, el empleador no pudo convencer al juez asignado al caso de que lo desestimara por tratarse de una "disputa personal", en lugar de un caso de discriminación que se había extendido sin tregua durante la mayor parte de un año, si no más. Si bien el juez no se refirió explícitamente a la discriminación como interseccional, sí empleó un análisis matizado que consideraba tanto sus aspectos de género como de raza. Después que el juez advirtiera que la explicación que había ofrecido el empleador de que se trataba de un desacuerdo personal no tenía mérito, un jurado decidió que había habido discriminación y le concedió a Cruz una compensación financiera. Estas indemnizaciones por daños están diseñadas para pagar a las víctimas los gastos incurridos por causa de la discriminación (tales como los costos asociados a la búsqueda de un nuevo empleo o a gastos médicos) y para compensarles por los daños emocionales sufridos (tales como la angustia mental, inconvenientes o pérdida del gusto por la vida).[15]

Las mujeres afrolatinas no son las únicas que están sujetas al hostigamiento sexual racializado de los latinos. El discurso racial latino también sexualiza a los cuerpos de los varones negros basándose en su negritud. Chris Bartholomew, un afrocaribeño, experimentó eso directamente como el más oscuro de los empleados en la Martin Brower Company de Puerto Rico. Después de doce años de empleo en la compañía, durante los cuales Chris ascendió de trabajador de almacén a supervisor de transportación, la llegada de dos nuevos supervisores de la alta gerencia cambió radicalmente el ambiente de trabajo de Chris.

Los nuevos supervisores de Chris eran dos "hombres de origen latinoamericano y piel clara" llamados Loscar Mejía y Bismark Márquez, quien de inmediato comenzó a llamar a Chris "Blackie" [negrito].[16] Mejía y Márquez entonces comenzaron una campaña de tres meses de abuso racial enfocado en los presuntos atributos sexuales del cuerpo de Chris, haciendo referencias a sus genitales como "salchichón", "morcilla" y comentando que tenía "tres patas" (dado el supuesto largo de su pene). Empeoraron el abuso verbal enviándole a Chris mensajes de texto y de correo electrónico visualmente gráficos vinculados al estereotipo racial del hombre negro con genitales grandes y obsesionado con el sexo. Una de las imágenes mostraba un pene grande atacando a una mujer, con la etiqueta "Chris ataca". Otra imagen representaba a Chris como un salchichón y otra como Spiderman con un pene enorme. Mejía y Márquez, en lugar de tratar a Chris como un trabajador que merecía respeto, lo rebajaron a un objeto sexual racializado para su entretenimiento personal. Después de que el juez se negara a desestimar el caso y lo pusiera en agenda para juicio por jurado, las partes llegaron a un acuerdo de transacción y a Chris se le compensó financieramente por el daño que había sufrido.

No obstante, para algunos jueces, el hecho de tan solo plantear el problema de la antinegritud latina puede ser considerado un acto racista en sí mismo. Cuando Maybell Webb, una afroamericana que trabajaba en un concesionario de autos predominantemente de hispanos blancos en Miami, se preocupó porque parecía que sus supervisores latinos la regañaban por ser "grosera" y que a los empleados latinos no les llamaban la atención por su conducta brusca, el juez se negó a considerar su demanda.[17] El juez rechazó tajantemente las preocupaciones de Maybell y el uso repetido que hacía su empleador del término "la negra" en su presencia, con la siguiente advertencia a cualquiera que quisiera presentar una demanda similar de discriminación racial interétnica:

> Con el pasar de los años, los ambientes de trabajo han venido a reflejar nuestro mundo cada vez más multicultural. Al reunirse numerosas etnicidades y culturas diversas en el lugar de trabajo común, es de esperar que haya muchas instancias de armonía cultural y también algunas ocasiones de *fricción cultural* ... Si bien este Tribunal espera sinceramente que todos los empleados de todas las culturas sean respetuosos y corteses, no puede permitir que el Título VII se use como espada mediante la cual una cultura alcance supremacía sobre otra en el lugar de trabajo [¡presentando una demanda por discriminación!].

Todavía más sorprendente es que las organizaciones dedicadas a combatir la discriminación sean ellas mismas lugares donde se alega antinegritud latina, y que los tribunales todavía sean reacios a considerar creíbles las alegaciones. Maxine Sprott, una mujer afroamericana que trabajaba como subdirectora de la Oficina de Igualdad de Oportunidades de la Autoridad de Vivienda de la Ciudad de Nueva York (New York City Housing Authority, NYCHA), alegó que su supervisora latina, la directora de la oficina, Rosalind Reyes, la hostigaba con comentarios despreciativos sobre su ejecución en el trabajo, a pesar de que Maxine había recibido evaluaciones positivas, como "bueno" y "muy bueno" en repetidas ocasiones.[18] La directora Reyes insinuó que a pesar de que Maxine había asistido a varios cursos sobre Igualdad de Oportunidades en la Universidad de Cornell, todavía no comprendía la naturaleza de su trabajo en relación con la identificación e investigación de actos de discriminación. Cada evaluación positiva que hacía Reyes iba seguida de un comentario sobre la falta de liderato de Maxine en su papel de subdirectora.

Hasta la propuesta de Maxine de que la oficina comprara materiales instructivos multimedia sobre el hostigamiento sexual no fue considerada por Reyes como indicador suficiente de liderato. La directora también hostigó a Maxine acerca de sus planillas de horas trabajadas y la excluyó de varias funciones y reuniones de la oficina. Cuando Maxine no pudo aguantar más el embate de comentarios desdeñosos acerca de su capacidad, presentó una querella por discriminación ante el gerente general de la NYCHA. Exactamente tres días después de que Maxine presentara su querella por discriminación, Reyes presentó una evaluación del desempeño que por primera vez evaluaba el desempeño de Maxine como "marginal" y, como resultado, a Maxine se le negó un aumento de sueldo por mérito.

Cualquier expectativa que Maxine haya podido tener de que trabajar para la división de Igualdad de Oportunidades de una ciudad centrada en combatirla discriminación en la vivienda pública fuera un lugar de trabajo más progresista se destrozó cuando su empleador no solo no investigó sus alegaciones, sino que después tomó represalias en su contra por presentar una querella por discriminación. De hecho, fue otro funcionario latino de la NYCHA, su presidente, Rubén Franco, quien tomó represalias discriminatorias contra Maxine. Específicamente, cuando Maxine se negó a aceptar los términos que propuso la NYCHA para transigir su querella queja por discriminación contra Reyes, Franco le informó a Maxine que la iban a transferir a otra oficina donde tendría menos responsabilidades y que la habían trasladado de una oficina privada bien amueblada a un cubículo abierto. Esta es otra instancia de represalia contra Maxine por haber ejercido su derecho a hacer valer su reclamo de discriminación. No fue hasta que presentó una demanda ante el tribunal que pudo llegar a un acuerdo de con la NYCHA y recibir compensación financiera.

Si bien una variedad de asuntos puede haber influido en Maxine y su abogado para que transigieran el caso en lugar de proceder a un juicio por jurado, un factor pudo haber sido la gran importancia que el juez le dio a la diversidad racial de la oficina como factor atenuante de la alegación de discriminación. Para el juez, era inmaterial que cuando el presidente Franco transfirió a Maxine a un puesto inferior en un cubículo, simultáneamente despidió a otras dos empleadas afroamericanas, todo como parte de su aparente plan de reorganización. Por el contrario, el juez concluyó que esos hechos no propiciaban una inferencia de discriminación porque "la nueva directora es un mujer hispana ... Ahora hay dos subdirectoras: una afroamericana y otra caucásica ... El personal restante se compone de veinticuatro hispanos, veintitrés afroamericanos, nueve caucásicos y una persona categorizada como 'otro'". Así, el juez concedió al ambiente de trabajo latino diverso y al estatus de hispana de la supervisora un gran poder para evadir el racismo. He aquí, entonces, la suposición judicial de que los compañeros de trabajo latinos en ambientes de trabajo diversos no pueden actuar de manera racista.

Otras historias de lugares de trabajo parecerían sugerir que quienes toman las decisiones interpretan las manifestaciones de antinegritud latina como instancias de meros malentendidos culturales. El informe de un director de Recursos Humanos ofrece una ilustración útil:

> Me llamaron porque un pequeño grupo de trabajo de un laboratorio no estaba cumpliendo con las fechas límites de un proyecto importante. A simple vista, a su supervisor le parecía un problema de manejo del tiempo, cuando, en realidad, dos empleados hispanos del equipo tenían problemas de raíz cultural: uno era puertorriqueño y el otro dominicano. Sus problemas estaban entorpeciendo el progreso del equipo. Si bien lamentable y erróneo, las personas que trabajaban con estos empleados y los supervisaban nunca pensaron que estaba sucediendo algo relacionado con la diversidad. Nunca apareció en sus radares porque ellos veían a los dos empleados como "hispanos".[19]

Este estudio de caso de ambientes de trabajo ilustra dos aspectos distintos de la opacidad de las disputas interétnicas para quienes toman las decisiones. Primero, el supervisor concluye que el conflicto es meramente un conflicto de personalidad entre dos empleados latinos debido a la presunción de que los latinos constituyen un grupo monolítico. Luego, el director de Recursos Humanos, que es afroamericano y demuestra tener conocimiento sobre la existencia del prejuicio interracial dentro de los grupos raciales, puede apreciar mejor que dos latinos de subgrupos étnicos distintos pueden tener prejuicio uno contra el otro. Sin embargo, incluso este director de Recursos Humanos presupone que el conflicto es sencillamente "de raíz cultural" en lugar de estar influido por la ideología racial latina sobre las "diferencias raciales inherentes" entre puertorriqueños y dominicanos, que surgen del estereotipo latino según el cual Puerto Rico es una isla más "blanca", distinta de la negrura de la República Dominicana. Así, incluso cuando una oficina de Recursos Humanos identifica conflictos interétnicos, no necesariamente está preparada para apreciar que la "cultura" latina no está divorciada del racismo latino.

LOS JUECES LATINOS

Algunos podrían atribuir la confusión acerca de la discriminación latina en los casos judiciales al hecho de que los jueces y jurados de EE. UU. por lo general no son diversos, ni racial ni étnicamente.[20] Los paneles de jurado se constituyen a partir de las listas de electores y de los registros del Departamento de Vehículos de Motor, que con frecuencia no reflejan la diversidad racial de una ciudad particular. Además, el peso socioeconómico de faltar al trabajo para servir de jurado no es ni racial ni étnicamente proporcional.

No obstante, los jurados y jueces latinos pueden estar igualmente confundidos por las alegaciones de discriminación contra los negros por parte de latinos porque suponen que los lugares de trabajo latinos no son tan susceptibles a la discriminación racial debido al predominio de empleados latinos. Las actitudes culturales latinas suponen que el racismo es un fenómeno norteamericano que es más excepcional en los contextos latinos. Esta actitud jurídica latina es particularmente evidente en los casos de discriminación presentados en los tribunales federales estadounidenses en Puerto Rico, donde las leyes federales contra la discriminación son aplicadas al territorio de EE. UU. por un cuadro de puertorriqueños blancos de la élite. En los veintiún años de historia del Distrito de Puerto Rico (DPR), no existe un solo caso registrado de un juez afrolatino. Un empleado veterano, con diecisiete años de trabajo en el sistema de tribunales del DPR, nunca vio a un juez negro en el tribunal hasta que se trajo a un juez afroamericano como juez visitante por varias semanas.[21] Los empleados afrolatinos son principalmente hombres relegados al espacio hipermasculinizado de los custodios del orden, como los alguaciles y oficiales de seguridad del tribunal (roles que concuerdan con el estereotipo del hombre negro como un bruto físicamente fuerte).[22]

Considérese la grave situación de Víctor Omar Portugués-Santa, quien se identifica a sí mismo como negro puertorriqueño, haciendo lo mejor posible por contar su historia de discriminación dentro de la casta racial contemporánea del DPR.[23] A Víctor se le obligó a lidiar con las demandas inapropiadamente opresivas de un juez puertorriqueño que pedía pruebas de expresiones violentas de antinegritud (como una especie de cuadro del racismo estilo Jim Crow de la década de 1940 en EE. UU.) que pudieran considerarse equivalentes de "verdadero racismo". Antes de que se llegara a juicio, el juez desestimó la demanda de discriminación racial de Víctor con la conclusión de que no había sido sometido a hostigamiento racial grave o generalizado que cambiara materialmente sus condiciones de empleo, a pesar de su convincente historia de maltrato.

Víctor trabajaba como director de Ventas y mercadeo para B. Fernández Hermanos, Inc. (BFH), una compañía distribuidora de cerveza y licor que opera un almacén de ventas mayoristas en Bayamón, Puerto Rico. La responsabilidad principal de Víctor era mercadear los productos Anheuser-Busch a la comunidad gay de la isla mediante la campaña "la alternativa Bud Light". De hecho, fue Víctor quien inauguró y trajo la campaña a Puerto Rico.

Como el único que se identificaba como puertorriqueño negro entre sus compañeros, Víctor se convirtió en objeto de comentarios que lo trataban como una persona inferior que, desde el punto de vista de la raza, se había elevado más allá del lugar que le correspondía. Entre los comentarios raciales estaba "un negro blanco" y "un negro con Mercedes Benz", y se le describía como "el negro con partidura". Dentro del contexto puertorriqueño, estas frases tenían la intención de desprestigiar a Víctor como hombre negro que se daba aires de blanco racialmente superior. Estos comentarios racializados iban acompañados de actos de exclusión que Víctor sentía que afectaban su experiencia de trabajo de manera importante.

Luego de varias solicitudes, a Víctor se le negó una computadora portátil en contraste con todos los otros directores blancos, que tenían una. Las distinciones raciales también eran notables pues se le negaba a Víctor el permiso para contratar un remplazo para un miembro del equipo que se marchaba, en contraste con sus contrapartes latinos blancos a quienes se les permitía contratar a personal de apoyo adicional. La compañía también le negó el permiso a Víctor para asistir a una convención de trabajo en Las Vegas, Nevada, al mismo tiempo que le financiaba el viaje a la convención a un compañero de trabajo latino blanco. Víctor perdió la oportunidad de solicitar ascensos porque la compañía no anunciaba públicamente los puestos en los tablones de anuncios, en cambio, hacía anuncios informales y racialmente excluyentes de las vacantes, y Víctor no tenía acceso a estos últimos.

En sus cuatro años en la compañía, nunca se evaluó el desempeño de Víctor ni se le dio un aumento de sueldo. Cuando la compañía decidió reorganizarse como parte de un plan de reducción de costos, eliminó el puesto de Víctor. Sin embargo, cuando preguntó si se le podía ubicar en otro puesto con un salario menor, su solicitud fue rechazada, y se lo reemplazó con un compañero de trabajo blanco. Víctor se sintió víctima de discriminación racial.

Las leyes contra la discriminación permiten que un empleador responda a este tipo de alegación y explique la forma en la que sus acciones tienen justificaciones legítimas no discriminatorias.

No obstante, un jurado nunca tuvo la oportunidad de evaluar la credibilidad de las alegaciones o de las justificaciones de la compañía, sencillamente porque el juez latino que presidía el tribunal, Francisco Besosa, rechazó por completo la suficiencia de las alegaciones de Víctor. El umbral que estableció el juez para lo que podía considerarse discriminatorio era tan alto que pocas, si alguna, demandas contarían como discriminación para propósitos legales.

Para comenzar, el juez Besosa desdeñó la importancia de los comentarios racializados que victimizaban a Víctor, porque Víctor no pudo probar que alguno de sus supervisores había estado presente cuando se hicieron los comentarios. Sin embargo, el derecho antidiscriminatorio establecido no requiere que, a fin de considerar a una compañía responsable de permitir con negligencia el desarrollo de un ambiente de trabajo racialmente hostil, el empleado que use el lenguaje racista o que esté presente y escuche el comentario racista tenga que ser un supervisor.[24] Una vez que se reporta la conducta ilícita al empleador o de alguna otra forma esta se hace evidente, el empleador tiene la responsabilidad de investigar y de abordar la conducta discriminatoria.

Igual de errónea es la representación del Juez Besosa de que la discriminación se manifiesta solo como parte de un contexto violento. El juez afirma explícitamente: "Aunque el lenguaje empleado muy bien pudo haber avergonzado a [Víctor] Portugués, y pudo haberse basado en estereotipos raciales repugnantes, no era abiertamente agresivo ni en exceso peyorativo. Las referencias raciales no se combinaron con ninguna actividad física". Como resultado, la consternación de Víctor por el hecho de que le negaran una computadora portátil, en contraste con todos los demás directores blancos que tenían una, es minimizada por el Juez Besosa como "un inconveniente sin importancia". En lugar de hacer la inferencia fácil de que el trato racialmente distinto en la asignación de equipo de oficina estándar comunicaba un estatus desigual que no se justificaba por el puesto, el juez regañó a Víctor por no haber explicado "por qué o cómo una computadora portátil hubiese sido de importancia significativa para él en su puesto". La exigencia de "más" de parte del juez Besosa también se impuso sobre la observación de Víctor de que se le había negado personal de apoyo, lo que no se había hecho con los otros directores. En respuesta, el juez reprendió a Víctor por no haber provisto información de por qué necesitaba personal de apoyo.

De manera similar, el juez Besosa excusó al empleador por no haber anunciado las oportunidades de ascenso en los tablones de anuncios de la compañía sencillamente porque el manual del empleado dice que esas vacantes "*podrán* ser anunciadas en los tablones de anuncios", y no "*tendrán* que ser anunciadas en los tablones de anuncios". La exclusividad racial de la elección que hizo la compañía para dar a conocer las vacantes resultó inmaterial para el juez, a pesar del hecho de que los precedentes judiciales no ven con buenos ojos el estilo de contratación "de boca en boca" que mantiene a las minorías raciales desinformadas con respecto a las vacantes en los lugares de trabajo que no son diversos.[25] Para el juez, también resultaba inmaterial que a Víctor se le negara la oportunidad de asistir a una conferencia de trabajo en Nevada y que a un compañero de trabajo blanco sí se lo permitieran, porque en una ocasión anterior la compañía había enviado a Víctor a otra convención. Aquí, la existencia de un trato igualitario en una ocasión anterior borra, para los efectos judiciales, la posibilidad de que se tomara una decisión racializada más tarde.

Por último, el juez Besosa nunca cuestionó el argumento de reorganización para reducir costos con el que la compañía justificó el despido de Víctor, aunque se negaron a considerar retenerlo a pesar de su oferta de seguir trabajando con un salario más bajo para ayudar a la compañía a reducir costos. En resumen, el juez consideró la discriminación racial como algo tan excepcional en el Puerto Rico contemporáneo, en comparación con la narrativa histórica de Jim Crow de segregación violenta en EE. UU., que estableció un umbral más alto para probarla que el que existe hoy en los tribunales de Estados Unidos continental.

El grado extremo de la perspectiva de este juez queda destacado todavía más por lo alejado que está del modelo para evaluar la discriminación formulada por la Comisión para la Igualdad de Oportunidades en el Empleo (Equal Employment Opportunity Commission, EEOC). Si bien las guías de la Comisión no son leyes que los jueces están obligados a seguir, son reglamentación interpretativa a las que los jueces hace mucho que se adhieren. De hecho, el mismo año que el juez de Víctor solo aceptaba evidencia de lenguaje "agresivo o excesivamente peyorativo" y violencia física como prueba adecuada de discriminación racial, la EEOC, en contraste, demandó y llegó a un acuerdo de transacción financiera con una compañía de muebles de Puerto Rico cuyo gerente había provocado verbalmente a un asociado de ventas con respecto a su color oscuro preguntándole por qué era "tan negro".[26] Como organismo del Gobierno que articula las guías nacionales para evaluar la validez de las querellas por discriminación, la EEOC no exigió evidencia de violencia física. Para la Comisión, el comentario racializado en la tienda de muebles de Puerto Rico había sido un indicador suficiente de un ambiente racialmente hostil que requería investigación y acción.

No estar en sintonía con la pericia racial de la EEOC no se limita a jueces latinos que operan dentro del territorio estadounidense de Puerto Rico. Los jueces latinos en los estados contiguos de EE. UU. pueden estar igual de cautivados por la presunción de que la antinegritud latina es algo excepcional, incluso en ambientes de trabajo plagados de epítetos en español y acciones en contra de los negros. Un ejemplo contemporáneo de Texas ofrece una ilustración útil.

Michael Johnson trabajaba como carpintero para Pride Industries (una empresa social sin fines de lucro con la misión de crear empleos para personas con discapacidades) en su ubicación dentro de la guarnición del Ejército de EE. UU. en Fort Bliss, en El Paso, Texas.[27] Durante gran parte del tiempo que trabajó para Pride, él era el único carpintero afroamericano de Fort Bliss. El supervisor de Michael, Juan Palomares, y muchos de sus compañeros de trabajo eran latinos, como sería de esperar en una ciudad como El Paso, situada en Rio Grande, al otro lado de Ciudad Juárez, en la frontera entre EE. UU. y México. En El Paso, los latinos constituyen el 83por ciento de la población.[28]

A pesar de que Michael no hablaba español, Palomares, el supervisor, le inculcó a Michael la hostilidad racial de las frases "pinche mayate" y "pinche negro" cada vez que lo atacaba con estos epítetos. Además de atacar a Michael con frecuencia con epítetos antinegros, Palomares también violaba la política de la compañía de solo referirse a los empleados por su nombre, diseñada para crear estima entre ellos. Para Palomares, Michael no era digno de respeto y, en consecuencia, en lugar de referirse a él por su nombre, Palomares le llamaba "mijo". ("Mijo", aunque literalmente significa "mi hijo", los latinos la usan generalmente para dirigirse a cualquier niño o para referirse a una persona de un estatus inferior). Debido a que Palomares solo usaba el "mijo" con Michael, y también lo maltrataba en el lugar de trabajo, no existía ambigüedad alguna sobre la hostilidad que encerraba el tratamiento. Al igual que el uso racialmente cargado del término en inglés "*boy*" [muchacho] para referirse a un hombre negro hecho y derecho, el "mijo" en español comunica el mismo paternalismo racial y falta de respeto en el ambiente de trabajo.

Los actos discriminatorios de Palomares incluían retener repetidamente las herramientas que Michael necesitaba para su trabajo, esconder los documentos para un ascenso en dos ocasiones distintas, decirle "¡cállate!" cuando pidió que le explicaran la información de una reunión de trabajo que se había dado en español, y regañarlo a él y a nadie más por trabajar durante la hora de almuerzo. El hostigamiento que Palomares modelaba luego escaló a los compañeros de trabajo, que repetidamente vandalizaron la camioneta de Michael, le hurtaron su teléfono personal y las llaves del camión de trabajo, colocaron un tornillo en la llanta de su camioneta y dejaron un cargador de rifle con balas de salva en el parachoques de su camioneta. En definitiva, a Michael lo aterrorizaron racialmente y lo obligaron a dejar de trabajar allí.

En lugar de permitir que un jurado escuchase toda la evidencia y llegara a una decisión, el juez Montalvo, el juez latino que presidía el caso, desestimó la demanda de discriminación racial porque, según el fallo, no existía evidencia suficiente de hostigamiento grave o generalizado que presentar a un jurado. Al llegar a esta conclusión, el juez Montalvo usurpó la función del jurado de evaluar los hechos. Por el contrario, el juez decidió unilateralmente que el uso de epítetos raciales en español no "eran suficiente para establecer un caso *prima facie* de ambiente de trabajo hostil basado en la raza". Además, concluyó que el uso de "mijo" tenía "poco peso como evidencia de discriminación racial". En última instancia, para el juez Montalvo, todas las instancias de hostigamiento físico "no tenían relación con la discriminación racial".

Como latinos con apariencia de blancos, el juez Montalvo en El Paso y el juez Besosa en Puerto Rico, probablemente nunca hayan tenido que lidiar con la antinegritud latina dirigida directamente hacia ellos. Al considerar la antinegritud latina como una abstracción y no como una experiencia vivida, las expresiones de antinegritud latinas pueden desestimarse y considerarse inconsecuentes en comparación con la discriminación instigada por las personas de ascendencia anglosajona de EE. U.U. De allí la exigencia de evidencia de ataque físico que hace Besosa antes de considerar un lugar de trabajo en Puerto Rico, repleto de lenguaje racista, un ambiente de trabajo hostil.

Para el juez Montalvo en El Paso, "mijo" sencillamente significa "mi hijo", una expresión de cariño que no requiere más contexto. A su vez, "mayete" es intelectualmente ofensivo, pero, en sí mismo, no es hostigamiento racial. A pesar de que los compañeros de trabajo corroboraron el uso frecuente que hacía el supervisor Palomares de los epítetos racistas, el juez Montalvo aparentemente no los consideró tan degradantes como la palabra "*n—r*" en inglés, y por ende no tan grave como la discriminación instigada por las personas de ascendencia anglosajona de EE. UU. De hecho, la presunción del juez Montalvo de que ningún jurado razonable determinaría que Michael fue víctima de discriminación racial pasó por alto el derecho establecido como si este aplicara solo a la discriminación instigada por los angloestadounidenses.

La contravención del derecho establecido por parte del juez Montalvo en el caso de Michael fue tan significativa que la EEOC tomó la decisión inusual de someter un escrito de *amicus curiae* en apoyo a la petición de Michael de que se revocara la decisión de Montalvo de desestimar el caso. En particular, la EEOC detalló decisiones pertinentes que expresan la regla de que el uso de insultos raciales frecuentes es suficiente para crear un ambiente de trabajo hostil grave o generalizado, y un precedente del Tribunal Supremo que explica que "el contexto, la inflexión, el tono de voz, la costumbre local y el uso histórico" de una palabra como "*boy*" puede constituir evidencia de odio racial.[29] Lamentablemente, ni Michael ni la EEOC pudieron cambiar el parecer del juez Montalvo.

A los afrolatinos que son sin duda identificables como negros no les resulta fácil pasar por alto la hostilidad de un ambiente de trabajo repleto de insultos raciales en español. Tampoco pueden desvincularlo de la jerarquía y la informalidad que contiene la palabra "mijo" cuando solo se emplea para la única persona negra que es víctima de trato diferenciado en el lugar de trabajo. Como afirma Cornel West con perspicacia: "La raza importa".[30] A menos que los jueces latinos que no se identifican como negros asuman el trabajo de lidiar con las especificidades de la discriminación latina contra los negros, serán igual de propensos que los jueces blancos no hispanos a malinterpretar la importancia de la antinegritud latina.

LA EXCLUSIÓN SISTÉMICA

La incomprensión judicial de los lugares de trabajo latinos donde se discrimina se complica todavía más debido al racismo estructural del mercado de trabajo. Esto se debe a que la antinegritud latina se presenta no solo como expresión de las actitudes raciales latinas individuales, sino además en las estructuras de exclusión sistémica. Por ejemplo, en 2016, los empleados latinos de una agencia de colocaciones de nivel nacional basada en Chicago describieron que sus supervisores latinos los habían adiestrado para que excluyeran a los solicitantes afroamericanos y favorecieran a los solicitantes latinos en las colocaciones de empleo.[31] Les instruyeron para que rechazaran automáticamente a los solicitantes afroamericanos debido al estereotipo de que no son tan capaces de trabajar arduamente como los latinos. La demanda, que se transigió en marzo de 2020, ofrece detalles de que los despachadores que enviaban a afroamericanos en busca de trabajo a una compañía luego eran regañados por sus jefes latinos por hacerlo.[32]

La agencia de colocaciones comenzaba el día separando a los solicitantes de empleo latinos de los afroamericanos. Se ingresaba la información de contacto de los solicitantes latinos en una base de datos para poder comunicarse fácilmente con ellos cuando surgieran vacantes. Los solicitantes afroamericanos pocas veces recibían el mismo trato. En su lugar, los solicitantes negros por lo general recibían instrucciones de ir a la oficina de la agencia al amanecer a esperar por trabajos que raras veces aparecían. Un despachador de la agencia señaló: "Si había 10 mexicanos que llegaban a la 1:30 p. m. y 25 afroamericanos que estaban allí desde las 4:30 a. m. y esperaban que los enviaran a trabajar, mandaban a los mexicanos primero".[33] Esta agencia de empleos latina garantizaba de manera efectiva un sistema secundario de castas raciales de latinos sobre negros en un mercado de trabajo ya segregado en el área de Chicago que privilegia a los blancos no hispanos.

Igual de problemáticos son los efectos tóxicos de la antinegritud latina en el mercado de trabajo cuando los propietarios latinos de negocios dominan una industria particular y una zona geográfica particular. Antonio Rodríguez era un hombre de ascendencia española que había estado en el negocio de automóviles por treinta y ocho años, con una plantilla de empleados de cerca de cuatrocientos o quinientos empleados en los diez concesionarios de automóviles que poseía en Fresno, California. Dada su influencia en el mercado, la industria local de automóviles estaba muy al tanto de su negativa a contratar personas negras durante todas las décadas en que había poseído concesionarios. Como afirmó un gerente de ventas, "Era tan sabido que Rodríguez no contrataba a personas negras, que era gracioso".[34] A los solicitantes afroamericanos se les rechazaba, no se les daban los formularios de solicitud y se les mentía sobre la no existencia de vacantes que en efecto existían. Incluso los solicitantes negros con historiales destacados como vendedores probados de alto volumen se les rechazaba sin consideración alguna, por la prohibición de Rodríguez de contratar a negros. Rodríguez le daba preferencia a la exclusividad racial de su compañía sobre su propio interés financiero.

Dentro del personal de Rodríguez, el hecho de que los concesionarios no contrataban a personas negras se hablaba abiertamente en las reuniones de ventas, en las que la palabra "*n—r*" se usaba con frecuencia para describir a los afroamericanos, junto con la amenaza de que se despediría a cualquier miembro del personal que contratara a una persona negra. Cuando a un gerente de Rodríguez lo degradaron y luego destituyeron en represalia por oponerse a la política de la compañía de negarle empleo a las personas negras, la Comisión de Igualdad de Oportunidades en el Empleo (EEOC) investigó y presentó un caso para abordar el patrón y la práctica de discriminación sistémica contra las personas negras.

La EEOC reunió una cantidad importante de evidencia sobre la política expresada por el dueño de no contratar a afroamericanos como vendedores y su fomento de un ambiente de trabajo racialmente hostil. La evidencia incluía testimonios acerca de los comentarios racistas en el lugar de trabajo que Rodríguez condonaba, tales como "No me importa lo bueno que sea ese *n—r*, nunca va a trabajar aquí". Las reuniones de ventas a menudo contenían referencias verbales a los "*n—rs*". Otros términos desprestigiantes eran "*sand N—r*",[‡] "*large lips*" [labios grandes], "*fucking N—rs*" [negros de mierda], "*buckwheat*"[§], "*boy*",[**] "*I-be*" y "*we-bes*".

‡ [N de la T] "*Sand N—r*" literalmente significa negro de la arena, una alusión al clima desértico del norte de África.

§ [N de la T] "*Buckwheat*" es el nombre de un personaje negro que aparecía en los cortometrajes de la serie "Little Rascals". Se usa de forma ofensiva para referirse al pelo afrodescendiente.

** [N de la T] "*Boy*", literalmente, significa niño, pero se usa de manera racista y condescendiente para dirigirse a un hombre negro.

Los últimos dos términos se entendían, entre los empleados, como forma de referirse al habla estereotipada de los afroamericanos.

También hubo testimonios de que otros miembros de grupos étnicos con piel oscura solo eran contratados si demostraban que no eran afroamericanos. A un solicitante de India Oriental, cuyo color de piel fue contrastado desfavorablemente con un escritorio de color oscuro —una prueba que tenía la compañía para determinar lo que era una color de piel aceptable—, le dijeron que los gerentes quizás podrían contratarlo porque era indio y no afroamericano. De manera similar, un vendedor mexicano de piel oscura se salvó de que un gerente lo echara porque pensó que era negro, pero otro gerente le explicó, "Está bien, no es negro, es mexicano".

Sin embargo, a pesar de la gran cantidad de evidencia que demostraba las prácticas discriminatorias de la compañía, Rodríguez presentó una defensa basada en la cultura latina, de que él no podía tener prejuicios raciales contra los afroamericanos porque él mismo había sido objeto de discriminación como persona descendiente de españoles. Presumiblemente, su propia herencia étnica lo expuso al racismo y lo inmunizó. Rodríguez contaba con que el juez le diese un peso importante a la noción de que los grupos racializados son grupos intercambiables (y la presunción de que el origen español de su familia sería visto como hispano). De no ser por la meticulosa investigación de la EEOC, la falta de atención judicial al ardid de los blancos latinos que pretendían ocultar la operación del privilegio blanco tras la presunción de la homogeneidad racial latina pudo haber resultado en una injusticia.[35]

Por fortuna, al juez le impresionó más "cuántos testigos, negros, blancos, hispanos, hombres, mujeres, viejos, jóvenes, exempleados, empleados, gerentes y supervisores, y trabajadores de base testificaron convincentemente sobre su conocimiento de las afirmaciones y conducta discriminatorias contra los afroamericanos de parte de la gerencia de los concesionarios del acusado Rodríguez".[36] El juez concluyó en el juicio que Rodríguez era personalmente responsable por la discriminación de su compañía; más adelante las partes alcanzaron un acuerdo de transacción. Si bien la defensa "Yo soy latino y no puedo tener prejuicios" en última instancia falló en este caso, debido a la importante evidencia de discriminación presentada por la EEOC, la decisión de Rodríguez de plantear su diversidad étnica como defensa destaca el potencial de mala aplicación del discurso de inocencia racial en los litigios por discriminación en el empleo si no se identifica y se resiste adecuadamente. En efecto, los organizadores comunitarios latinos están convencidos de que es prácticamente imposible persuadir a un juez de que la discriminación racial contra los trabajadores latinos supervisados por supervisores latinos pueda suceder.[37] Su intuición se valida y refuerza por las instancias en las que los jueces de inmediato equiparan la presencia de supervisores y gerentes latinos con una prueba definitiva de que no ha habido discriminación.[38]

JERARQUÍAS DE COLOR DE PIEL EN EL MERCADO LABORAL

Los efectos sistémicos de la antinegritud latina en el ambiente de trabajo se agravan por su intersección perniciosa con el prejuicio general con respecto al color de piel y la raza del mercado laboral, donde los empleadores prefieren contratar latinos de piel más clara y excluir a los afrolatinos y afroamericanos.[39] Este es el caso incluso cuando todos los solicitantes de trabajo son inmigrantes, incluidos los afrolatinos y otros inmigrantes de ascendencia africana.[40] Los economistas demostraron hace mucho que tener un color de piel más claro puede generar, aproximadamente, el 17 por ciento más de ingresos para los inmigrantes, incluidos los latinos, aun después de tomar en consideración el nivel de educación formal y otras características demográficas relacionadas con la productividad, tales como el dominio del inglés, el nivel de educación, etc.[41] Estudios específicos de grupos de inmigrantes latinos particulares indican hallazgos similares. Los mexicanoamericanos de piel más oscura ganan significativamente menos que los mexicanoamericanos de piel más clara con características faciales más europeas.[42] Aun después de tomar en cuenta la educación, el dominio del inglés, la ocupación antes de ingresar a EE. UU., el historial familiar, la etnicidad, la raza y el país de origen, los inmigrantes de piel clara siguen ganando significativamente más que sus homólogos de piel más oscura.[43]

De hecho, la penalidad en el salario relacionada con la tonalidad de la piel para los inmigrantes más oscuros está motivada exclusivamente por la experiencia de los inmigrantes de América Latina, porque los efectos del colorismo en los salarios es mucho menos pronunciado entre otros grupos étnicos.[44] Una posible explicación de la importancia del colorismo en los salarios de los inmigrantes latinos de ascendencia africana, que opera en contraste con su falta de efecto en los salarios de los inmigrantes africanos de ascendencia africana, es la existencia de redes de empleo étnicas separadas[45] que permiten que opere sin trabas el prejuicio colorista de los latinos contra los negros.[46] En otras palabras, lo latinos que reclutan, recomiendan y contratan a otros trabajadores latinos ayudan a establecer una jerarquía latina basada en el color, que afecta adversamente a los afrolatinos de formas contra las cuales los inmigrantes africanos que buscan empleo a través de redes de contratación africanas están protegidos.

Aun así, los jueces no siempre entienden cabalmente los detalles del colorismo latino como un aspecto problemático de la discriminación racial. El caso de discriminación por color de Carmen Félix ofrece un ejemplo útil.[47] Carmen Félix, una puertorriqueña de "ascendencia parcialmente africana", fue despedida de su empleo como secretaria en la oficina de Washington, DC, de la Administración de Asuntos Federales del Gobierno de Puerto Rico (antes conocida como la Oficina del Estado Libre Asociado de Puerto Rico en Washington, DC [Office of the Commonwealth of Puerto Rico in Washington, OCPRW]), a petición del administrador puertorriqueño de la oficina, José Cabranes, y la supervisora puertorriqueña, Providencia Haggerty.

Para probar su demanda de discriminación por color, Carmen presentó las tarjetas de personal de veintiocho compañeros de trabajo para demostrar que solo otros dos eran igual de oscuros o más oscuros que ella. Ella sostuvo que, por ende, había un prejuicio imperante contra los empleados de piel oscura en la oficina en la asignación de ascensos, que privilegiaba a quienes ella llamó empleados "blancos" con puestos más altos. El juez pretendió disputar la premisa de Carmen de prejuicio por color oscuro de piel al examinar visualmente él mismo las fotos y luego enumerar los empleados que Carmen había presumiblemente clasificado mal como blancos, cuando, en opinión del juez, eran de alguna tonalidad de marrón.

Entonces el juez continuó y dijo: "Estas observaciones tienden a contradecir el trazado que hace [Carmen] Félix de una línea rígida entre empleados blancos y no blancos de la Oficina del Estado Libre Asociado en Washington en su testimonio y refleja el hecho de que una cantidad sustancial de puertorriqueños son de ascendencia mixta". Y ahí el tribunal malinterpretó cómo se actualiza el colorismo en las comunidades y lugares de trabajo latinos: las personas que el juez percibía como del piel marrón, Carmen percibía, y probablemente sus compañeros de trabajo también, como blancos en virtud de su fenotipo, textura de cabello y clase socioeconómica, y no sencillamente por su tono de piel.

Según se describió en el Capítulo 1, existe una vasta bibliografía que documenta las formas en las que los latinos a menudo manifiestan las preferencias por la piel blanca en su modo de identificarse y en la elección de asociaciones que recuerdan y reflejan la ideología racial latinoamericana.[48] Lo que demuestra esta bibliografía, en particular, es cómo las expresiones latinas de prejuicio por el color están íntimamente conectadas con la evaluación del fenotipo, la textura del pelo, el tamaño y forma de la nariz y los labios, y la posición de clase socioeconómica. La clasificación que hacen los latinos de la raza toma en consideración rasgos corporales, además del color, que se consideran significantes raciales de una ascendencia africana menospreciada.[49] Por consiguiente, cuando una querellante como Carmen Félix en un ambiente de trabajo predominantemente latino enumera a los compañeros que considera blancos, se está refiriendo a los compañeros que han alcanzado esa caracterización racial no simplemente por su color de piel.

Lo que la bibliografía de las ciencias sociales indica es que dos individuos pueden tener la misma tonalidad de piel, pero si uno tiene rasgos faciales y textura de pelo africanos, un latino no categorizaría a ese individuo como blanco, a menos que existan indicadores de que la persona es adinerada o de estatus social alto.[50] A su vez, la no blancura atribuida a esa persona de piel clara con rasgos africanos posicionaría mejor a otra persona de piel clara con rasgos africanos menos prominentes, en términos de ser percibida como blanca en ese contexto. En esencia, los latinos tratan la categorización racial de manera funcional. En cualquier contexto dado, existen "blancos y negros funcionales", independientemente de su grado de pigmentación.[51] Es importante señalar que a pesar de que este esquema latino de categorización es fluido y específico al contexto, todavía forma la base de la conducta de exclusión racial.[52] En otras palabras, a pesar de la ausencia de una precisión científica, los métodos de categorización racial de los latinos todavía crean un sistema de castas fuertemente entretejido que valora las aproximaciones a la blancura. La complejidad de la jerarquía racial latina no puede captarse con una evaluación simplista de los tonos de piel de los empleados. Así, lo que el juez de Carmen Félix no logró apreciar es cuán matizadas y perversas son las evaluaciones latinas y latinoamericanas del color y del estatus.

Es irónico que el juez no evaluara de manera apropiada la demanda por colorismo de Carmen, una afropuertorriqueña, después de haber afirmado que era una "demanda apropiada para que una puertorriqueña la presentara". Es irónico porque el juez de distrito John Helm Pratt, hasta su muerte en 1995, fue reconocido como un importante defensor de los derechos civiles y de la legislación contra la discriminación. En 1977 y 1983, él había emitido órdenes que requerían que el gobierno federal combatiera el prejuicio en las escuelas en contra de los grupos minoritarios, las mujeres y las personas con discapacidades .[53] El juez Pratt era un hombre blanco nacido en New Hampshire en 1910, pero algunas de sus decisiones más importantes significaron adelantos en el área de las libertades individuales y los derechos civiles. Sin embargo, ni siquiera este defensor de los derechos civiles en EE. UU. pudo comprender la complejidad racializada de la discriminación latina por el color.

Esto se debe, en parte, a que la legislación federal de discriminación en el empleo contenida en el Título VII de la Ley de Derechos Civiles de 1964 dispone categorías separadas de "raza", "color" y "origen nacional" para lo que se considera una discriminación inadmisible. Como resultado, los jueces han actuado como si las categorías fueran mutuamente excluyentes y no se relacionaran o reforzaran una a la otra, a pesar de que el estatuto no prohíbe tomar en consideración la forma en que estas categorías se intersecan. Esta visión estrecha impide que los jueces entiendan las demandas interseccionales en las que varias categorías se superponen en la experiencia de discriminación de una persona.[54] Como resultado, una demanda por "color" queda reducida a la consideración simple de la variación en el color de la piel. A su vez, el foco judicial en el color de la piel nada más no toma en cuenta cómo los latinos despliegan categorías raciales en función de la textura del cabello, los rasgos fenotípicos, la clase, el lugar y el espacio, y no solo por el color de la piel.

También resulta interesante señalar que cuando los afroamericanos, u otras personas no latinas de ascendencia africana, presentan demandas por colorismo, los tribunales han sido reacios a enfocarse en los tonos de color de la piel. Taunya Lovell Banks, una experta en derecho, observa que esto se debe a la visión de que, con respecto a los afroamericanos e inmigrantes no latinos de ascendencia africana, una gota de sangre negra te hace negro y de que no hay grados de negritud en la mentalidad cultural estadounidense, excepto cuando se trata de latinos.[55] En contraste, las demandas latinas por colorismo están sujetas a la idea judicial equivocada de que la mezcla racial es menos propensa al prejuicio.

Existe una inclinación judicial a actuar colorímetro en lugar de examinar la forma en que una gama mucho más amplia de preocupaciones raciales se desata en contra de los latinos de ascendencia africana en el lugar de trabajo. Incluso los casos de discriminación por color presentados ante el Tribunal de Distrito Federal para Puerto Rico (donde se aplica el conjunto de leyes federales de derechos civiles de EE. UU.) ante jueces puertorriqueños no son inmunes a la falacia judicial de que la discriminación por color solo tiene que ver con el color de la piel. Milton Falero Santiago tropezó con este problema cuando fue despedido de su puesto como director de ventas debido a su color.[56] En los documentos que Milton utilizó en el pleito, se describió a sí mismo como un "puertorriqueño de piel oscura o mulato" y luego yuxtapuso su color con el color blanco de la piel del empleado puertorriqueño que asumió parte de sus deberes después de que lo despidieran. El tribunal desestimó la demanda de Milton por no estar basada en la raza.

Milton sostuvo que su supervisor latino blanco le había llamado "*boy*" en varias ocasiones. Como sabemos, existe una larga historia racial en la que se llama "*boy*" a los hombres negros como método de subordinación, a través de lo cual se les representa como incapaces de alcanzar la humanidad plena.[57] La misma dinámica racial se da en Puerto Rico y en América Latina. Más aún, el Tribunal Supremo de EE. UU. incluso ha reconocido que este tipo de referencia puede presentarse como evidencia de odio racial.[58] No obstante, el jurista puertorriqueño que presidía, el juez Pérez Giménez, afirmó con desdén que "aunque el comentario es algo irrespetuoso, parece obvio que el término '*boy*' se refiere a la edad de una persona y carece de connotaciones raciales o de color". Así, incluso un juez puertorriqueño en Puerto Rico, presumiblemente conocedor de la dinámica de los métodos de racialización latinos o latinoamericanos, es igual de susceptible a la mala interpretación del colorismo cuando los hechos que justifican una acción judicial se reducen meramente a un asunto de tono de piel. Limitar judicialmente la indagación de la discriminación por color a un examen simplista de las diferencias en el tono de piel no toma en cuenta la multiplicidad de formas en que se imponen las jerarquías racializadas de color. Esta equivalencia hace que sea difícil aplicar la legislación contra la discriminación cuando esta es perpetrada por latinos en el lugar de trabajo.

Los efectos de una investigación tan corta de miras sobre el discrimen perpetrado por latinos en el lugar de trabajo no son intrascendentes. La segmentación racial del mercado laboral significa que los latinos con frecuencia son empleados en lugares de trabajo predominantemente latinos, con compañeros de trabajo y supervisores latinos. Cualquier mala interpretación judicial de las manifestaciones de la antinegritud latina significa menos protección en contra del discrimen racial. A lo largo de los años, el crecimiento de negocios que son propiedad de latinos, que contratan desproporcionadamente a latinos y los hacen supervisores, ha aumentado el poder del mercado laboral influenciado por latinos. Los datos disponibles actualmente muestran que, entre 2012 y 2017, el crecimiento de las empresas propiedad de latinos fue más del doble del promedio nacional (el 14 por ciento en comparación con el 6 por ciento), de manera que lo superó en cuarenta y un de cincuenta estados, y en la vasta mayoría de los sectores económicos más grandes de la nación.[59] Entre 1987 y 1997, las empresas de latinos aumentaron en 232 por ciento.[60] Lo que es más importante, entre 2014 y 2016, el empleo en las empresas propiedad de latinos aumentó al doble del índice de empleo en las empresas propiedad de no latinos.[61] Dentro del sector de pequeños negocios, las empresas latinas son las impulsoras más sustanciales de crecimiento. La cantidad de pequeños negocios propiedad de latinos aumentó por un 34 por ciento entre 2010 y 2020,[62] casi dos veces el crecimiento de la población latina durante este mismo período.[63] En comparación, los negocios pequeños propiedad de no latinos aumentaron a un ritmo de solo uno por ciento durante la misma década.[64]

Juntas, lo que significan todas estas estadísticas laborales para los latinos es que, a pesar de la marginación de los latinos en la sociedad, las actitudes raciales latinas no son marginales a las experiencias de prejuicio racial en el lugar de trabajo. De hecho, los trabajadores latinos con supervisores latinos ganan menos dinero que los latinos supervisados por no latinos, ya sea que estén empleados en el sector informal o en el mercado de trabajo formal.[65] La penalidad en salario de tener a un supervisor latino existe, independientemente del nivel de educación, experiencia de trabajo, permanencia en el cargo, habilidad con el idioma, estatus de ciudadanía, género, tamaño de la empresa u ocupación. Además, los latinos con supervisores latinos son menos propensos a ocupar puestos de autoridad.[66] Tomando en consideración que los trabajadores latinos tienen mayores probabilidades de tener supervisores latinos que influyen en su contratación, salario y evaluación de desempeño, la influencia de las actitudes raciales latinas en el mercado laboral es considerable.[67] El siguiente capítulo muestra que las actitudes raciales latinas son igual de importantes en el mundo de la vivienda segregada.

CAPÍTULO 4

OYE NEGRO, NO PUEDES VIVIR AQUÍ

LOS ARRENDADORES LATINOS EN ACCIÓN

A menudo, la necesidad de encontrar un alojamiento es tan apremiante que reivindicar hasta los casos más claros de prejuicio en la vivienda no tiene mucha prioridad para las víctimas de discriminación que necesitan donde vivir. Ese fue el caso de Quinta, una afrodominicana que en 2004 buscaba una habitación para alquilar en la ciudad de Nueva York.[1] Ella era bilingüe, egresada de la universidad, tenía veinticuatro años y se mudaba a Nueva York para trabajar en un puesto de política gubernamental, y necesitaba un lugar temporal donde quedarse hasta que su esposo también se mudara a Nueva York. Quinta se consideró afortunada cuando su cuñado dominicano le avisó de una red informal de vivienda, una especie de Craigslist†† de latinos, en la que estos subarrendaban habitaciones dentro de sus apartamentos en el sector Inwood del norte de Manhattan, un lugar dominado por ellos. Quinta acordó por teléfono el pago semanal de la renta y la fecha en que podría mudarse.

Sin embargo, cuando Quinta llegó en la fecha acordada, con su maleta a cuestas, el latino que ocupaba el apartamento miró su

†† [N de la T] Craigslist es un sitio web de anuncios clasificados.

piel marrón y afirmó que la habitación en realidad no estaba disponible para alquilar y que se había cometido un error. El cuñado de Quinta nunca pensó que la "agencia" de alquileres latina de Inwood que le había recomendado a Quinta iba a quedar mal con ella de esta forma. ¿Por qué? Como latino de piel clara, el cuñado de Quinta no había tenido la experiencia de que su aspecto racial fuera objeto de escarnio por parte de otros latinos.

La negación en persona del alquiler de una vivienda, después de haber dicho por teléfono que está disponible, es un ejemplo clásico de discriminación en la vivienda basado en la raza. Sin embargo, Quinta tenía un nuevo empleo que comenzar y poco tiempo para cualquier otra cosa, mucho menos para presentar una demanda. Así que, al igual que muchas otras víctimas de discriminación en la vivienda, Quinta sencillamente "siguió su camino" y consiguió un lugar de vivienda alternativo. No obstante, más de quince años después, al relatar los detalles de cómo había sido excluida por su raza, Quinta todavía se sentía perturbada por lo que había sucedido. Quinta me explicó que, habiendo pasado su infancia en espacios predominantemente blancos no hispanos de Boston, ella "nunca esperó sentirse en casa" con los blancos no hispanos, pero pensó que sería mejor recibida entre los latinos. El dolor de que sus compatriotas latinos la excluyeran por su raza se sintió mucho más agudo y quizás fue demasiado doloroso para procesar con un procedimiento legal extendido. De manera que, a pesar de que la red informal de alquileres dominada por latinos no figura en los cálculos nacionales del alcance de la segregación en la vivienda, este tipo de red ejerce una influencia significativa y causa daños raciales reales. En consecuencia, la decisión pragmática de las personas que han estado en el lugar de Quinta de no presentar demandas de discriminación no debe interpretarse como una ausencia del problema de antinegritud latina en Nueva York ni en ninguna otra parte.

Más inquietante aún, quizás, es que nuestra ley nacional y muchas leyes estatales que prohíben la discriminación racial en el arrendamiento y compra de viviendas adrede eximen de su alcance a los arrendadores de unidades de vivienda de pequeña escala (tales como un edificio de cuatro o menos unidades).[2] Los legisladores que promulgaron la Ley de Vivienda Justa de la nación querían proteger a las hipotéticas "Mrs. Murphy" del mundo de que las obliguen a compartir sus espacios íntimos con razas que no fueran de su agrado. La excepción también se justificó con la presunción de que las unidades múltiples de pequeña escala no constituían una porción significativa de la totalidad del mercado de vivienda. Se pensó que este pequeño grado de discriminación no trastocaría adversamente la búsqueda de la igualdad racial. Esa fórmula de compromiso se aprobó con la advertencia de que un corredor de bienes raíces no podría administrar un proceso de selección discriminatorio y que la publicidad para este tipo de unidades múltiples pequeñas de vivienda no podría discriminar manifestando una preferencia por solicitantes de una raza particular, o la exclusión de estos, para que la publicidad misma no contribuyera a un clima societal de desigualdad racial.

Aunque la anterior Ley de Derechos Civiles de 1866 que prohíbe la discriminación racial en la vivienda, no contiene una excepción del tipo "Mrs. Murphy", su alcance en el mercado informal de vivienda se ve obstaculizado porque el estatuto no incluye un mecanismo de aplicación.[3] El Departamento de Vivienda y Desarrollo Urbano (Department of Housing and Urban Development, HUD) de EE. UU., tiene la encomienda legislada de velar por el cumplimiento de la Ley de Vivienda Justa y no la Ley de Derechos Civiles de 1866 (excepto en lo relativo a los programas de desarrollo de la vivienda y las comunidades financiados por el HUD). En otras palabras, los fondos del Gobierno para investigar y procesar las demandas por discriminación no están orientados al contexto de "Mrs. Murphy". Solo en el caso de que una víctima perjudicada tenga los recursos y los medios para presentar una demanda individual en virtud de la Ley de Derechos Civiles de 1866 podrá procurar que se impongan sanciones a un caso "Mrs. Murphy". Aunque algunas leyes estatales varían en cuanto al alcance de las excepciones tipo "Mrs. Murphy", solo un puñado de estados omiten por completo la excepción.

De modo que, aparte de la publicidad, el ordenamiento jurídico autoriza de manera efectiva la discriminación en el contexto de la vivienda informal. Lo que la ley no toma en cuenta es que las "Mrs. Morales" del mercado informal de vivienda latino que controlan el acceso a apartamentos compartidos y alquileres de apartamentos en sótanos no son una fuente insignificante de viviendas. Los expertos en vivienda señalan que la industria de alquileres privados está muy descentralizada e incluye muchos "arrendadores de pequeña escala, desconectados, que con frecuencia evalúan a los solicitantes uno a uno, en persona y sin criterios formales de elegibilidad".[4] Los arrendadores independientes todavía poseen la mayoría de las propiedades de alquiler, y por ende son de vital importancia en la aplicación de las leyes de vivienda justa. De hecho, en 2018, el índice de propiedad de la vivienda de los latinos aumentó al 47.5 por ciento (en comparación con un índice nacional del 65.1 por ciento).[5] En el contexto de una hipersegregación que impide el acceso de los latinos a la mayoría de las áreas residenciales blancas no hispanas, las redes informales de vivienda controladas por latinos, a las que muchos latinos están limitados, adquieren una mayor importancia.

Además, los afrolatinos se llevan la peor parte de la antinegritud latina, más allá de la discriminación que sufren de parte de arrendadores y propietarios de vivienda latinos. Esto se debe a que los administradores latinos de propiedades y los vecinos también pueden ser agentes de la antinegritud. La familia Martínez tropezó justo con este tipo de prejuicio como inquilina de Meridian Apartments, en Cypress, California (un suburbio del condado de Orange a veinte millas de Los Ángeles).

Durante el tiempo en el que los niños Martínez (afrolatinos) y su madre, Suzy Martínez (afroamericana) vivieron allí, sus vecinos latinos se unieron a los vecinos blancos no hispanos para hostigar racialmente a la familia con "insultos raciales persistentes, vandalismo del apartamento y automóvil, lanzando piedras, latas de cerveza y otras cosas [junto con] amenazas de violencia".[6] Además, les negaron el acceso a las instalaciones del complejo, entre ellas, a la piscina, el patio y la bañera hidromasaje. El hostigamiento racial empeoró cuando, después de haber reportado la discriminación a la latina que era administradora del complejo de apartamentos, Eve Diaz, Diaz no tomó acción alguna para detener la discriminación.

Al no tomar acción contra el hostigamiento racial, la administradora de la propiedad, Diaz, y los vecinos latinos fueron cómplices de fortalecer la antigua hostilidad racial del condado de Orange en California.[7] Irónicamente, el programa de televisión *The O.C.* ilustraba visualmente la segregación blanca en el condado de Orange durante su transmisión entre 2003 y 2007, los mismos años en que Suzy litigaba la demanda de discriminación incoada por su familia contra Meridian Apartments. En esa época, el censo indicaba que la población residente de Cypress era 54.4 por ciento blanca, 3 por ciento afroamericana, 0.6 por ciento indígena de las Américas, 31.3 por ciento asiática, 0.38 por ciento de las islas del Pacífico, 5.2 por ciento otros y 4.9 por ciento que se identificaba como de dos o más razas.[8] Los hispanos/latinos constituían 18.4 por ciento de la población (mexicanos, 14.1 por ciento; puertorriqueños, 0.5 por ciento; cubanos, 0.3 por ciento; otros hispanos/latinos 3 por ciento), lo que era menor que el índice estatal de 37.6 por ciento. Desde el punto de vista racial, la población hispana y latina se identificaba como 58.49 por ciento blanca, 0.77 por ciento negra, 1.67 por ciento indígena de las Américas o nativa de Alaska, 1.45 por ciento asiática, 0.34 por ciento nativa de Hawái u otras islas del Pacífico, 27.45 por ciento de alguna otra raza y 9.8 por ciento de dos o más razas. Suzy pudo recibir compensación financiera por el daño causado por el hostigamiento cuando las partes llegaron a un acuerdo confidencial de transacción en las vísperas del juicio. No obstante, el incidente de Suzy es uno de los pocos casos registrados de discriminación en la vivienda por parte de latinos hacia afrolatinos en Estados Unidos.

Incluso Miami, con su densidad de residentes latinos y su reputación de capital de la blancura cubana, tiene pocos casos registrados de discriminación en la vivienda por parte de latinos contra afrolatinos.[9] Sin embargo, equiparar la ausencia de demandas legales con la ausencia de instancias de discriminación estaría mal, dada la preponderancia de relatos de discriminación cuando a los latinos se les pregunta directamente acerca de las experiencias vividas. El proyecto de historia oral "Black Migration into a White City: Power, Privilege and Exclusion in Miami" [La migración negra a una ciudad blanca: poder, privilegio y exclusión en Miami] está examinando las antiguas tácticas exclusivistas de los cubanos blancos contra los cubanos negros en Miami.[10] Además, las etnografías publicadas de Miami son similares a los relatos de exclusión que se revelan en los casos legales.

En este sentido, la entrevista que hace Alan Aja al afrocubano David Rosemond ayuda a añadir detalles de cómo la geografía profundamente racializada del Miami latino normaliza la discriminación y, en consecuencia, desalienta las demandas. Recordando las luchas de sus padres cuando se mudaron de la ciudad de Nueva York a Miami en la década de 1970, David sostuvo: "Ellos [los latinos de Miami en la Pequeña Habana] no nos arrendaban. Iba de 'sí, el apartamento está disponible' (por teléfono) a 'cometimos un error'" una vez aparecían en persona.[11] Sintiéndose acosada por todo el rechazo en persona, la mamá de David convenció a una amiga de una familia de cubanos blancos de que la acompañara durante la búsqueda de vivienda, con la esperanza de que su amistad con una blanca validara su buen carácter y responsabilidad financiera. Lamentablemente su estrategia no funcionó, y la familia nunca pudo conseguir vivienda en la Pequeña Habana a pesar de ser cubana. Por el contrario, la familia Rosemond vivió en Allapattah, un antiguo enclave afroamericano que ahora era hogar del pequeño Santo Domingo de Miami, poblado por muchos inmigrantes de la República Dominicana de piel más oscura.

Y la experiencia de la familia afrocubana Rosemond no es singular. Un estudio pionero de la discriminación en la vivienda de alquiler en Miami encontró que, en comparación con los cubanos blancos, a los afrocubanos se les pedía que pagaran un depósito de seguridad más alto, en promedio, en cualquier parte de Miami, incluidas las áreas de cubanos blancos, y se les daba información errónea con más frecuencia acerca de la no disponibilidad de unidades de alquiler vacantes.[12] Otros estudios de Miami y la investigación de Susan Greenbaum acerca de Tampa, Florida, identifican retos de vivienda similares para los residentes afrocubanos.[13] Históricamente, el asentamiento afrocubano en Florida a partir de 1869 estuvo sujeto a una geografía racializada antinegra. Según relata Evelio Grillo, un afrocubano, acerca de su juventud en Ybor City, Tampa, en la década de 1920, "No recuerdo haber jugado con un solo niño cubano blanco. Los cubanos negros y los cubanos blancos vivían separados unos de otros en Ybor City".[14] Además, los patrones de segregación residencial entre residentes de Florida latinos blancos y latinos negros continúa hoy.[15] Los ecos de la segregación Jim Crow de afrocubanos de los cubanos blancos es parte de la historia de Florida que resuena fuertemente en el presente.[16] Miami, en particular, sigue siendo una de las ciudades más segregadas de la nación, y el modo de actuar de los caseros latinos no ayudan para nada a mitigar esta situación.[17] O, como dijo un entrevistado afrocubano a la antropóloga Michelle Hay: "Los ejemplos del racismo [de latinos contra negros] en Miami están en la búsqueda de hogar".[18] Hoy, la antinegritud latina tiene una enorme capacidad para interferir en el acceso a la vivienda en Miami, dada la densidad de propietarios de vivienda latinos (y potenciales arrendadores) que existen en Miami. A diferencia de muchas otras regiones de Estados Unidos, en Miami, los latinos constituyen el 67por ciento de todas las viviendas ocupadas por sus propietarios y 70 por ciento de todas las viviendas ocupadas por inquilinos, y por lo tanto, representan una vasta red informal de viviendas controladas por latinos que tienen actitudes raciales latinas.[19]

Lamentablemente, la segregación afrolatina con respecto a otros latinos no se limita a Florida. La historiadora Nancy Raquel Mirabal ha señalado que la ciudad de Nueva York fue un destino importante de los puertorriqueños y cubanos desde 1823 hasta 1957, y que el período inicial estuvo marcado por tensiones raciales y separaciones entre los cubanos que ella estudió.[20] De manera similar, el estudio de la migración puertorriqueña a la ciudad de Nueva York antes de la década de 1920 realizado por Jesse Hoffnung-Garskof indica que hubo poco contacto residencial entre puertorriqueños blancos y puertorriqueños negros.[21] La descripción de la afropuertorriqueña Pura Delgado de su llegada a Nueva York en 1947 destaca los antecedentes históricos de la discriminación residencial intralatino.

> Recuerdo vívidamente una prima que hizo arreglos para que yo le alquilara una habitación a una puertorriqueña que era su amiga cuando yo llegase a la ciudad de Nueva York. Pero cuando llegué, se negó a que me quedara en su casa porque yo era oscura. Ella había pensado que yo era del mismo color [claro] de tez que mi prima.[22]

Básicamente, Pura es la predecesora de Quinta a lo largo de las generaciones de antinegritud latina continua en la ciudad de Nueva York. ¿Debe sorprender, entonces, que la antinegritud latina en la vivienda se extienda a los afroamericanos?

Para comenzar a comprender la discriminación latina contemporánea en la vivienda en contra de los afroamericanos, considérese una ciudad como Chicago, situada consistentemente por el censo entre las primeras cinco ciudades más segregadas de Estados Unidos y la más segregada del estado de Illinois, más de cincuenta años después de que la Ley de Vivienda Justa prohibiera la segregación en la vivienda.[23] Si bien Chicago ciertamente coincide con la visión histórica de la segregación entre blancos y negros no hispanos, también ha alcanzado el cuarto lugar en la segregación entre latinos y afroamericanos. Ese cuarto lugar es especialmente notable cuando se considera que las tres primeras zonas metropolitanas (Milwaukee, Detroit y Cleveland) tienen todas menos latinos y poblaciones totales significativamente menores. No obstante, el grado de segregación residencial entre latinos y negros no se puede entender solo a partir de los datos del censo. Los relatos personales contemporáneos de exclusión racial ayudan a iluminar cómo un grupo, como los latinos, contra quienes discriminan los blancos no hispanos en el mercado de vivienda, puede a su vez discriminar contra otro grupo, los afroamericanos.

La experiencia de vivienda de Mitchell Keys, un inquilino afroamericano de Chicago, brinda un ejemplo útil. Mitchel descubrió que su contrato de alquiler era más oneroso que el de otros inquilinos en su edificio de apartamentos de Chicago. Cuando confrontó a su casero latino, Francisco García, sobre el asunto, García afirmó que él prefería no arrendar a afroamericanos como Mitchell. Dada la explicitud de la antinegritud de la conducta del arrendador, el secretario de Vivienda y Desarrollo Urbano (HUD) inició un caso administrativo en nombre de Mitchell.[24] García no pudo brindar una razón que no fuera discriminatoria para justificar sus acciones y acordó transigir el caso sin una audiencia ante un juez administrativo. El acuerdo de transacción requería que García compensara financieramente a Mitchell. Más importante aún, se prohibió a García de manera permanente: "Discriminar por motivos de raza, sexo, color, religión, origen nacional, discapacidad o estatus familiar contra cualquier persona o inquilino en cualquier aspecto del alquiler de una unidad de vivienda". El HUD supervisó que García cumpliera examinando los informes mensuales, exigidos por HUD, con relación al razonamiento que había empleado para aceptar o rechazar inquilinos. Por ende, desde todo punto de vista, Mitchell ganó.

Irónicamente, Mitchell se benefició en su demanda por lo desfachatado que había sido García al verbalizar su antinegritud y por la capacidad de Mitchell de impugnar la discriminación racial después de haber obtenido vivienda, aunque a una canon de arrendamiento discriminatoriamente inflado. Otras víctimas de antinegritud latina que han sido excluidas por caseros más espabilados que escondían sus verdaderos motivos racializados no están en tan buena posición para desafiar el racismo que no se ha hecho obvio pero que ha bloqueado por completo su acceso a la vivienda. De manera similar, las personas negras que son físicamente acosadas por residentes latinos para que dejen sus vecindarios de Chicago nunca tienen la oportunidad de buscar vivienda allí, mucho menos de presentar demandas por discriminación en la vivienda relacionada con su exclusión racial.[25]

En el momento en que Mitchell presentó su demanda por discriminación, Chicago, Illinois, tenía una población de 2,783,726, que era 45.4 por ciento blanca no hispana, 39.1por ciento negra, 0.3 por ciento indígena de las Américas, 3.7 por ciento asiática o de las islas del Pacífico y 11.5 por ciento otra.[26] Étnicamente, los latinos constituían el 19.6 por ciento de la población. Aunque no fueran mayoría, el índice de propiedad de vivienda de los latinos en Chicago era del 37.8 por ciento (en comparación con el índice promedio de propiedad de vivienda para toda la ciudad, que era 46.1 por ciento).[27] De hecho, para 2018 el índice de propiedad de la vivienda de los latinos en general aumentó a 54 por ciento (en comparación con un índice nacional de 64.8 por ciento).[28] La densidad de la población latina de Chicago entonces y ahora significa que la antinegritud latina existente puede tener un efecto significativo en el mercado de vivienda de alquiler, que ya está violentamente segregado.

Más preocupantes son los contextos en que los latinos son una proporción todavía mayor de la población local, con el potencial de influir desmedidamente en el mercado de vivienda de alquiler (ya sea alquilando o vendiendo propiedades que poseen, o alquilando habitaciones en apartamentos o en hogares que ocupan como inquilinos). La experiencia de Elías y Patricia Tulsen de búsqueda de hogar en el sector de Brentwood de Nueva York, que está dominado por latinos, es muy iluminador. Elías y Patricia son una pareja afroamericana que deseaba alcanzar el sueño de poseer un hogar en Brentwood. La casa blanca de techo a dos aguas de la calle Hewes les interesaba mucho, dada su localización en una tranquila calle residencial en la comunidad suburbana de Long Island. Para la época de su búsqueda de casa, la Oficina del Censo informó que 53,917 personas vivían en Brentwood.[29] La población se distribuía racialmente como sigue: blancos, 47.7 por ciento; negros, 18.1 por ciento; indígenas de las Américas, 0.6 por ciento; asiáticos, 2.0 por ciento; nativos de las islas del Pacífico, 0.1 por ciento; otros, 25.4 por ciento; y dos o más razas, 6.1 por ciento. Es importante señalar que el 54 por ciento de la ciudad era hispano y latino (mexicanos, 0.9 por ciento; puertorriqueños, 15.3 por ciento; cubanos, 0.4 por ciento; otros, 37.7 por ciento) y el 45.7 por ciento era no hispano o latino, entre los cuales el 42 por ciento del total de la población hispana/latina se identificaba racialmente como blanca. Esto marcó un incremento significativo en la población hispana y latina del área con respecto al 34.7 por ciento de una década antes.[30] Quizás fue esta demografía predominantemente latina lo que envalentonó a los propietarios latinos Thomas y Andrew Clemente (padre e hijo) a imponer flagrantemente su antinegritud.

Mientras Elías y Patricia Tulsen recorrían el sótano de la casa, el vendedor latino, Thomas Clemente, le pidió a la agente de bienes raíces, Lisa McNell, que se quedara con él en el piso superior. Thomas Clemente entonces le informó a la agente que él no quería vender la propiedad a una persona negra, y que de la única manera que lo consideraría sería si pagaban un tres por ciento por encima del precio de venta establecido (a pesar de que no había otras ofertas de compradores potenciales). Después de que Thomas Clemente hablara por teléfono con su hijo, Andrew Clemente (copropietario de la residencia), Thomas le reafirmó a la agente que ninguno de los dos tenía interés en venderle a personas negras a menos que pagaran un recargo, que aumentó el cinco por ciento por sobre el precio de venta anunciado públicamente.[31] En efecto, los Clemente querían imponer un "*Black Tax*" [impuesto a los negros] a Elías y Patricia, presumiblemente por la adversidad de vender a personas negras y de tenerlas viviendo en el vecindario.[32] Además de discriminatorio, el prejuicio de los Clemente de que los negros echarían a perder el vecindario es irónico, en vista de que en esos momentos Brentwood experimentaba un alza en crímenes provocada por las actividades de pandillas de latinos.[33]

Afortunadamente para Elías y Patricia, la agente de bienes raíces, Lisa McNell, sacrificó su comisión potencial para respetar la ley, que prohíbe que agentes de bienes raíces faciliten la discriminación racial de los vendedores. McNell, por el contrario, le informó al propietario de la agencia de bienes raíces sobre los comentarios racistas de los Clemente, y la agencia, a su vez, terminó su relación con la familia Clemente. En vista de evidencia tan irrefutable, los Clemente acordaron transigir el caso sin una audiencia ni un proceso legal.

Como resultado, los Clemente le pagaron a Elías y Patricia una compensación financiera y acordaron no (1) tomar represalias contra ningún individuo que estuviese ejerciendo cualquier derecho concedido o protegido por la Ley de Vivienda Justa ni coaccionarlo, intimidarlo o interferir con él; (2) hacer afirmaciones que indiquen preferencias, limitaciones o discriminación contra ningún individuo o individuos al arrendar propiedades en función de cualquiera de las clases protegidas por la ley, incluidas, pero sin limitarse a, la raza y el origen nacional; y (3) discriminar contra personas debido a la raza u origen nacional o cualquier otra clase protegida conforme a las disposiciones de la ley. Menos de tres meses después, Elías y Patricia pudieron comprar otra casa del mismo precio y localizada en el mismo código postal y distrito escolar, pero en un terreno todavía más grande que el de los Clemente; en cambio, a los Clemente les tomó siete meses vender la propiedad que querían conservar exclusivamente blanca.

Si bien la gran cantidad de latinos que viven en Brentwood, Nueva York, pueden haber envalentonado a los Clemente para expresar abiertamente su antinegritud y actuar en consonancia con ella, otras formas similares y descaradas de exclusión de personas negras por parte de latinos también han sucedido en lugares donde los latinos constituyen un porcentaje pequeño de la población en comparación con los afroamericanos y los blancos no hispanos. En la época en la que Andre Echols y Jacqueline Ash buscaban apartamento en Davenport, Iowa, el lugar tenía una población de cerca de noventa y ocho mil personas.[34] El 83.7por ciento eran blancas; el 9.2 por ciento negras o afroamericanas; el 0.4 por ciento, indígenas de las Américas; el 2.0 por ciento, asiáticas; el 2.3 por ciento, otras;

y el 2.4 por ciento, de dos o más razas. Los hispanos o latinos eran solo el 5.4 por ciento de la población (mexicanos, 4.5 por ciento; puertorriqueños, 0.2 por ciento; otros, 0.7 por ciento). Desde el punto de vista racial, el 44.4 por ciento de la población hispana o latina se identificaba como blanca. A pesar de la presencia demográfica menor de latinos en Davenport, Iowa, cuando Jacqueline y luego Andre procuraron arrendar un apartamento de un arrendador latino, Frank Quijas, él se sintió completamente libre de comunicar en voz alta su prohibición de arrendar a personas negras.

Cuando Jaqueline vio en el periódico el anuncio de Quijas de un apartamento vacante, llamó para preguntar sobre la unidad disponible y Quijas, de inmediato, le preguntó: "¿Eres blanca o negra? No le alquilo a negros".[35] El descaro racial de Quijas no se limitó a esta conversación telefónica. Andre tuvo la ofensiva experiencia de que Quijas le dijera a la cara, con desprecio, que él no les arrendaba a personas negras. Andre se quedó tan sorprendido que le pidió a Quijas que repitiera lo que acababa de decir de manera que su madre, que lo había acompañado, lo escuchara también. Quijas entonces repitió, con indiferencia, "No le alquilo a negros".

Dado lo atroz de la expresión de antinegritud de Quijas hacia Jacqueline y luego Andre, cada uno recibió compensación financiera, y Quijas tuvo que entregar una disculpa por escrito a cada uno de ellos. Además, Quijas acordó vender las tres viviendas dúplex que poseía para arrendar y nunca más volver a participar en el negocio de bienes raíces. Para Quijas era preferible dejar de ganar dinero como arrendador luego de que el juez le prohibiera discriminar de nuevo contra los negros.

Incluso los caseros latinos que no viven cerca para nada de las propiedades que arriendan insisten en mantener sus unidades de alquiler como espacios racialmente blancos. Una pareja de latinos, Jaime y Graciela Barberis, vivían en Ecuador, pero seguían de cerca la ocupación racial de la propiedad que tenían arrendada en Rockville, Maryland, a pesar de que utilizaban una compañía de administración de propiedades para alquilar la propiedad en su ausencia.[36] Gilmore Thompson Sr. buscaba alquilar una casa de cuatro dormitorios para él y su familia como parte de su traslado de las Islas Vírgenes estadounidenses. Cuando Gilmore firmó el acuerdo de alquiler con el administrador de la propiedad que actuaba en nombre de Jaime y Graciela, también pagó la renta del primer mes y el depósito de seguridad, y le informaron que Jaime y Graciela habían accedido verbalmente a alquilarle su casa. Pero cuando Jaime y Graciela descubrieron que Gilmore era negro, rechazaron el contrato de alquiler.

Jaime y Graciela se negaron a admitir que habían actuado discriminatoriamente. No obstante, el Departamento de Vivienda y Desarrollo Urbano de EE. UU. (HUD) concluyó, basándose en las entrevistas de testigos que realizaron y los documentos que examinaron, que Jaime y Graciela habían violado la Ley de Vivienda Justa al negarles a Gilmore y su familia la casa de alquiler. Después de que HUD presentó su informe final y emitió un cargo de discriminación, Jaime y Graciela decidieron transigir el caso y pagarle a Gilmore una compensación monetaria.

A pesar de la absoluta claridad sobre la motivación racial de este tipo de exclusión negra, los comentaristas públicos tienden a caracterizar la antinegritud latina como un derivado lamentable del racismo contra los afroamericanos, aprendido en Estados Unidos. Sin embargo, la presunción de que los latinos son racialmente inocentes queda debilitada por el mismo prejuicio contra los negros que es evidente en el desagrado de los latinos por arrendar y vender a otros compatriotas latinos que resultan ser afrolatinos. No obstante, la falta de atención pública a la antinegritud latina se traduce en un grupo de jurados potenciales que no están bien preparados para reconocer la forma en la que esta se manifiesta cuando se presenta en un caso judicial. De hecho, hay ocasiones en las que la antinegritud latina hace que la discriminación sea más problemática y difícil de tratar en el tribunal.

Eddie Frazier, un afroamericano, vio frustrados sus esfuerzos por combatir la discriminación en la vivienda que él y Diane Treloar, su novia blanca no hispana, enfrentaron cuando buscaban un apartamento en el suburbio de Long Island, Nueva York, llamado

Smithtown (a cuarenta y tres millas de la ciudad de Nueva York).[37] Al igual que el condado de Orange en California, en el que Suzy Martínez tuvo que transitar la segregación racial, Smithtown es un pueblo hiperracialmente segregado. Para la época en la que Eddie buscaba apartamento, la Oficina del Censo había informado que Smithtown era predominantemente blanco (96.8 por ciento), el resto de la población era negra (0.8 por ciento), indígena de las Américas (0.1 por ciento), asiática o nativa de las islas del Pacífico (1.9 por ciento) y otras razas (0.4 por ciento).[38] El 2.6 por ciento del pueblo era hispano o latino (mexicanos, 0.2 por ciento; puertorriqueños, 1.1 por ciento; cubanos, 0.1 por ciento, otros, 1.2 por ciento) y la composición racial entre los hispanos o latinos era blanco (83.13 por ciento), negro (0.98 por ciento) indígena de las Américas (0.70 por ciento), asiático o nativo de las islas del Pacífico (0.64 por ciento) y otro (14.53 por ciento). Vale la pena notar que el Ku Klux Klan tuvo un papel importante en la fundación del pueblo y estaba reviviendo su presencia pública en Nueva York para la época en la que Eddie buscaba apartamento.[39]

Sin embargo, aunque la oferta que hizo Eddie de alquilar un apartamento en Smithtown fue rechazada y sus llamadas telefónicas no fueron devueltas, al tiempo que la unidad permaneció vacante tres meses más hasta que la alquiló un blanco, el jurado que escuchó el caso se rehusó a concluir que se había debido a discriminación racial. Es de notar que entre los dueños de la unidad que rechazaron a Eddie estaba Anna Maria Rominger, una mujer que el juez describió como "brasileña de piel oscura", quien afirmó en el tribunal que la acusación de discriminación era infundada porque ella era "de raza mixta y que muchos de sus parientes [latinos] eran negros, indígenas e italianos".[40] En esencia, la arrendadora se defendió utilizando la suposición de la inmunidad latina contra el prejuicio, y el jurado aparentemente la aceptó, de una forma que hubiese sido inverosímil si dicha defensa la presentaba un arrendador blanco no hispano.

No es de extrañar, entonces, que de una cantidad considerable de personas que indican en las encuestas que han experimentado la antinegritud latina, pocas, de hecho, presenten demandas. Los limitados recursos que los centros de vivienda justa tienen para hacer valer la legislación contra la discriminación acrecientan más la renuencia de presentar demandas legales. Los centros de vivienda justa son organizaciones sin fines de lucro nacionales que ayudan a brindar evidencia de discriminación en la vivienda investigando las alegaciones y enviando a individuos de distintas razas y etnias a hacerse pasar por arrendadores o compradores con el propósito de probar la discriminación ilícita en la vivienda.

Kate Scott, la directora ejecutiva del Equal Rights Center [Centro para la Igualdad de Derechos] en Washington, DC, supervisa las pruebas de vivienda justa y se lamenta de que "de ninguna manera tenemos los recursos necesarios para identificar toda la discriminación que sucede".[41] Además, la discriminación que se investiga es principalmente "el resultado del hecho de que nosotros somos muy afirmativos en nuestro compromiso con la comunidad… [dentro] de las prioridades de liderato de varias organizaciones". Dada la intransigencia de la discriminación en la vivienda de parte de los blancos no hispanos contra los afroamericanos, Amber Hendley, una coordinadora de pruebas de vivienda justa de Chicago, advierte que los centros de pruebas de vivienda justa han dado prioridad a las pruebas de negros y blancos no hispanos, sin entrar en el matiz más complicado del diseño de pruebas para negros y latinos blancos.[42] De forma relacionada, cuando se investiga a arrendadores y propietarios de vivienda que, por sus apellidos podrían ser latinos, Catherine LaRaia, una investigadora de vivienda justa de Boston, ha observado que las personas que hacen las pruebas rara vez especifican el origen étnico y la raza del casero.[43]

Aun así, la antinegritud latina en Estados Unidos influye y, a su vez, está influida estructuralmente por la segregación residencial. La especialista afrolatina Zaire Zenit Dinzey-Flores nos recuerda en su trabajo que el racismo contra los negros avala la tendencia a crear comunidades cerradas en los espacios públicos de Puerto Rico: "En Puerto Rico, en Estados Unidos, en Latinoamérica y en gran parte del mundo, los hogares y los vecindarios residenciales han sido un vehículo para la exclusión por raza, etnia y clase. La vivienda y los vecindarios enmarcan la raza. El espacio, el entorno construido, expone los contornos racistas activados de sus ideas".[44] La matriz actual de vivienda racialmente exclusiva también involucra a los agentes latinos del prejuicio contra los negros. Como han demostrado las historias de los casos legales de este capítulo, los arrendadores y propietarios latinos han sido instrumentos directos de exclusión residencial contra los negros, ya sean afrolatinos o afroamericanos.

La segregación residencial es crucial para las cuestiones de igualdad racial, porque el ordenamiento racializado de los vecindarios, lamentablemente, determina cómo se asignan, o se dejan de asignar, los recursos educativos y comunitarios. De hecho, la Ley de Vivienda Justa de 1968[45] se conoce comúnmente como "el último puntal del Movimiento por los Derechos Civiles".[46] Por ende, la existencia de una segregación clara de blancos no hispanos de los no blancos y la proximidad segregada de los no blancos con otros no blancos es clave para entender la dinámica racial que existe actualmente.

Algunos estudios de gran escala acerca de los patrones de segregación en Estados Unidos han detectado una barrera racial adicional impuesta sobre los latinos de apariencia afrodescendiente en comparación con otros latinos.[47] Por ejemplo, los puertorriqueños a los que se percibe como "más negros" están más segregados de los blancos no hispanos en comparación con los puertorriqueños blancos y otros grupos latinos.[48] Los mexicanos y cubanos de piel oscura experimentan un grado menor de segregación residencial de los blancos no hispanos porque hay una mayor propensión a percibir a los puertorriqueños de piel oscura como afrodescendientes.[49] Los latinos blancos experimentan menos segregación de los blancos no hispanos que los latinos negros.[50] De ahí que no solo sea el color de piel lo que perjudica a los latinos en el mercado de la vivienda y el alquiler, sino, específicamente, la negritud. La antinegritud es lo que apuntala el hecho de que los latinos que tienen apariencia de blancos, o cuya piel oscura no se le atribuye a la ascendencia africana, experimenten consistentemente niveles menos intensos de segregación residencial de parte de los blancos no hispanos. En resumen, la antinegritud latina existe dentro de un universo de segregación blanca no hispana que premia la apariencia de blancura y restringe a los latinos que no se identifican como blancos y a los afroamericanos a espacios colindantes no blancos y sin recursos. Esto ayuda a explicar por qué las latinas de piel clara prefieren vecinos blancos no hispanos cuando buscan viviendas para sus familias.[51]

Por lo tanto, si bien los latinos y los afroamericanos con frecuencia residen cerca los unos de los otros, esa diversidad racial está segmentada geográficamente de maneras que preservan la segregación tradicional de blancos y no blancos. De hecho, los vecindarios categorizados demográficamente como "integrados" pueden parecer "mundos de desconocidos".[52] Esto se debe a que cuando los residentes latinos deciden limitar sus interacciones con los vecinos negros a contactos pasajeros, los estereotipos raciales se mantienen inalterados.[53]

De la misma manera, estar segregado de los blancos no hispanos intensifica el impulso de los latinos socialmente ridiculizados a buscar estatus social a través de la "defensa del territorio", la exclusión del grupo denigrado, es decir, los afroamericanos. Las consecuencias adversas a la igualdad que provoca la discriminación en la vivienda se intensifican todavía más debido a la violencia interétnica facilitada por la segregación residencial. El siguiente capítulo examina ejemplos notables de la violencia latina contra los negros en Estados Unidos y cómo ha respondido el sistema de justicia criminal.

CAPÍTULO 5

LA VIOLENCIA FÍSICA

LA DINÁMICA "MARRÓN" CONTRA NEGRO DEL SISTEMA DE JUSTICIA CRIMINAL

Para la mayoría de los espectadores, lo más notable sobre el Unite the Right Rally [Concentración "Unir a la Derecha"] de agosto de 2017 en Charlottesville, Virginia, fue la alarma producida al ver a manifestantes que se identificaban con orgullo como neonazis, neoconfederados, neofascistas, nacionalistas blancos y miembros del Ku Klux Klan. La violencia estalló. Uno de esos supremacistas blancos arremetió con su auto contra un grupo de contramanifestantes. El resultado fue la muerte de Heather Heyer, de treinta y dos años, y otras diecinueve personas heridas, cinco de ellas, de gravedad.

LOS SUPREMACISTAS BLANCOS LATINOS

Los supremacistas blancos que originaron la violencia en Charlottesville no eran solo blancos no hispanos. Alex Michael Ramos, un latino de Marietta, Georgia, también participó en la manifestación nacionalista blanca y luego, junto a otros cinco nacionalistas blancos, rodeó a un hombre negro, DeAndre Harris, en un lote de estacionamiento y lo golpeó con tablas de madera y un tubo de metal. Ramos defendió su ataque a este asistente de maestro de educación especial en un video en su página de Facebook en el que decía que él no podía ser racista porque era hispano, específicamente, puertorriqueño.[1]

En esa sencilla afirmación, Ramos condensó la perversidad de la violencia antinegra latina: el escudo de teflón de los latinos ante las acusaciones de racismo, aun siendo racistas. La líder comunitaria latina Rosa Clemente señaló entonces que "aunque Ramos expresó y puso en acción la forma más vil y violenta de la supremacía blanca, su modo de pensar no es raro entre una minoría de puertorriqueños".[2] Esa forma de pensar tampoco se limita a los puertorriqueños. Cuando el peruanoamericano George Zimmerman mató a Trayvon Martin, un adolescente negro desarmado, por caminar por su vecindario en 2012, los parientes y defensores de Zimmerman insistían en que el homicidio no era racista porque Zimmerman era latino. Robert, el hermano de Zimmerman, afirmó explícitamente que Zimmerman no era "una especie de monstruo mitológico racista [porque] en realidad es un hispano no racista".[3] Todo lo cual sugiere enfáticamente que la investigación de George Yancey que indica que los latinos (a diferencia de los afroamericanos) están más dispuestos a creer que los latinos no pueden ser racistas también es aplicable al contexto más extremo de la violencia física y el asesinato.[4]

Lamentablemente, George Zimmerman y Alex Michael Ramos no son ejemplos aislados de latinos que defienden la violencia racializada. El Southern Poverty Law Center [Centro Legal del Sur contra la Pobreza] ha detectado que hay una tendencia inquietante de latinos que se unen a grupos de odio de supremacistas blancos.[5] Estos latinos incluyen a personas como Christopher Rey Monzón, un cubanoamericano de veintidós años, asociado con el grupo de odio neoconfederado "League of the South" [Liga del Sur]. Monzón fue arrestado varias semanas después de lo sucedido en Charlottesville por atacar a personas que se manifestaban en Florida. Nick Fuentes, un estudiante de diecinueve años que es anfitrión de un pódcast *alt-right*[‡‡] llamado *America First* [Estados Unidos

‡‡ [N de la T] Abreviatura de *alternative right* o derecha alternativa, un movimiento nacionalista blanco de extrema derecha.

Primero], también participó en las protestas de Charlottesville. En una entrevista con la Radio Pública Nacional, Juan Cadavid, un californiano nacido en Colombia que ahora usa el nombre Johnny Benítez, contó que él defiende lo que llama "política de identidad blanca", lo que incluye aceptar el eslogan "14 Words"[6] [14 Palabras] que usan los supremacistas blancos: "Debemos asegurar la existencia de nuestro pueblo y un futuro para los niños blancos".[7] Por último, el ataque terrorista al capitolio de Estados Unidos, el 6 de enero de 2021, incluyó a miembros latinos del grupo supremacista blanco Proud Boys [Muchachos orgullosos] (Bryan Betancur, Louis Colon, Nicholas DeCarlo, Gabriel García y William Pepe, entre otros). Resulta perturbador que el presidente de los Proud Boys sea Enrique Tarrio, un cubanoamericano.

LAS PRISIONES

En aquellas ocasiones en las que el sistema de justicia criminal ha podido descorrer el velo de la defensa "Yo no puedo ser racista porque soy latino" ante la violencia racial contra los negros y ha condenado a supremacistas latinos blancos, los coloca en instituciones carcelarias que promueven la supremacía blanca y refuerzan la antinegritud de los confinados latinos. Investigadores de la Liga Antidifamación han señalado que algunos nacionalistas latinos blancos en los sistemas de grandes pandillas carcelarias de California se han aliado con las pandillas supremacistas blancas. Una pandilla carcelaria conocida como los Nazi Low Riders (NLR) se compone de confinados de la División de Justicia Juvenil de California que sirven de peones para la Hermandad Aria. La pandilla NLR acepta latinos si "tienen por lo menos la mitad de la sangre blanca, y nada de sangre negra".[8] La NLR también existe en otros estados, como Arizona, Colorado, Florida e Illinois.

Las prisiones a menudo operan con normas explícitas de segregación racial, a pesar de la jurisprudencia del Tribunal Supremo de Estados Unidos que establece que las prisiones segregadas racialmente comprometen los derechos protegidos de igualdad racial de los confinados.[9] Desde el punto de vista institucional, crear esos espacios racializados en las prisiones para controlar la violencia no se supone que sea tolerado a menos que sea indispensable para poder administrar la prisión. Sin embargo, el Tribunal Supremo considera que preservar la seguridad en las prisiones es un interés apremiante del Estado que puede justificar la segregación racial. Esto, en efecto, permite que muchas prisiones continúen estructurando y manteniendo espacios racialmente segregados.[10]

Las pandillas latinas, aun cuando sus miembros no pertenezcan a las pandillas de blancos, se posicionan en contra de las pandillas afroamericanas. Esto queda demostrado por las repetidas instancias de reyertas en las prisiones provocadas por violencia entre pandillas latinas y afroamericanas. En 2009, ocurrió un motín en una prisión de California cuando los miembros de pandillas latinas comenzaron a luchar cuerpo a cuerpo con pandillas afroamericanas.[11] El saldo del incidente fue más de doscientos confinados heridos y cincuenta y cinco hospitalizados. No obstante, al cuestionársele acerca de la violencia, un oficial de la prisión reveló que otro motín entre "prisioneros negros e hispanos" había sucedido con anterioridad ese mismo año. De manera similar, en 2007, hubo un motín de ochocientos confinados en una prisión de California que se generó cuando "cuando un prisionero negro y uno hispano comenzaron a pelear, e instaron a otros prisioneros a unirse al combate en bandos divididos según la raza".[12] Otra prisión de California experimentó un motín racial de una semana de duración en 2006 que tuvo como resultado la muerte de confinados.[13]

Los prisioneros latinos que no son miembros de pandillas cuando ingresan al sistema carcelario son indoctrinados rápidamente con respecto al "código de los presidiarios", que establece que los confinados latinos no se asocian con los confinados afroamericanos.[14] Jesse Vásquez, quien pasó dieciocho años en prisiones del estado de California, explica que las cárceles de California le enseñaron racismo a la edad de dieciocho años. "Mi primera lección de discriminación racial sucedió en la prisión de máxima seguridad de Calipatria, California. Un mexicano viejo con el característico bigote de manubrio me susurró: 'Oye, cuate, aquí no nos asociamos con llantas. Los animales tienen sus propias reglas. Nosotros seguimos las nuestras. No hables mucho con ellos porque alguien podría sentirse ofendido y va a lidiar contigo'".[15] Lidiar con alguien significaba "Que me iban a dar una paliza, o a apuñalar ... por interactuar con los negros: el teléfono que estaba en el lado de ellos del salón y las mesas de concreto del patio estaban prohibidos. No se comía ni intercambiaba nada con ellos. Y, definitivamente, no se discutía. Si un negro levantaba la voz, se esperaba que yo le pegara un puño en la boca, aunque se iniciara un motín".[16] Según cuenta otro prisionero latino que era miembro de una pandilla, hay "tolerancia cero hacia los negros"; de tal manera que las pandillas latinas les prohibían "tomar agua de las fuentes o usar los teléfonos que los negros habían usado, tocar a negros o aceptar drogas o cigarrillos de los negros".[17]

La atención que dan las pandillas latinas carcelarias a mantener la segregación de los afroamericanos a su vez refuerza el foco de las pandillas callejeras latinas en mantenerlos alejados de los espacios latinos, aunque no estén afiliados con pandillas de negros. Esto se debe a que los miembros de pandillas latinas que han sido encarcelados dictan las reglas de la segregación racial, el nivel de violencia requerido para mantenerla y los rituales de ingreso a las pandillas que eligen la violencia contra negros en las calles como el boleto de ingreso a la pandilla latina.[18] En California, específicamente, la violencia interétnica se centra en hacer de los residentes afroamericanos el objetivo de las pandillas callejeras latinas que operan con la meta explícita de erradicar a los afroamericanos de los espacios "latinos". Esto lo demuestra claramente la evidencia presentada en un sinnúmero de casos criminales y las investigaciones de la policía y del FBI que la precipitaron. Comienzan con los rituales de ingreso a las pandillas latinas que requieren ataques físicos arbitrarios y no provocados a personas negras.

En 2017, Louis Vásquez, un residente de California, fue sentenciado de veintiún años a cadena perpetua por intentar asesinar a dos hombres negros, a quienes él no conocía, porque una pandilla le había ordenado que atacara a dos personas negras al azar.[19] Vásquez siguió las instrucciones de la pandilla y atacó primero al empleado de un centro comercial de la comunidad de Covina, del condado de Los Ángeles, que estaba recogiendo carritos de compra frente al centro comercial. El empleado era un adolescente afroamericano de dieciocho años a quien Vázquez apuñaló en el hombro con un cuchillo de cocina mientras le gritaba insultos raciales. Después de agredir al adolescente, Vásquez procedió a atacar a un hombre afroamericano que caminaba hacia la farmacia CVS del centro comercial. Un video de las cámaras de vigilancia captó el momento en el que Vázquez acechaba al cliente de CVS y lo apuñalaba en el hombro y en el área de la rodilla.

Varios años antes, la zona oeste del Valle de San Fernando, en Los Ángeles, fue testigo de una violencia similar iniciada por pandillas latinas. Anthony Gonzales y Francisco Vázquez eran dos hombres que los miembros de una pandilla latina condujeron al oeste del Valle de San Fernando con el propósito de hacerles daño a las personas negras que pasaran por allí.[20] Después de que los dejaron allí, los dos hombres abrieron fuego contra dos afroamericanos escogidos al azar, gritándoles insultos raciales. Ninguna de las dos víctimas era miembro de una pandilla ni había provocado la violencia. Tanto Vásquez como Gonzales fueron hallados culpables de un crimen de odio racial y tentativa de homicidio de los dos afroamericanos.

Otros casos de violencia de pandillas latinas contra personas negras han sido de mayor escala y mucho más sistemáticos. Algunos fiscales federales han podido probar conspiraciones explícitas. En 2019, siete miembros de la pandilla callejera latina Los Ángeles Hazard Grande se declararon culpables de lanzar bombas incendiarias contra el complejo de viviendas públicas Ramona Gardens en el este de Los Ángeles con el propósito específico de expulsar a los residentes negros del vecindario de Boyle Heights.[21] La pandilla Hazard Grande estaba afiliada a la pandilla carcelaria de la mafia mexicana, que ordenó el incendio como parte de su compromiso mutuo de erradicar a las personas negras del complejo Ramona Gardens, que era predominantemente latino. Cuando se provocó el incendio en 2014, los afroamericanos constituían solo el 4 por ciento de las casi mil ochocientas personas que vivían en Ramona Gardens.

Varias semanas de planificación culminaron en el ataque a familias afroamericanas una noche del Día de las Madres, cuando las familias y niños negros dormían. Con máscaras y martillos, los miembros de la pandilla rompieron las ventanas de los apartamentos de las familias negras para lanzar cócteles Molotov (botellas de vidrio llenas de gasolina) encendidos. Antes del ataque, los miembros de la pandilla monitorearon a los residentes negros y les advirtieron que estaban viviendo en territorio de Hazard Grande y que estarían en riesgo mientras permanecieran allí.

Aunque la cantidad de familias negras que vivía en Ramona Gardens era menor, su presencia seguía siendo un contraste marcado a su casi ausencia durante las dos décadas anteriores. Ausencia que se había precipitado en 1992 cuando las familias negras huyeron debido a que la pandilla Hazard Grande había hecho detonar artefactos explosivos en los apartamentos de dos de ellas. Para esa época, solo siete familias negras vivían en el complejo, y todas evacuaron el lugar cuando la pandilla Hazard Grande las aterrorizó. Para 2014, la pandilla latina veía a unas pocas familias negras como una invasión de su espacio que requería otro incendio. Los miembros de la pandilla fueron hallados culpables gracias a la investigación conjunta del Buró Federal de Investigaciones, el Departamento de Policía de Los Ángeles, el Departamento de Bomberos de Los Ángeles y la Oficina de Alcohol, Tabaco, Armas de Fuego y Explosivos. Parte de lo que incentivó a los organismos del gobierno federal y el estatal a unir sus recursos en la investigación y a proceder penalmente contra el lanzamiento de las bombas de fuego fue la historia de pandillas latinas aterrorizando a residentes negros pacíficos como parte de una campaña de exclusión racial. Varios años antes del ataque en Ramona Gardens, una pandilla latina provocó veinte homicidios durante una campaña para expulsar a los residentes negros del vecindario no incorporado Florence-Firestone de Los Ángeles.[22]

En 2011, otra ciudad del sur de California, Azusa, también fue centro de una acusación de veinticuatro cargos contra cincuenta y un acusados latinos por conspirar para matar afroamericanos.[23] El detective Robert Landeros del Departamento de la Policía de Azusa señaló: "Esto ha sido una conspiración de veinte años para violar los derechos civiles de los afroamericanos de la ciudad".[24] La acusación fue la culminación de una investigación de tres años de la pandilla Varrio Azusa 13, una pandilla latina que procuraba expulsar a los afroamericanos de Azusa a través de una ola de hostigamientos y ataques que duró dos décadas.

Es especialmente pertinente al tema de la violencia interétnica que los ataques no se realizaron contra miembros de pandillas rivales. Por el contrario, la conspiración se caracterizó por su odio contra civiles propietarios de hogares afroamericanos y estudiantes a quienes Azusa 13 deseaba expulsar de la ciudad o impedir que se mudaran a ella.[25] Los cincuenta y un miembros de la pandilla fueron hallados culpables de varios cargos, entre ellos, conspiración para eliminar de Azusa a sus residentes negros. En la audiencia para dictar sentencia a las partes que habían sido halladas culpables, el juez afirmó enfáticamente que el líder de la pandilla "era partidario de la limpieza racial de la ciudad de Azusa".[26]

Los mismos cargos fueron presentados en la acusación criminal de 2009 contra 147 miembros de la pandilla Varrio Hawaiian Gardens por conspirar para eliminar sistemáticamente a todos los afroamericanos de Hawaiian Gardens.[27] En ese momento, fue la redada de pandillas más grande de la historia de Estados Unidos.[28] Los líderes de la pandilla que fueron acusados fueron hallados culpables y recibieron largas sentencias por su "conspiración en contra de miembros afroamericanos de la comunidad, debido solo a su raza", luego de que presumieran de ser racistas y de referirse a sí mismos como una "pandilla de odio".[29]

El ímpetu de las investigaciones gubernamentales de gran escala sobre la violencia de las pandillas latinas contra los negros provino en gran medida de la atención pública que generó el asesinato de Cheryl Green, una adolescente de catorce años que cursaba el octavo grado, el 15 de diciembre de 2006. La adolescente fue atacada a plena luz del día, mientras hablaba con amigas cerca de su *scooter* en el vecindario Harbor Gateway, en Los Ángeles. En el caso de Cheryl Green, los miembros de la pandilla latina 204th Street fueron enjuiciados y hallados culpables de asesinato y de crimen de odio.[30] Durante el juicio, los fiscales federales demostraron que se aterrorizaba a los residentes afroamericanos con el fin de expulsarlos de un vecindario que se entendía que era latino.[31] Sin embargo, ya en 2001, la British Broadcasting Corporation (BBC) había señalado en una noticia, titulada "Odio en Acción", que las pandillas latinas de Los Ángeles tenían una misión clara de limpieza étnica contra los negros en sus vecindario y que esa esa misión motivaba la participación de estas en crímenes de odio contra los negros en Estados Unidos.[32]

De ahí que los miembros de la pandilla latina Avenues fueran hallados culpables de una conspiración de seis años para atacar y matar a afroamericanos en Highland Park, a solo veintitrés millas de Harbor Green.[33] Durante el juicio, los fiscales demostraron que la expulsión por parte de los latinos de los residentes afroamericanos sugería una limpieza étnica. Un afroamericano presentado como víctima en el caso fue asesinado mientras buscaba un espacio de estacionamiento cerca de su casa en Highland Park, y otro afroamericano recibió un disparo solo por esperar en una parada de autobuses en Highland Park. Debra Wong Yang, la fiscal del Distrito Central de California, afirmó lo siguiente de los dos hombres: "Fueron asesinados por los acusados sencillamente porque eran afroamericanos que habían elegido vivir en un vecindario particular. Como demuestra este caso, nosotros habremos de procesar los crímenes de odio como este y condenar a los responsables de actos tan censurables".[34] En otro incidente, uno de los agresores latinos tumbó a una mujer de su bicicleta y amenazó a su esposo con una cuchilla mientras decía: "Ustedes, los *n—rs* han estado aquí demasiado tiempo ya".[35]

Más adelante, una investigación de 2007 sobre la violencia de los latinos contra los negros en la zona de Los Ángeles encontró que el patrón predominante era que miembros de la pandilla latina atacaran a un negro transeúnte mientras gritaban improperios como "negros de mierda". "Esto es T-Flats [territorio de la pandilla Varrio Tortilla Flats]" y "¿Qué demonios hacen unos *n—rs* aquí? ... Monos", o hacían grafitis de exclusión, tales como "Mayates, lárguense" y "187 *n—rs*" (en referencia a la Sección 187 del Código Penal de California que trata sobre el asesinato).[36] De hecho, la Comisión sobre Relaciones Humanas del Condado de Los Ángeles señala que las pandillas callejeras latinas han sido las responsables de los crímenes de odio más violentos de la región, principalmente en contra de afroamericanos.[37]

La intervención de las pandillas de Los Ángeles ha inducido a muchos a refutar el significado racial de la violencia.[38] Sin embargo, estudios longitudinales de los crímenes de odio en el condado de Los Ángeles demuestran un claro aspecto racial. Cuando Karen Umemoto, una planificadora urbana de la Universidad de California en Los Ángeles, realizó un estudio estadístico de los datos de la policía del condado de Los Ángeles de un período de cinco años, descubrió varios patrones inquietantes.[39] En primer lugar, encontró un desproporcionado índice de aumento de victimizaciones de afroamericanos en comparación con otros grupos. La cantidad de víctimas afroamericanas había aumentado un 70 por ciento, mientras que la cantidad de víctimas asiáticoamericanas y nativas de las islas del Pacífico había aumentado un 21 por ciento, la cantidad de víctimas blancas, un 6 por ciento y la cantidad de víctimas latinas se había reducido un 8.4por ciento. En contraste con las tendencias de victimización, hubo una pequeña reducción en la cantidad de delincuentes afroamericanos, mientras que en todos los demás grupos había aumentado. Los delincuentes latinos tuvieron el incremento más marcado, con un 59.2 por ciento de aumento. Lo más inquietante, sin embargo, fue que el estudio descubrió que los latinos habían sido los que, desmesuradamente, habían cometido más crímenes por prejuicio contra afroamericanos que no estaban afiliados a pandillas.

Si bien es cierto que las estadísticas generales de crímenes muy probablemente subestimen la cantidad de incidentes en los que las víctimas son inmigrantes latinos indocumentados, dada su reticencia a llamar la atención a su condición de indocumentados al reportar un crimen, también es cierto que la cantidad de incidentes en los que las víctimas de crímenes de latinos son afroamericanos también puede estar subestimada debido a la manera en que muchas bases de datos de crímenes codifican a los delincuentes latinos como "blancos" nada más.[40] Además, los *asesinatos* por odio no son un contexto en el que el informe de la víctima sea necesario para una investigación criminal. Y es en ese contexto en el que se ha documentado la desproporción de los ataques de parte de los latinos contra los afroamericanos, en comparación con los ataques de los afroamericanos a estos.

Los afroamericanos han sido elegidos para ser víctimas de la violencia racial de manera tal que el problema del racismo resulta ineludible. De hecho, las condenas de los tribunales relatadas en este capítulo demuestran que la descripción del terrorismo como un hecho motivado racialmente no es el mero resultado de los medios de comunicación sensacionalistas que lo describen como tal, sino, más importante aún, un reflejo de la cuidadosa presentación de evidencia con el riguroso estándar legal de culpable más allá de toda duda razonable.[41]

Sin embargo, debe señalarse que el análisis de este capítulo no pretende presentar la agresión física como la interacción predominante entre los afroamericanos y los latinos, ni la fuente principal de violencia en las comunidades de color. De hecho, sigue siendo el caso de que la fuente mayor de derramamiento de sangre en las comunidades de color es intrarracial.[42] No obstante, aunque la violencia interétnica puede tener una incidencia estadísticamente baja, sigue siendo un estado de cosas inquietante que las organizaciones de derechos civiles aseguran que amerita análisis y solución.

EL PAPEL DE LA SEGREGACIÓN RESIDENCIAL

Las investigaciones empíricas sugieren que una variedad de factores, que pueden variar según la región del país, contribuye a las interacciones de los latinos contra los negros.[43] Lo que se destaca, sin embargo, es el predominio de California, y de Los Ángeles en particular, como escenario de la violencia latina contra los negros. Ninguna otra ciudad multirracial ha reportado los niveles de agresiones de latinos contra negros que ha reportado Los Ángeles. ¿Cómo llegó la zona metropolitana de Los Ángeles a este estado de cosas, a pesar del legado aleccionador de los disturbios de 1992? Para empezar a entender el contexto de Los Ángeles, es de vital importancia regresar a los problemas de la segregación residencial y de los mercados laborales segmentados por raza que se discutieron en los capítulos anteriores, en lugar de depender de la noción popular, si bien excesivamente simplificada, de que la dinámica específica de los latinos en California se debe a la presencia de una gran cantidad de inmigrantes latinos.

Aunque se ha documentado a inmigrantes latinos expresando opiniones negativas sobre los afroamericanos, y que demuestran una preferencia por la segregación de los afroamericanos, la violencia en Los Ángeles la han perpetuado en gran medida los latinos nacidos en Estados Unidos.[44] Son los latinos nacidos en Estados Unidos que, al "estadounizarse", se sienten como sujetos racializados socialmente indeseables. Los que no son suficientemente pudientes o cuya piel no es lo suficientemente clara para que se les permita el acceso social de la asimilación, parecen condenados al atolladero de pobreza urbana de escuelas con poco financiamiento, atención médica inadecuada y escasas oportunidades de empleo.

A la vez que los empleadores buscan activamente mano de obra inmigrante latina para puestos con salarios bajos, a los trabajadores latinos no cualificados se les excluye y se les categoriza como una población trabajadora "menos maleable". En efecto, el proceso de "estadounización" les brinda a los latinos anglohablantes nacidos en Estados Unidos más información y asertividad con respecto a sus derechos como trabajadores. Además, los latinos nacidos en E.E. UU. se sienten en un mejor estado como solicitantes de empleo angloparlantes de EE. UU., y esto en combinación con la exposición repetida al consumismo rampante estadounidense los hace reacios a buscar los mismos empleos de salarios bajos que los inmigrantes latinos. Esto genera una alta tasa de desempleo entre los hombres latinos nacidos en EE. UU., quienes deambulan por las calles buscando estatus y significado, lo cual, a su vez, es el contexto perfecto para la cultura de la violencia de las pandillas que explota las tensiones de la segregación racial.

Vivir en proximidad segregada a los afroamericanos, que son ridiculizados en Latinoamérica y en Estados Unidos, facilita la noción de que el estatus del latino nacido en EE. UU. depende de una separación clara de los afroamericanos y de la exclusión de estos de los "espacios latinos". Así, los miembros de las pandillas latinas de California están empleando la "defensa del territorio". La defensa del territorio es la dinámica psicológica-social a través de la cual un grupo racialmente homogéneo busca preservar su homogeneidad residencial.[45] Cuando se segrega a los latinos de los espacios blancos no hispanos y estos luchan por estatus en los limitados espacios "de color", la defensa del territorio se transforma en violencia interétnica, un legado de la segregación blanca. De hecho, en cada uno de los lugares de California donde el gobierno federal ha investigado y procesado a miembros de pandillas latinas por lo que viene a ser equivalente a una campaña de limpieza étnica, los afroamericanos han constituido un porcentaje pequeño del vecindario. Por el contrario, estas áreas están dominadas, estadísticamente hablando, por latinos, y ambos grupos están claramente segregados de los blancos no hispanos.[46]

Los latinos por lo general están segregados de los afroamericanos, pero están todavía más segregados de los blancos no hispanos. No obstante, en algunos lugares los latinos están más segregados de los afroamericanos que de los blancos no hispanos.[47] Aun así, las tendencias recientes indican que cada vez es más probable que los latinos y los afroamericanos sean vecinos.[48] Ser vecinos excluidos de los espacios blancos no hispanos influye en la participación de los latinos y los afroamericanos en el sistema de justicia criminal. En un estudio que analizó los datos del censo y los datos de arrestos de Nueva York y de California, se encontró una correlación entre la segregación racial y la violencia de latinos y afroamericanos.

Específicamente, el estudio señaló que la segregación racial de los latinos y los afroamericanos por parte de los blancos no hispanos parece contribuir a la perpetración de homicidios por parte de latinos y afroamericanos.[49] La exclusión de los espacios y las oportunidades de los blancos no hispanos subyuga a los latinos y afroamericanos de forma tal que bulle la frustración y la búsqueda de poder mal dirigidas en la comunidad. Como consecuencia, la sustitución de vecindarios mayoritariamente negros por mayoritariamente latinos crea sus propias tensiones étnicas que también contribuyen a la violencia interétnica.[50]

Aun así, la tasa real de segregación juega un papel menor en la defensa del territorio que el significado social del espacio.[51] Como señala Elise Boddie, al igual que los seres humanos, los espacios geográficos pueden tener una identidad racial.[52] Los significados raciales se atribuyen a los espacios en función de los prejuicios sociales sobre las personas que los habitan, los frecuentan o están asociados con lugares particulares. Los cambios en la demografía de los residentes a lo largo del tiempo modifican la identidad racial de los espacios. Una vez que se desarrollan esos significados sociales, los residentes pueden comprometerse con la protección del significado racial de un espacio de manera tan vehemente como lo harían para proteger su propia identidad personal, porque sienten que su estatus racial está en juego. Excluir a otros es un mecanismo para erigir y sostener la jerarquía racial. Esto ayuda a explicar por qué, desde que se transformó en 65 por ciento latina y solo 33 por ciento afroamericana (según el censo de 2010), la ciudad de Compton en el condado de Los Ángeles, un lugar históricamente afroamericano, también ha visto crímenes de odio de parte de latinos hacia residentes afroamericanos no afiliados a pandillas.[53] En 2019, los latinos constituían el 68 por ciento y los afroamericanos solo el 29 por ciento de la población de Compton.[54]

Boddie habla de "territorialidad racial" cuando a las personas de color se les excluye de los espacios públicos que se identifican como blancos y cuando se trata a estos espacios como exclusivos para personas blancas. Extender el concepto de Boddie de territorialidad racial a las acciones con las que personas de color excluyen ayuda a esclarecer la dinámica de defensa del territorio que se observa en la violencia interétnica entre latinos y afroamericanos.[55] Esto lo ejemplifica bien un miembro de la pandilla Pomona 12th Street de California quien, durante su juicio por homicidio por participar en la campaña latina "*N—r Killers*" [Asesinos de Negros], afirmó que sería "humillante" para los pandilleros de 12th Street permitir que afroamericanos vivan en su vecindario.[56]

VIOLENCIA COTIDIANA

Sería un error, no obstante, relegar el asunto de la violencia de los latinos contra los negros solo a los miembros de las pandillas latinas en California y a las organizaciones supremacistas blancas. Algunos ejemplos de violencia latina contra negros no afiliada a pandillas de California incluyen a Arturo Santiago, quien le pegó a un hombre negro en la cabeza con una botella al tiempo que profería insultos raciales mientras viajaba en un autobús de la North County Transit.[57] Otro incidente es el de los latinos Jeremiah Hernández y William Soto, a quienes se sometió a un juicio por quemar una cruz de once pies frente a la casa de una adolescente negra en el condado de San Luis Obispo, en California, mientras ella veía televisión en su casa.[58] Cuando el crimen ocurrió, Hernández tenía treinta y dos años y Soto, veinte.

El hostigamiento racial de los latinos contra los negros en California puede incluir también daños extensos a la propiedad. El latino Mark Anthony Taylor, un estudiante de la Universidad Estatal de California en Chico (California State University, CSU) fue hallado culpable de causar $175,000 en daños a la propiedad cuando golpeó la puerta y ventana del apartamento donde vivían dos estudiantes afroamericanos de CSU (Abdul Benjamin y Brandon Sykes), mientras gritaba: "*N—r*", "los odiamos, negros de mierda", "negros de mierda, váyanse de aquí" y "negros de mierda, ¿por qué están aquí?".[59] Otro motivo por el que encarcelaron a Mark Anthony Taylor fue que su conducta racista de ese día había incluido agredir físicamente a Brandon, mientras le gritaba "negro de mierda" varias veces, y afirmar que él, Taylor, representaba el "orgullo blanco" y, por ende, estaba "cansado de todas las cosas que los negros como ustedes hacen por aquí". Es importante señalar que tres estudiantes blancos no hispanos se unieron a Mark Anthony Taylor para respaldar su violencia supremacista blanca y lo alentaron a "joder a ese negro".

Además, hay multitud de ejemplos que ilustran la operación de la violencia contra los negros en los espacios latinos cotidianos a lo largo del país. Luis Alberto González, un cubano blanco, caminaba por Hialeah, Florida (una ciudad predominantemente latina a las afueras de Miami), cuando vio a dos hombres negros (los hermanos Andy Alexander y Tarvis James) salir de una pizzería. González decidió gritarles, "¡negros de mierda! ¡¿Qué hacen robándole a la gente en mi pueblo?!".[60] González entonces se montó en su auto. Cuando los hermanos sencillamente siguieron de largo, González se enfureció porque le "pareció arrogante" la forma en la que caminaron al lado de él. Enfurecido por la "arrogancia" de dos hombres negros que caminaban por las calles de Hialeah, González aceleró su auto en dirección a los hermanos y trató de arrollarlos. Al ser cuestionado por la policía, González admitió que lo que había motivado sus acciones había sido su prejuicio contra las personas negras.

Mas, sin embargo, González alegó que fueron Andy y Tarvis los que habían iniciado la interacción robándole con una pistola. Solo después de que González ofreciera una serie de versiones contradictorias de su relato del robo la policía investigó más y concluyó, gracias a los testimonios colectivos de varios testigos, que González no había sido la víctima de un crimen, sino el agresor contra hombres que no representaban ningún peligro para él. En resumen, la hostilidad contra los negros exhibida por González no solo influyó en sus actos de violencia, sino también en su acusación falsa de un acto criminal por parte de sus víctimas.

Otros casos de otras partes del país también evidencian violencia de individuos latinos contra negros. Por ejemplo, en Winter

Park, Florida, en la Full Sail University, Xavier Nunez apuñaló a un estudiante negro de su clase de Estadística con un destornillador mientras gritaba insultos raciales.[61] La policía arrestó a Nunez por agresión física agravada con un arma mortal después de que él les dijera que odiaba a los negros. En Illinois, Anthony Morales, un estudiante latino de la Universidad de Northwestern, se declaró culpable de vandalizar la capilla de la universidad junto con un compañero de clase; habían pintado con espray la capilla con insultos racistas contra los negros.[62] En Iowa, el latino Andy Benavidez instigó a una pelea a puños con un hombre negro a quien había insultado. Mientras cometía la agresión, llevaba una máscara quirúrgica (antes de la pandemia de COVID-19) porque era "alérgico a los negros" y no quería que sus gérmenes lo infectaran.[63] La policía acusó a Benavidez de un crimen de odio cuando admitió que había peleado con la víctima solo porque era negro. En Nuevo México, José Campos fue arrestado por la policía cuando lo encontraron haciendo grafitis con insultos raciales frente al hogar de una mujer negra.[64]

LA POLICÍA LATINA

Hasta los oficiales de policía latinos muestran antinegritud cuando actúan guiados por el concepto estereotípico de que todos los negros son criminales.[65] Esto lo resume la manera en que el policía estatal latino de Texas, Brian T. Encinia, hizo escalar una detención de tránsito de rutina a un encuentro intensamente violento. En 2015, Encinia detuvo a Sandra Bland, una afroamericana, por no señalar un cambio de carril en Prairie View, Texas, cerca de Houston. Cuando Sandra se negó a dejar de fumar su cigarrillo cuando fue detenida, Encinia le ordenó que saliera del auto, amenazándola con sacarla de un tirón al tiempo que sacaba su táser y gritaba, "Te voy a encender". La cámara de la patrulla también grabó el momento en el que esposaron a Sandra y el sonido de su voz llorando, diciendo que sentía dolor porque la habían tirado al suelo. Tres días después, encontraron a Sandra muerta en su celda, ahorcada, en lo que se determinó que había sido un suicidio. Encinia finalmente renunció a la Policía Estatal de Texas y se comprometió a no trabajar nunca más en el área del cumplimiento de la ley.

Hoy, a Sandra Bland se le recuerda por haber inspirado la campaña #Say-HerName en contra del prejuicio racial y la violencia policíaca. Lo que pocos han advertido es que, si bien es cierto que Encinia es racialmente blanco, étnicamente es latino.[66] Este error preserva la imagen del prejuicio racial de la policía como un problema únicamente de blancos no hispanos, lo que a su vez deja sin atender las implicaciones de la antinegritud latina. Sin embargo, muchos afrolatinos reportan que los oficiales de policía latinos son más severos en su trato con los latinos que los oficiales de policía que no son latinos.[67]

Además, las actitudes de los oficiales de policía latinos en torno a la violencia policíaca contra los negros marchan al unísono con las de los oficiales de policía blancos no hispanos. Específicamente, a diferencia de los oficiales de policía afroamericanos, los oficiales de policía latinos y blancos no hispanos interpretan los encuentros fatales entre la policía y los negros como incidentes aislados, en lugar de como signos de un problema mayor entre la policía y los negros.[68] Es importante señalar que, al igual que con las actitudes de los oficiales blancos no hispanos, las actitudes de los oficiales latinos en torno a la negritud tienen como resultado la matanza injustificada de personas negras. Ese fue el caso cuando el oficial de policía latino Jerónimo Yanez, de Minnesota, mató al afroamericano Philando Castile durante una detención de tránsito por una luz de frenos defectuosa. El encuentro fue grabado por la cámara de la patrulla y publicado en Facebook en 2016.[69]

De hecho, antes del juicio, en 2021, de Derek Chauvin por matar a George Floyd, una de las pocas condenas por mala conducta profesional de un oficial de policía era la del oficial de policía latino Raimundo Atesiano. Atesiano era un jefe de policía en Biscayne, Florida, que tenía la política de ordenar a sus oficiales que acusaran, indiscriminadamente, a personas negras de los crímenes sin resolver. El mandato a los oficiales a su cargo era: "Si ellos [los negros] tienen casos de allanamiento abiertos sin resolver, si ven a cualquier persona negra caminando por nuestras calles y tiene algo de historial, arréstenla para acusarla de todos los allanamientos".[70] También usaba un código específico para alertar a los oficiales cuando una persona negra "era vista en la ciudad y era necesario detenerla y confrontarla". La campaña del jefe Raimundo Atesiano contra las personas negras no fue detenida hasta que fue sentenciado en 2018 a tres años en prisión por incitar arrestos injustos.[71]

Es importante señalar que la especulación de que los oficiales de policía latinos en Estados Unidos solo imitan las actitudes raciales de los blancos no hispanos para congraciarse con la jerarquía blanca no hispana de la policía en la que quieren ascender, queda gravemente debilitada por la comparación con la conducta de la policía de Puerto Rico. En el territorio estadounidense de Puerto Rico, los oficiales latinos puertorriqueños dominan la fuerza de policía y, sin embargo, muestran las mismas actitudes raciales en torno a la negritud que los oficiales latinos en las fuerzas policíacas dominadas por blancos no hispanos. Según observa Nina Figueroa, una estudiante universitaria afropuertorriqueña, "La policía de Puerto Rico es muy racista y tiene mucho estigma social porque sus integrantes creen que la gente negra viene del barrio, viene a robar ... que somos criminales".[72] En efecto, el Departamento de Policía ha estado bajo reforma, impuesta por el Gobierno federal desde 2013, y sigue bajo supervisión para asegurar que cumpla con las leyes de no discriminación y de protección igualitaria.[73]

Sin embargo, la policía supervisa y hostiga con frecuencia a los afrolatinos de Puerto Rico sin causa probable. Y los niños afrolatinos tampoco están exentos de la agresión racial policíaca. Alma Yariela Cruz, una estudiante de educación especial de once años, discutió con dos condiscípulas que se habían mofado durante dos años de ella con insultos raciales como "negra sucia", "negra asquerosa", "negra *dientúa*", además de comentarios racistas sobre su pelo afrodescendiente. Pero cuando la policía fue a la escuela, le formuló cargos criminales a Alma. Esta diminuta niña afrolatina de contextura delgada y piel oscura fue acusada de alterar la paz y de agresión, y a pesar de la indignación de grupos activistas sociales, el Departamento de Justicia de Puerto Rico llevó el caso durante más de un año antes de retirar la acusación como infundada.[74]

A pesar de lo distinto que es Puerto Rico de California y California de Florida y todos los otros contextos analizados en este libro, lo que permanece constante es el rol de la blancura latina en la violencia contra los negros y la hostilidad de las fuerzas de cumplimiento de la ley latinas. Lo que revelan las historias de discriminación narradas en este capítulo es que la búsqueda de los latinos de estatus social está atravesada por el menosprecio de la negrura como mecanismo para representar la blancura. Controlar las fronteras entre los espacios latinos blancos (metafórica y a veces literalmente) contra las incursiones indeseadas de negros es encarnar la blancura en sí misma, independientemente de la apariencia racial. Consciente o implícitamente, el posicionamiento latino a favor de la blancura, que tiene como consecuencia la discriminación contra la negritud, junto con la negación de que los latinos sean siquiera capaces de tener prejuicio, convierte a los latinos no solo en víctimas del racismo ellos mismos, sino también en parte del problema de la supremacía blanca. El siguiente capítulo considera lo que esto significa para el futuro de la igualdad racial en Estados Unidos.

CAPÍTULO 6

LOS LATINOS Y EL FUTURO

DE LA IGUALDAD RACIAL EN ESTADOS UNIDOS

En mi análisis de las demandas de antinegritud latina en diversos contextos, como el lugar de trabajo, el mercado de venta y arrendamiento de viviendas, las escuelas, instalaciones públicas y el sistema de justicia criminal, se hacen evidentes dos patrones principales: en primer lugar, la antinegritud es mucho más significativa de lo que muchos comentaristas quieren admitir. En segundo lugar, la noción de que los latinos no pueden tener prejuicios racistas ni ser racistas por la sencilla razón de ser latinos obstaculiza la capacidad para identificar y abordar la antinegritud latina.

En algunos aspectos, estas dinámicas fueron previstas por la observación del sociólogo Eduardo Bonilla-Silva: "La era pos derechos civiles ha traído cambios en la forma en que parece operar la estratificación racial" de manera tal que las gradaciones de color "se convertirán en factores más prominentes de estratificación" y los latinos de tez oscura estarán racialmente subordinados a los latinos de tez clara, como sucede en Latinoamérica.[1]

De forma relacionada, los juristas Lani Guinier y Gerald Torres predijeron que las relaciones raciales en EE. UU. evolucionarían de forma tal que a los latinos de piel clara se les ofrecería un "soborno racial". Un "soborno racial es una estrategia que invita a grupos raciales o étnicos específicos a convertirse en 'blancos' para progresar dentro de la jerarquía negra-blanca existente ... a fin de obtener un estatus alto dentro de las jerarquías existentes para miembros individuales del grupo".[2]

Guinier y Torres señalan específicamente que un soborno racial es evidente siempre que a latinos de tez más clara se les ofrece la oportunidad de ser considerados más aceptables para los blancos no hispanos que los latinos de tez más oscura, "siempre que se mantengan distantes socialmente de la negritud".[3]

Sin embargo, el soborno racial no se limita a las instancias en las que los latinos rechazan conscientemente identificarse con la negritud, sino que incluye la exaltación latina de la blancura. No obstante, los esfuerzos por plantear en el discurso público el asunto de la tendencia latina a valorar la blancura en detrimento de los afrodescendientes con frecuencia se topan con la indignación y la negación por parte de los latinos. Cuando se publicaron artículos en los medios sociales *Huffington Post* y *Latino Rebels* con relación al tema del privilegio de los latinos blancos, los comentaristas latinos negaron vehementemente la existencia de la blancura latina y del privilegio de los latinos blancos.[4] Muchas de las respuestas se fundamentaban en una inquietante resistencia a reconocer cuán distinta puede ser la posición racial de un latino en función de su pigmentación, fenotipo y textura del pelo. Se trata de un nacionalismo étnico latino que reivindica la noción de una latinidad que no es racista (una visión de una comunidad latina panétnica). La entrada en un blog que formó parte de la tormenta mediática se titulaba "Who and What the Hell Is a White Hispanic?" [¿Quién y qué carajo es un hispano blanco?].[5] Los debates en línea ilustraban la manera en la que la noción de la homogeneidad latina permite que los latinos blancos "disfruten de su privilegio blanco sin freno, a la vez que pretenden que [los latinos] de todas las tonalidades tienen las mismas oportunidades y se les trata igual" y nunca son agentes de la opresión de la negritud.[6] Este atisbo de las redes sociales al discurso público latino acerca de la raza y la identidad sugiere que, sin una intervención eficaz, las actitudes raciales latinas seguirán obstaculizando los esfuerzos a favor de la igualdad racial en EE. UU.

Es por esta razón que los relatos de discriminación de latinos contra negros incluidos en este libro son tan importantes, porque ayudan a deteriorar el mito latino de la "inocencia racial"[7] y a clarificar la intervención latina en el racismo. Los relatos muestran la forma en la que el *performance* de la blancura latina supone subordinar la negritud de los afrolatinos, afroamericanos y otros afrodescendientes a un soborno racial no declarado para alcanzar estatus social, a la vez que se hace uso de la bandera de la inocencia racial latina. Esto es así incluso para los latinos cuya identidad blanca puede estar en conflicto con la percepción que los demás tienen de ellos como no blancos, como sucede con frecuencia con los latinos de tez clara y estatus socioeconómico bajo.[8] Según explica el sociólogo Nicholas Vargas, los "disputados" reclamos de blancura de los latinos "buscan legitimar la pertenencia grupal a los blancos expresando nociones similares y a veces hasta más amplificadas de indiferencia al color que sus homólogos blancos no disputados" de perspectivas raciales conservadoras.[9]

Sin embargo, las organizaciones latinas y sus líderes con frecuencia promueven proyectos a favor de los latinos que pasan por alto los problemas afrolatinos con relación a la antinegritud. Esto se explica, en parte, por la necesidad urgente de abordar las muchas maneras en las que el colectivo de latinos de todos colores es discriminado en la sociedad estadounidense.[10] Según señala Laura Gómez, una especialista en teoría crítica de la raza, el profundo prejuicio societal contra la categoría misma de latino amerita un estudio y una atención serios.[11]

No obstante, defender, como un frente unido, la presunción de que la latinidad es homogénea y experimenta la discriminación exactamente de la misma forma sustenta la plataforma de la inocencia racial. Dicho claramente, la realidad del prejuicio societal antilatino puede utilizarse para impedir que se reconozca que los latinos pueden tener prejuicios contra los negros. Pasar por alto las desigualdades particulares que sufren los afrolatinos debilita la solidaridad grupal necesaria para adelantar eficazmente la justicia social.

De hecho, cuando los latinos sufren discriminación por parte de otros latinos, se reduce su sentido de pertenencia colectiva a otros latinos, lo que los sociólogos denominan "destinos vinculados".[12] En tanto que los afrolatinos reportan índices más altos de discriminación por parte de otros latinos en comparación con los que reportan los latinos que se identifican como blancos, los afrolatinos probablemente sienten un destino menos vinculado con el de otros latinos. En efecto, los afrolatinos indican que sienten más conflictos intragrupales entre los latinos que los latinos que se identifican como blancos, que son más propensos a pensar que las relaciones entre los latinos son buenas.[13] A su vez, la insatisfacción de los afrolatinos con los latinos como colectivo étnico puede obstaculizar la capacidad de impulsar una acción política unificada.

LA POLÍTICA ELECTORAL Y LOS INTENTOS POR ALCANZAR LA IGUALDAD

Los estudios sobre la política electoral demuestran que, para los latinos, el sentido de destino en común tiene una influencia importante en sus decisiones políticas.[14] El contexto del derecho al voto es donde la antinegritud latina tiene que sortearse con cuidado para proteger eficazmente la participación política de los latinos. El proceso para diseñar distritos electorales ofrece una ilustración perfecta.

Después de la publicación de los resultados del censo de población de EE. UU. cada diez años, los límites de los distritos electorales se evalúan para balancearlos desde el punto de vista del tamaño de la población. Esto asegura que las regiones tengan igual representación en la cantidad de representantes gubernamentales que eligen. Además, la Ley de Derecho al Voto de 1965 dispone que los planes de redistribución de los distritos deben estar libres de discriminación racial. Por lo tanto, es necesario un plan de redistribución para que los grupos raciales políticamente cohesionados que sean suficientemente grandes y geográficamente compactos puedan tener una oportunidad igualitaria de participar en el proceso político y elegir al candidato de su elección.

En vista de que los latinos y los afroamericanos viven en áreas cada vez más cercanas, los abogados que se especializan en derecho electoral han llegado a la conclusión de que trabajar en solidaridad con distintos grupos raciales es crucial para garantizar el poder político de las personas de color. En vista también de que el Tribunal Supremo de EE. UU. en repetidas ocasiones ha limitado la aplicabilidad de la Ley de Derecho al Voto para impugnar distritos electorales racialmente discriminatorios, la solidaridad racial se ha hecho todavía más importante. Esta necesidad se plasma en la *unity mapping* [cartografía unitaria].

El *unity mapping* reúne a líderes comunitarios de diversos grupos raciales y étnicos que viven cerca unos de otros para elaborar un plan de consenso, que luego envían a las autoridades de redistribución de los distritos para que lo consideren al decidir los límites de los distritos electorales.[15] Esto supone la celebración de muchas audiencias en las comunidades para evaluar hasta qué grado distintos grupos comparten las preocupaciones y qué configuración distrital representa mejor estos intereses comunes. Cuán desalentador es que esta búsqueda crucial para ayudar a las comunidades de color esté sujeta a actitudes racialmente hostiles que debilitan la colaboración conjunta.[16]

Mientras fue presidente y asesor jurídico de LatinoJustice PRLDEF, Juan Cartagena tropezó con la antinegritud latina en sus esfuerzos por hacer *unity mapping*. Durante las reuniones de participación de las comunidades, Cartagena escuchó a los residentes latinos afirmar acerca de los afroamericanos: "No queremos estar en el mismo distrito que ellos" y "no queremos ser como ellos".[17] Si bien Cartagena pudo en una ocasión, en 2010, vencer el obstáculo del prejuicio contra los negros y crear un mapa unitario de los distritos municipales de la Ciudad de Nueva York, su organización no ha sido capaz de lograrlo en otras regiones.

De modo similar, Thomas Saenz, presidente y asesor jurídico general del Fondo Mexicano Estadounidense para la Defensa Legal y la Educación (Mexican American Legal Defense and Education Fund, MALDEF) también ha sufrido fracasos en la *unity mapping* con los latinos de Texas.[18] Janai S. Nelson, presidenta y asesora jurídica general del Fondo para la Educación y Defensa Jurídica de la Asociación Nacional para el Progreso de las Personas de Color (National Association for the Advancement of Colored People, NAACP), afirma que la *unity mapping* implica "conversaciones verdaderamente difíciles" sobre la distribución del poder racial; conversaciones en las que el prejuicio contra los negros se siente, aunque no se exprese de manera descarada, pero "puedes percibirlo. Casi puedes cortarlo con un cuchillo".[19] Entonces, no reconocer la antinegritud latina obstaculiza la cooperación de todas las razas que es necesaria para la *unity mapping* y el importante proyecto de lograr que el voto latino cuente.

Aceptar los sentimientos antinegros de los latinos también podría ayudar a dilucidar, en parte, por qué algunos latinos votan a favor de candidatos que abiertamente manifiestan su prejuicio contra los latinos. Según observó Terry Smith, un experto en el derecho al voto, sobre la elección presidencial de Donald Trump en 2016, los latinos le dieron a Trump casi el 30 por ciento de su voto, un total curioso para un grupo étnico que sufrió la peor parte de la ridiculización racial de Trump".[20] Algunos latinos siguieron apoyando a Trump durante todo su período presidencial, durante el cual promovió ideas y políticas supremacistas blancas.[21] La lealtad de los latinos a un político como él no se puede explicar meramente como un asunto de lealtad al Partido Republicano cuando el candidato personifica el desprecio indisimulado por la igualdad de los latinos. Al igual que los blancos no hispanos de clase trabajadora votan contra sus propios intereses socioeconómicos en la búsqueda de una asociación con el privilegio de la identidad racial blanca, los latinos que se identifican como blancos pueden hacer lo mismo, y lo han hecho.[22]

En resumen, pasar por alto que los latinos pertenecen a una raza, y además a una etnia, perjudica los intentos por organizar los esfuerzos colectivos a favor de una reforma de justicia política y social para los latinos.[23] También puede malinformar la manera en que las organizaciones latinas evalúan las políticas públicas y sus intervenciones. La manera en la que el Gobierno de EE. UU. estructura el censo ofrece un ejemplo importante.

LA POLÍTICA CENSAL Y LOS DERECHOS CIVILES

Durante los últimos años, la Oficina del Censo ha estado considerando una propuesta de añadir "latino" e "hispano" a la lista de razas definidas por el Gobierno para el cuestionario del censo poblacional decenal.[24] Esto constituiría una cambio dramático, de tratar a los latinos e hispanos como una etnia a tratarlos como una raza. Desde el censo de 1980, "Origen hispano" ha sido parte de una pregunta separada acerca de la etnicidad, en lugar de una opción en la pregunta acerca de la raza.[25] Esta fórmula en dos partes les permitió a los latinos en 2010 indicar su origen étnico como hispano y simultáneamente indicar su identidad racial como blanca, negra, asiática, indígena de las Américas o nativa de Hawái. A pesar de que el Programa del Censo Decenal de 2020 decidió continuar usando el formato actual de dos preguntas separadas, la Oficina del Censo sigue interesada en apoyar el cambio a una única pregunta en formatos futuros, y una cierta cantidad de organizaciones latinas respaldan el cambio propuesto a pesar de las voces de alarma de activistas afrolatinos sobre su posible impacto adverso en las medidas de derechos civiles.[26]

Qué casilla del censo marcan los latinos afecta la aplicación de las leyes de derechos civiles. Las clasificaciones raciales y étnicas empleadas por la Oficina del Censo se crearon en 1977 con el propósito específico de facilitar la aplicación de las leyes de derechos civiles. Al comparar el conteo del censo de individuos por raza con la presencia estadística de cada grupo racial en los lugares de trabajo, la compra y alquiler de viviendas y el acceso a hipotecas, se pueden descubrir disparidades raciales que luego pueden ser investigadas como prácticas discriminatorias. Al agrupar la identidad étnica latina e hispana en la lista de categorías raciales, con negro en particular, se corre el riesgo de esconder la cantidad de afrolatinos y el seguimiento de las diferencias de estatus socioeconómico de los latinos que existe entre las razas.

Sin embargo, las organizaciones latinas nacionales están tan enfocadas en promover la unidad latina, no importan cuán bien intencionadamente, que pueden no identificar las necesidades específicas de los afrolatinos. Esto es parte de lo que el demógrafo Michael Rodríguez-Muñiz llama "la política poblacional".[27] Por ejemplo, el Fondo Educacional de la Asociación Nacional de Funcionarios Latinos Elegidos y Nombrados (National Association of Latino Elected and Appointed Officials, NALEO), el Fondo Mexicano Estadounidense para la Defensa Legal y la Educación y el Concilio Nacional de la Raza, todos respaldaron públicamente la recomendación de la Oficina del Censo de tratar "hispano" como una categoría racial homogénea, y afirmaron que se perderían muy pocos datos necesarios, ya que los afrolatinos siempre tendrían la posibilidad de marcar tanto la casilla de "hispano" como la casilla de "negro" para indicar su identidad afrolatina.[28]

Lo que esta forma de ver las cosas no aprecia en su justa perspectiva es cómo la antinegritud latina con seguridad limitará el conteo de la Oficina del Censo de afrolatinos de formas que los experimentos con las preguntas de prueba no pueden apreciar fácilmente. Cuando "hispano" se yuxtapone como categoría racial distinta a las demás, los latinos perciben las otras categorías como aplicables solo a los no hispanos. Esto ayuda a explicar por qué, antes del censo de 2020, los puertorriqueños de Puerto Rico usaron la casilla "alguna otra raza" de manera distinta a la de los puertorriqueños que viven en los Estados Unidos continentales. La Oficina del Censo considera el uso de la casilla "alguna otra raza" como una indicación del encuestado de que no se identifica con las casillas raciales establecidas. Hay que señalar que los latinos en Estados Unidos usan esta casilla más que cualquier otro grupo, y escriben respuestas como "mexicano", "hispano" o "latinoamericano". Un 37 por ciento de los latinos lo hicieron en el censo de 2010, y el 42 por ciento en el censo del 2000.[29] Sin embargo, solo el 11 por ciento de los puertorriqueños de Puerto Rico escogieron "alguna otra raza" o "dos o más razas" en el censo del 2010, en comparación con el 30.8 por ciento de los puertorriqueños del continente que seleccionaron "alguna otra raza" o "dos o más razas".[30] En la isla de Puerto Rico, los puertorriqueños pueden pensar que las categorías raciales aplican a ellos y no aplican exclusivamente a grupos raciales de Estados Unidos continental. En contraste, en el continente, los puertorriqueños marcan sus casillas en un contexto de comparación con los grupos raciales afroamericanos y blancos no hispanos de EE. UU. Estas comparaciones implican, por ende, actitudes raciales latinas.

Ciertamente, la afinidad de los latinos con la blancura que se analizó en el Capítulo 1 opera junto con el rechazo cultural latino de la negritud. Ambas cosas obstaculizan el conteo de afrolatinos que hace la Oficina del Censo. Yuxtaponer "hispano" como "raza" distinta de las otras agravaría todavía más el subconteo. Si consideramos que históricamente los latinos han preferido ver la negritud como situada siempre fuera de su identidad nacional, la categoría "negro" se consideraría como exclusivamente afroamericana en contraste con hispano como "raza".[31] Por ejemplo, el distanciamiento de la negritud en Puerto Rico les permite a los puertorriqueños ver la negritud como característica que corresponde principalmente a sus vecinos dominicanos, mientras que los dominicanos ven la negritud como característica que corresponde en su mayoría a sus vecinos haitianos.[32] Un distanciamiento racial similar sucede en otros países latinoamericanos donde la negritud se presume contenida en espacios geográficos limitados, en lugar de ser una parte fundamental del estado-nación.[33] Para estos latinos, la negritud latina nunca está dentro, sino desplazada hacia otra parte. Para los latinos en Estados Unidos, la negritud "real" está solo en los afroamericanos, los afrocaribeños y en africanos anglohablantes. De nuevo, la negritud siempre está en otra parte. Incluso en la gran población caribeña de Miami, la negritud con frecuencia se asocia exclusivamente con los afroamericanos, de manera tal que los afrocubanos consistentemente informan no sentirse acogidos por los residentes cubanos blancos.[34]

La desvinculación latina de la negritud en los formularios del censo se ha reforzado por la decisión de la Oficina del Censo de enumerar, por primera vez, en la pregunta sobre la raza de 2020 posibles orígenes étnicos para cada categoría racial.[35] La etnicidad latina, notablemente, fue excluida de las opciones de origen negro. Así, en la selección de origen étnico negro, solo se enumeraban ejemplos como "afroamericano, jamaiquino, haitiano, nigeriano, etíope, somalí, etc.". Por ende, la lista del censo de 2020 situaba la negritud como algo separado y distinto de la etnicidad latina, y dio como resultado que solo el 1.9 por ciento de los latinos indicara que su raza era solo negra.[36] En contraste, cuando a los latinos se les pregunta si son afrolatinos, afrocaribeños o de otra ascendencia africana latinoamericana, el porcentaje de latinos que dicen ser negros sube al 24 por ciento.[37] La formulación que hizo el censo de 2020 de la pregunta sobre la raza negra, por el contrario, desalentó el reconocimiento de la negritud latina, conforme a lo que algunos expertos en los datos del censo habían pronosticado que sucedería.[38]

Un obstáculo adicional a la recogida de datos del censo que detecte con precisión las diferencias socioeconómicas entre los afrolatinos y otros latinos es la renuencia de los latinos de tez clara a reconocer que tienen un mayor acceso a preferencias societales debido a su apariencia blanca. Esta dinámica se apreció particularmente en los resultados del censo de 2020. Durante los meses de 2020 en los que el censo se estaba realizando, la nación estaba confinada debido al COVID-19 y paralizada por la multitud de protestas del movimiento #BlackLivesMatter inspiradas por el asesinato de George Floyd que veían en sus pantallas. Para los latinos, este momento también estuvo acompañado por la amplificación de voces afrolatinas que denunciaban la blancura latina como parte de la antinegritud. Muchos latinos que se presentan como blancos expresaron incomodidad cuando se los relacionaba con el racismo, según se refleja en la observación de una latina: "No acostumbro a pasar por blanca porque, aunque los colonizadores de mi pueblo lo fueron, yo definitivamente no lo soy".[39] O, como tuitearon algunos latinos: "No soy blanco, soy latino. Nunca he tenido el privilegio de los blancos ni me han mirado como si lo fuera"[40] y "El privilegio de los blancos es un mito. Soy latino y hasta yo sé que el privilegio de los blancos es un mito".[41] Esa iteración latina de la "fragilidad blanca" se vio de manera importante en las respuestas al censo de 2020.[42] La cantidad de latinos que se identificaron como solamente blancos disminuyó en 52.9 por ciento.[43]

Todavía más revelador es el cambio abrumador de latinos que se identifican como blancos que seleccionaron solo la categoría racial blanca, como habían hecho en censos anteriores, a la gran cantidad que seleccionó blanco en combinación con otras categorías raciales. Por ejemplo, la mexicanoamericana Julissa Arce siempre había seleccionado la casilla blanca como respuesta a la pregunta racial, presumiblemente basándose en su apariencia externa, pero en el censo de 2020, añadió categorías adicionales, como india americana, china y "alguna otra raza".[44] En efecto, el porcentaje de latinos que seleccionó solo blanco se redujo de 53 por ciento a 20.3 por ciento, mientras que el porcentaje de latinos que seleccionaron múltiples razas aumentó de 6 por ciento a 32.7 por ciento.[45] La misma tendencia se registró en Puerto Rico, donde el porcentaje de latinos que seleccionó solo blanco se redujo de 75.8 por ciento a 17.1 por ciento, mientras que el porcentaje de latinos que seleccionaron múltiples razas aumentó de 3.3 por ciento a 49.8 por ciento.[46] Al elegir agruparse dentro de la amorfa categoría censal de "dos o más razas", los latinos blancos de Puerto Rico y de todo Estados Unidos obstaculizaron la capacidad para hacer comparaciones que revelen la existencia de disparidades raciales entre los latinos. Por ejemplo, esto incapacita al sistema jurídico de sancionar a un empleador que rechace sistemáticamente a solicitantes afrolatinos cualificados y a un mismo tiempo contrate a latinos blancos. Sin datos del censo sobre los latinos que sean específicos en cuanto a la raza para comparar con el patrón de contrataciones de la empresa, el racismo de este empleador se descarta bajo la defensa de "Yo sí contrato a latinos". Pero la blancura y la negritud hacen una diferencia real en la vida de los latinos, y necesitamos datos censales que ayuden a medir eso para poder intervenir en favor de la justicia social.

Además, la Oficina del Censo exacerbó el ofuscamiento de las disparidades raciales entre los latinos con su innovación en 2020 de enumerar los orígenes étnicos de la categoría racial blanca excluyendo a los latinos, igual que los excluía en la lista de orígenes étnicos de la categoría racial negra. La categoría racial blanca pedía, por el contrario, que los encuestados identificaran sus orígenes con ejemplos como alemán, irlandés, inglés, italiano, libanés y egipcio. Además, como en las tabulaciones anteriores del censo, si un encuestado latino marcaba la categoría racial blanca, pero insertaba un origen étnico latino en el espacio provisto para escribir bajo "alguna otra raza", la Oficina del Censo consideraba que el latino había marcado "dos o más razas" para expresar una identidad multirracial. Juntas, estas dos decisiones de la Oficina del Censo en 2020 tuvieron como consecuencia una reducción de 14 millones de personas en la categoría racial latina "solo blanco", a la vez que la cantidad de latinos contados como blanco en combinación con alguna otra raza aumentó en 15 millones.[47] Con un pequeño truco administrativo, el censo de 2020 transformó a latinos blancos en latinos cuyo privilegio de blanco ya no se puede cuantificar fácilmente.

Cambiar todavía más el formulario del censo para incluir la etnicidad hispana en las categorías raciales del censo, en lugar de mantenerlas como una pregunta separada sobre la etnicidad, probablemente incrementará la renuencia de la población latina blanca a reconocer la importancia de su blancura. La propuesta del cambio de etnicidad a raza también escuda a los latinos de enfrentar su posible negritud. En contraste, mantener dos preguntas separadas permite que todos los latinos delimiten su origen hispano como una etnicidad con la primera pregunta, y luego reflejen sus orígenes raciales en la segunda pregunta específica sobre la raza. De esta forma se obliga a una confrontación con la pregunta censal sobre la raza que puede producir una disonancia cognitiva muy útil. Esto lo confirman los relatos afrolatinos sobre cómo la pregunta censal sobre la raza saca a la luz discusiones familiares acerca de la negritud y la raza.[48] Sin embargo, nada de esto es visible ni pertinente para la formulación de política pública siempre que los líderes latinos continúen pasando por alto la existencia de la negritud y el racismo dentro de sus comunidades. La misma advertencia de precaución aplica a los activistas de base y las comunidades latinas.

LA CONSTRUCCIÓN DE COALICIONES RACIALES ENTRE LATINOS Y AFROAMERICANOS

A pesar de que se han formado coaliciones productivas entre comunidades latinas y afroamericanas en torno a problemas políticos concretos, estas siguen siendo frágiles y muchos latinos no las apoyan. Por ejemplo, los intentos de movilizar a los latinos con respecto a la violencia racializada perpetrada por oficiales de la policía se han visto complicados por la necesidad de lidiar con las opiniones de los latinos que se identifican como blancos de que "los afroamericanos automáticamente justifican el temor o sospecha de los oficiales de policía", y las críticas del comportamiento de los afroamericanos como "demasiado hostiles o belicosos con la policía".[49] Incluso con el apoyo masivo hacia el movimiento #BlackLivesMatter después de la brutal muerte de George Floyd en 2020, hubo latinos que fueron grabados gritando insultos raciales mientras ahuyentaban a hombres afroamericanos en la calle, quienes ellos presumían que estaban allí para saquear su vecindario.[50] En efecto, algunos latinos parecen "obsesionados con demonizar el movimiento Black Lives Matter".[51] De hecho, los latinos que se alían políticamente con los afroamericanos se arriesgan a ser atacados por otros latinos con el término peyorativo "mayatero" y a ser considerados como desvinculados de la política latina auténtica.[52] Los comentaristas que afirman que la comunidad latina global no será mejor que los supremacistas blancos que la odian hasta que comprenda que las vidas negras importan provocan como respuesta una gran indignación.[53] Hay que señalar que los afrolatinos se destacan por apoyar contundentemente el movimiento #BlackLivesMatter cuando se les pregunta en las encuestas.[54]

En este contexto de impulsos exclusivistas surgen ejemplos notables de coaliciones entre latinos y afroamericanos que se han formado tras momentos de crisis social. En la década de 1960, la alianza de los Young Lords con los Panteras Negras fue un ejemplo de comunidades afroamericanas y latinas de Chicago que se unieron para crear programas de acción directa que llevaran a sus comunidades servicios tales como el cuidado diurno, desayunos gratuitos y formación vocacional.[55] En la Ciudad de Nueva York, el Partido de los Young Lords también participó en movimientos de Poder Negro y en favor de los derechos civiles de los afroamericanos.[56] En Winston-Salem, Carolina del Norte, algunas iglesias y organizaciones sin fines de lucro promovieron alianzas entre latinos y afroamericanos, cuando residentes blancos no hispanos comenzaron a demonizar la presencia de latinos en EE. UU. como secuela de la vigilancia de los inmigrantes después del 11 de septiembre y una economía debilitada.[57]

En la política electoral, la cooperación entre afroamericanos y latinos la ejemplifica la campaña por la alcaldía de Chicago en 1983 del primer candidato negro, Harold Washington.[58] Las comunidades latinas de Chicago votaron en grandes cantidades por Washington. De los 48,000 votos que separaban a Washington de su rival republicano, cerca de 28,000 fueron emitidos por comunidades latinas.

Las organizaciones comunitarias de defensa interétnicas y las coaliciones de trabajadores también son espacios de colaboración.[59] En Los Ángeles, la Community Coalition fue fundada en 1989 como una organización afroamericana y latina, cuyo objetivo era transformar los vecindarios asediados del sur de Los Ángeles mediante campañas de seguridad pública y esfuerzos por reducir las pandillas, así como otros muchos programas.[60] Por todo el país, la Alianza Negra para la Inmigración Justa (Black Alliance for Just Immigration, BAJI) ofrece un ejemplo de colaboración entre latinos y negros como respuesta a la creciente animosidad societal contra los inmigrantes.[61] BAJI es un grupo de educación y defensa que incluye a inmigrantes afroamericanos y negros de África, Latinoamérica y el Caribe, que juntos se oponen a los proyectos de ley represivos en contra de la inmigración. BAJI también reúne a todas estas comunidades para dialogar acerca de los mitos y estereotipos, así como sobre los problemas culturales, sociales y políticos que dividen a esos grupos. Además, BAJI brinda a la comunidad afroamericana un análisis progresista sobre la inmigración que enlaza los intereses de los afroamericanos con los de los inmigrantes de color. El análisis de BAJI destaca el impacto del racismo y de la globalización económica sobre las comunidades afroamericanas e inmigrantes como punto de partida para forjar alianzas entre ellas.

De manera similar, Encuentro Diáspora Afro en Boston fue fundado en respuesta a las crecientes tensiones raciales derivadas del aumento en la inmigración latina a la ciudad.[62] La organización actúa como embajadora cultural afrolatina para eventos comunitarios políticos y también diseña seminarios y programas comunitarios para mejorar las relaciones entre las etnias. Es de señalar que los participantes han identificado la intensa segregación racial residencial en Boston como un factor clave en las hostilidades entre las razas.

Lo que estos pocos ejemplos de coaliciones entre latinos y afroamericanos indican es que hay espacios para abordar los conflictos interétnicos.[63] En efecto, como nos recuerda el destacado historiador Paul Ortiz, "Una historia afroamericana y latina de los Estados Unidos nos muestra que la actividad de los más oprimidos es la clave de la libertad".[64] ¿Por qué, entonces, se han descrito estos esfuerzos como "la promesa fallida de solidaridad entre negros y latinos"?[65]

EL FUTURO DE LA IGUALDAD RACIAL

Las historias recogidas en este libro sugieren que los esfuerzos dirigidos a la formación de coaliciones interétnicas que alienten la justicia social no tendrán una base amplia, no serán autosustentables ni totalmente transformacionales hasta que se reconozca y trate la antinegritud de los latinos. En efecto, experimentados organizadores sindicales advierten: "Los líderes latinos hace rato deben preguntarse [cómo las redes latinas pueden] operar bajo una narrativa 'antinegritud' y un marco pigmentocrático que proporciona privilegios a individuos de tez clara".[66] Además de líderes de derechos civiles latinos, otros actores que influyen poderosamente en el progreso de la igualdad social son los abogados y jueces que ponen hacen cumplir las leyes antidiscriminación de nuestra nación. Las historias de discriminación de este libro se presentan con la esperanza de que esclarecerán el complicado terreno de los actos de discriminación latinos y el papel de la antinegritud en su manifestación.

Algunos lectores podrían preguntarse por qué son importantes las historias incluidas en este libro. Quizá piensen que son pocas y que representen la experiencia individual de cada persona en un punto específico en el tiempo. Esta forma de pensar pierde de vista el hecho de que los movimientos sociales se construyen con historias individuales. Tomemos como ejemplo el movimiento feminista: antes de que las instituciones vieran el valor de encuestar a las mujeres acerca de sus opiniones, el movimiento feminista creó plataformas políticas a partir de las historias individuales de mujeres que habían sido expresadas en sesiones de creación de conciencia, en lugar de ignorarlas como ejemplos aislados de daño.[67] Las voces descubiertas en este libro ilustran un patrón de antinegritud latina a lo largo del tiempo, del espacio geográfico y de los contextos. Es hora de escuchar esas voces marginadas y darles importancia.

Para los actores legales, el cuestionamiento que se hace en el libro acerca de la defensa que dice que "los latinos no pueden tener prejuicios" es especialmente iluminadora respecto a la aplicación de las leyes antidiscriminatorias. Educar a abogados y jueces acerca de que los latinos no son solo víctimas de la discriminación, sino que son también parte del problema, fortalecerá la capacidad del derecho de remediar la discriminación en una sociedad cada vez más diversa. Esta intervención también es necesaria para el público general que sirve de jurado en los casos de discriminación. Chris Kleppin, un veterano abogado especialista en derecho antidiscriminatorio, dice que cuando ha trabajado con casos de antinegritud latina ha encontrado que, al igual que los jueces, hay jurados que "en realidad no entienden y piensan que todo esto son tonterías. También he visto a personas negar con la cabeza y decir, no entiendo esto. *Por lo tanto, todo tiene que ver con la educación*".[68]

Para aplicar las leyes contra la discriminación de manera apropiada, cualquier supuesto judicial de que los latinos no pueden ser racistas contra ellos mismos es un peligro. Por ende, es crucial que los abogados eduquen explícitamente al poder judicial, y a los jurados también, al presentar sus mociones mediante presentaciones expertas acerca de los detalles de la antinegritud latina.[69] De hecho, Kimberly Cruz, supervisora de abogados litigantes de la Comisión para la Igualdad de Oportunidades en el Empleo, afirma que todos los abogados de derechos civiles deben estar preparados para educar a los jueces con los que interactúan.[70]

Un caso en particular sirve de modelo de cómo, cuando los actores jurídicos están educados con respecto a la antinegritud latina, se hacen valer mejor las leyes en contra de la discriminación. La abogada de derechos civiles Judith Berkan logró esto al incluir el testimonio experto de Palmira Ríos, una socióloga afropuertorriqueña y excomisionada y presidenta de la Comisión de Derechos Civiles de Puerto Rico. El testimonio de Ríos como experta en discriminación racial en Puerto Rico fue decisivo para aclarar la forma en la que la sucursal de Sears Roebuck de Puerto Rico operaba bajo una jerarquía racial cuando Víctor Rivera Sánchez, un afropuertorriqueño, trabajaba allí.[71]

Cuando Víctor solicitó trabajo en la tienda de Sears en Mayagüez, Puerto Rico, él aspiraba a ser vendedor a comisión. Sin embargo, tan pronto llegó a la tienda, lo enviaron al almacén. Lo que Víctor descubrió fue que el almacén era *el* lugar de Sears en Mayagüez para los empleados negros. Con trescientos empleados en la tienda, solo diecisiete eran negros y estaban relegados, principalmente, al almacén. El almacén de trabajadores negros era llamado "la tribu", para evocar de manera directa la visión de una tribu africana muy distanciada de los empleados blancos y de piel clara del piso de ventas. Los supervisores y otros trabajadores atacaban verbalmente y de manera constante a esos trabajadores negros con una letanía de términos despectivos, como "negro", "negrito", "moreno", "africano" y "bembón"".

En los doce años que Víctor trabajó allí, el almacén se mantuvo como una presunta tribu africana, no solo porque enviaban allí a los solicitantes de empleo negros, sino además porque impedían que se transfiriera a los empleados negros a cualquier otro departamento. El color de piel de los solicitantes se monitoreaba a través del requisito de fotos de la solicitud de todos los empleados. Se enviaba a los empleados de piel más oscura a lo que se consideraban los puestos apropiados para negros. Una táctica exclusivista era exigir experiencia anterior en ventas solo a los solicitantes negros, contrario a las descripciones de tareas, que omitían el requisito de experiencia anterior en ventas. En cambio, se seleccionaba a solicitantes blancos sin experiencia en ventas para esos empleos.

Víctor solicitó traslados y ascensos por años, y siempre se los negaron. Un contexto de contratación carente de criterios uniformes básicamente autoriza a los supervisores latinos a hacer elecciones que no se basan en el mérito sino en sus propios prejuicios. Las quejas de Víctor a su supervisor latino y a su directora latina de Recursos Humanos sobre el ambiente de trabajo antinegritud y racialmente hostil fueron desoídas y consideradas no merecedoras de investigación. El agravio final que empujó a Víctor a presentar una demanda judicial ocurrió cuando rechazaron una vez más su solicitud para un puesto de ventas, el cual fue concedido a un empleado blanco que ni siquiera lo había solicitado. El empleado obtuvo el puesto a través de la red racialmente exclusiva de supervisores que decidieron transferirlo.

El informe pericial de Ríos explicaba cuán común es el racismo en el mercado de trabajo en Puerto Rico, y brindaba un contexto para los indicadores de prejuicio exhibidos por Sears Mayagüez. Como resultado, el juez asignado al caso, Jaime Pieras, Jr., vio con claridad cómo operaba el racismo en Sears Mayagüez, a pesar de que él mismo era blanco y miembro de la élite social puertorriqueña como juez federal nombrado por Ronald Reagan. Cuando Sears alegó que el caso debía desestimarse porque le habían negado justificadamente a Víctor los traslados a puestos para los que no tenía experiencia (a pesar del hecho de que los supervisores habían impuesto erráticamente requisitos de experiencia para dichos puestos), el juez Pieras Jr. negó la petición de desestimación de inmediato. Posteriormente, gracias al trabajo que había hecho su abogada de educar al juez respecto de la antinegritud latina, Víctor pudo llegar a un acuerdo de transacción con Sears Roebuck de Puerto Rico.

En resumen, educar a los actores jurídicos sobre la antinegritud latina mejora la aplicación de las leyes contra la discriminación. Tengo la esperanza de que al desenmascarar la antinegritud latina, este libro ayude no solo a los actores legales sino a todos los que persiguen la igualdad racial. Suprimamos la inocencia racial latina.

EPÍLOGO

UNA AFROLATINA INTERROGA LA ANTINEGRITUD DE LOS LATINOS

Los relatos acerca de los actos de discriminación racial de los latinos no se encuentran con una sencilla búsqueda de Google, debido a que la mayoría de los casos legales no generan el alto nivel de atención de los medios necesario para activar la catalogación de un motor de búsqueda. Tampoco basta una búsqueda en las bases de datos jurídicas. Esto se debe a que las bases de datos de investigación jurídica, Westlaw y Lexis, no clasifican de manera precisa los casos según la identidad racial y étnica de las partes. Por esa razón, la búsqueda de casos requirió numerosas pesquisas exhaustivas de menciones judiciales de las identidades raciales y étnicas de las partes, tomando en cuenta todas las posibles iteraciones de identidad latina desde la promulgación de la Ley de Derechos Civiles en 1964. La lista pormenorizada de todas las búsquedas y los archivos de datos está disponible al público en un Apéndice metodológico que se encuentra en línea.[1]

En vista de que era posible no dar con un caso pertinente en esta búsqueda de gran escala debido a un error humano, incluí casos de un período amplio de tiempo (1964-2021) para seguirle la pista a los patrones y problemas raciales consistentes de los casos que se encontraron. Además, para reunir datos sobre los casos de las víctimas que nunca demandan porque están abrumadas y atormentadas, también realicé entrevistas cualitativas a abogados, educadores, líderes de derechos civiles y personas que se identifican a sí mismas como afrolatinos, a los cuales contacté por medio de organizaciones basadas en la identidad afrolatina. Por último, localicé otros relatos de discriminación en las bases de datos electrónicas de noticias nacionales y locales.

¿Qué me llevó a persistir en la búsqueda minuciosa de relatos de discriminación cuando tantos académicos y comentaristas latinos sugieren, por el contrario, que la antinegritud latina no merece una investigación profunda? La historia de mi familia afrolatina no me permitiría hacer otra cosa. Esto es así porque encarnar la negritud en una familia latina puede brindarnos un conocimiento tan profundo de la materialidad del prejuicio latino que las fantasías latinas de la unidad sin distinción de color no pueden interferir en el cuestionamiento de las actitudes raciales latinas.

En vista de que este libro se ha dedicado a sacar a la luz los relatos de los afrolatinos y afroamericanos que han sufrido la antinegritud latina, es justo que yo también dé a conocer mi historia racial. Porque no hay retórica latina suficiente que pueda cambiar el hecho de que soy la hija de una madre afropuertorriqueña que casi *fue regalada debido a su negritud.* Por consiguiente, como todas las historias acerca de la raza, el comienzo se remonta a generaciones atrás. Pero para mí, la década de 1940 es clave en mi propia herencia racial (así como las historias de mis tatarabuelos sobre su vida como personas esclavizadas).

En la década de 1940, mi abuela materna, Lucrecia, era una campesina, o lo que sus compatriotas puertorriqueños llamaban "jíbara", de las montañas de Puerto Rico.[2] Su ascendencia africana se notaba un poco en su color trigueño, pero no era muy notable en sus rasgos faciales o textura del cabello. Sus hermanas mayores también eran de tez clara, y se parecían más a su madre blanca que a su padre, de tez más oscura. Por esta razón, Lucrecia y sus hermanas se consideraban de una raza distinta a la de aquellos que se veían más claramente afrodescendientes. Cualquier matiz de color en la familia se le atribuía a la herencia distante de los indios taínos de la isla. Para la familia resultaba inmaterial que se hubiera documentado que los indios taínos fueron exterminados por los conquistadores españoles para mediados del siglo XVI.[3]

Cuando mi abuela, Lucrecia, se enamoró y unió al carpintero y guitarrista Juan, a la familia no le gustó. Aunque él era el nieto mestizo de un antiguo esclavo e hijo de una madre afropuertorriqueña y un padre español blanco, su apariencia era la de lo que la familia de Lucrecia llamaba "negro" y, por ende, inaceptable. La identidad puertorriqueña puede sostener que exalta la mezcla racial, pero se piensa que algunos de nosotros tenemos un aspecto más mezclado que otros. La piel oscura que se aleja de la idealización de la piel clara con rasgos europeos y pelo lacio se expulsa del retrato de la mezcla racial puertorriqueña. La familia de Lucrecia no era la excepción a esta concepción antinegra de la mezcla racial que tienen los puertorriqueños (y los latinoamericanos).[4]

La infidelidad a la larga provocó más presión en su unión, y las hermanas mayores de Lucrecia la animaron a que dejara a Juan y migrara a Nueva York. Con la esperanza de darle una lección a Juan para que se portara mejor, Lucrecia abordó en secreto un barco de Puerto Rico a Nueva York a principios de la década de 1940 con su hija de dos años. No sabía ella que estaba embarazada de tres meses de su segunda hija, y tenía la idea romántica de que Juan la seguiría a Nueva York y se comprometería a ser fiel. Sintiéndose abandonado y herido, Juan nunca la siguió a la ciudad de Nueva York. Lucrecia nunca le informó del nacimiento de su segunda hija, hasta que esta tuvo alrededor de ocho años.

La segunda hija de Lucrecia, Nina (mi madre), nació en los años cuarenta, y para asombro de la familia de Lucrecia, la niña, para ellos, era oscura. Demasiado oscura. Demasiado oscura para pasar por mestiza y ciertamente demasiado oscura para pasar por una puertorriqueña "blanca". La bebé no pasó la prueba caribeña de "mirar detrás de las orejas" para predecir cuán oscuros serán los bebés.[5] Lo que era más problemático, el tono de piel de Nina (parecido al de la cantante y actriz de los años 40, Lena Horne, la

Beyoncé de su época) iba a complicar la imagen de la familia de desligada de la negritud. Y la campaña para mandar a Nina a otra parte comenzó en serio. La familia de Lucrecia abogó por dar a Nina en adopción a una familia afroamericana. Cualquier familia afroamericana serviría, con tal de sacar a Nina de la familia. No sería hasta que fui una investigadora adulta que supe, de voz de un colega, cuán similar había sido el impulso de la familia a la dinámica en Puerto Rico de devolver a hijos adoptivos como si fueran mercancía dañada cuando se ponían "demasiado oscuros".[6]

Simultáneamente, la animosidad de la familia hacia el padre afropuertorriqueño a quien Nina se parecía no alcanzaba a su hermana mayor, Mónica. Mónica era de piel más clara y pelo largo y lacio. La ascendencia africana de Mónica no se anunciaba con tanta intensidad en su apariencia, y fue aceptada de inmediato por la familia. La comparación física entre las dos hermanas era una obsesión, y a Nina le decían "monito" y "negrita bembe", mientras que a Mónica solo le decían "la nena".

Lucrecia, a fin de cuentas, se negó a sucumbir a la presión familiar de dar a Nina en adopción, pero nunca permitió que Nina lo olvidara. No se sabe si Lucrecia se negó a renunciar a Nina porque todavía tenía esperanzas de que su pareja llegara de Puerto Rico para una reunificación o si se trataba de un poco de afecto maternal. Lo que es indudable es que Lucrecia veía el tono oscuro de Nina y su pelo africano como problemáticos. Su "pelo malo" era una fuente de preocupación que hacía que Lucrecia le afeitara continuamente el pelo con la esperanza de que volviera a crecer más lacio. Cualquier infracción de las reglas de disciplina de Lucrecia era recibida con una paliza y una expresión de arrepentimiento por no haberla dado a una familia afroamericana al nacer, además de la amenaza de enviarla a un hogar de crianza.

Esto representaba un contraste marcado con la indulgencia que se le concedía a Mónica, que tenía la piel un poco más clara *y*, más importante aún, pelo lindo. Hasta la leche se racionaba según el color. La madre de Lucrecia, mi bisabuela, le daba la leche a Mónica y a Nina le daba agua. Las celebraciones de cumpleaños estaban reservadas solo para Mónica. A diferencia de Mónica, el esmalte de uñas de colores claros estaba prohibido para Nina, no fuera que sus manos se vieran todavía más oscuras. Las distinciones racializadas entre las dos niñas continuaron durante toda su vida.

El dolor del rechazo familiar que surgía de su ascendencia africana aparente fue tan profundo en mi madre que me contó sus historias desde temprana edad. Mis propias experiencias de la infancia con el trato diferenciado basado en cuán mestiza o negra me veía un día cualquiera o en cualquier contexto solo reforzó mi entendimiento de la importancia del sentimiento antinegritud dentro de las celebraciones de las nociones idealizadas de mestizaje. Mi apariencia refleja la mezcla de los rasgos físicos afropuertorriqueños de mi madre, Nina, y los de mi padre blanco. A pesar de que soy un poco más clara que mi madre, el color marrón de mi piel no permitiría que nadie me vea como blanca. Muchos me han dicho que soy idéntica a sus parientes en India. No obstante, la comparación con los parientes de la India con frecuencia desaparece en función de lo que mi cabello decida hacer ese día. En los días de poca humedad, si uso suficientes productos para el cabello para hacer que se aplaste y logro hacerme un moño que esconda los rizos, me veo más india. Si lo dejo suelto y permito que los rizos reinen, mi ascendencia africana es más evidente para los demás.

Me pregunto cuán distinta habría sido mi perspectiva sobre el significado de la raza si mi pelo hubiese sido distinto. Mi abuelita Lucrecia era feliz cuando mi pelo estaba recogido en dos trenzas largas y, para ella, parecía taína. Pero lo que prefería sobre todo era que me secara el pelo con secador hasta dejarlo lacio, no importa cuán poco durara el efecto (un día, si el tiempo estaba húmedo, o quizás una semana, usando rolos grandes, aire seco y enrollándome el pelo alrededor de la cabeza en un "dubi" todas las noches). No obstante, la Guerra del Pelo comenzó en serio cuando me corté el cabello como acto de rebelión adolescente. Mi abuela no entendía por qué habría de escoger dejar que mis rizos se brotaran, parecido al afro de mi madre. A los ojos de mi abuela, mi madre, por desgracia, estaba aquejada de "pelo malo", pero por qué habría yo de escoger emular ese estilo si tenía el "beneficio" de poder someter mi pelo en una simulación "más atractiva" de blancura. Todas las visitas a su apartamento en el Lower East Side de Manhattan eran recibidas con alguna versión de "¡Ay!, ese pelo" o "¿Por qué no haces algo con ese pelo?".

Llevar el pelo corto y rizo aparentemente me desafiliaba también del imaginario latino. Mis encuentros con comerciantes latinos y otros proveedores de servicio latinos constantemente producían una reacción de sorpresa: "Ah, hablas español" o "¿Dónde aprendiste a hablar español?". Mi pelo en ese momento me cerraba las puertas a la entrada automática a la latinidad. Tuve que ganarme mi latinidad hablando siempre en español en voz alta y haciendo referencias a mi cultura latina. Como en Latinoamérica, la comunidad latina imaginada tenía y tiene una visión de mezcla que no combina el pelo *kinky* con piel marrón. Los insultos racistas contra los afroamericanos que escuché en la comunidad latina solo sirvieron para reforzar mi impresión temprana de que la negritud era problemática, a pesar de las afirmaciones de orgullo latino por ser una mezcla de razas. Se me hizo evidente que, dejando de lado el orgullo por el mestizaje cultural, no todas las partes de la mezcla se recibían o celebraban igual.

Cuando crecí y asumí la función de traducirle a mi abuela los formularios del Gobierno al español, nuestras discusiones sobre la raza se intensificaron hasta llegar al conflicto del censo. En la década de 1980, ella no tenía problema alguno con responder que sí a la pregunta de si su etnicidad era de origen hispano. Después de que traduje la pregunta del censo, me dijo que marcara "Sí" en la casilla de etnicidad hispana. Pero cuando llegamos a la pregunta sobre la ascendencia racial, se alteró y quiso saltarse la pregunta. Como adolescente contestona que poseía el control sobre el formulario en inglés, insistí en que escogiera alguna de las opciones entre blanco, negro, indígena de las Américas, asiático u otro. Lo que pasó después fue una discusión a gritos porque ella insistía en que yo insertara "boricua" como raza en el espacio de "alguna otra raza", y yo insistía en que "boricua" no era una raza. Si estábamos tan orgullosos de la mezcla de razas de los puertorriqueños, ¿por qué no enumerar todas las partes de la mezcla en la línea de "alguna otra raza"? Para ella, eso era inaceptable.

Cuando los formularios del censo fueron modificados en el año 2000 para permitir que se marcaran varias casillas en la pregunta sobre la categoría racial, ella ya vivía en un hogar de ancianos y era incapaz de comunicarse en ningún idioma. Sin embargo, su aversión de toda la vida a atribuirle su tez marrón claro a una ascendencia africana y su preferencia por evadir la raza en la mezcla racial no enumerada de la identidad puertorriqueña me dice que la posibilidad de marcar varias casillas de razas no le habría interesado, mucho menos marcar la casilla "negra". Mi abuelita falleció hace mucho. No obstante, tengo la esperanza de que las nuevas percepciones contenidas en este libro puedan contribuir al esfuerzo de la justicia social por atajar el prejuicio latino contra los negros entre otros latinos renuentes a marcar la casilla "negro" o a lidiar con la negritud en cualquiera de sus formas. ¡Ojalá y *aché*![17]

RECONOCIMIENTOS

Gracias a Gayatri Patnaik, la mejor editora con la que he trabajado.

Gracias inconmensurables a mi madre y a todos los entrevistados que tan amablemente compartieron sus cándidas reflexiones en torno a lo que con mucha frecuencia fueron recuerdos muy dolorosos. Este libro no habría sido igual sin sus aportes.

También debo agradecer a todas las personas que generosamente leyeron y comentaron versiones anteriores de varios de los capítulos del libro: William (Sandy) Darity Jr., Laura Gómez, Bruce Green, Hilda Llorens, Ana Ramos-Zayas, Bernd Reiter, Susan Scafidi, Lourdes Torres, y Rodman Williams. Mucho aprecio debo también a mis gurús de los datos censales: Howard Hogan, Nicholas Jones, Mark Hugo Lopez, y Jeffrey Passel.

Fue muy beneficioso para mí tener la oportunidad de presentar capítulos ante el Fordham University Law School Scholarship Workshop y su serie 10/10, los Afro-Descendant Working Group Colloquia, el UCLA Advanced Critical Race Theory Workshop Seminar, La Cafecito Network of Latina Lawyers, la Comisión sobre Derechos Humanos de la ciudad de Nueva York, la Oficina del Fiscal Federal de EE. UU. en Los Ángeles, la Hispanic Lobbysts Association, la Association of Black Sociologists y la National Conference of Black Political Scientists.

Y, por último, pero nunca menos importante, a los bibliotecarios de la Fordham University Law School y a la legión de ayudantes de investigación que me ayudan todos los días: gracias por todo lo que hacen.

Las deficiencias, lamentablemente, son solo mías.

NOTAS

CAPÍTULO 1: ¿QUÉ ES LA ANTINEGRITUD DE LOS LATINOS?

1. Vilson, "My Skin Is Black, My Name Is Latino. That Shouldn't Surprise You."
2. Fanon, *Piel negra, máscaras blancas*.
3. Quarshie and Slack, "Census: US Sees Unprecedented Multiracial Growth, Decline in the White Population for First Time in History."
4. Vespa, Medina, and Armstrong, *Demographic Turning Points for the United States*.
5. Jung and Costa Vargas, *Antiblackness*; Costa Vargas, *The Denial of Antiblackness*.
6. "Hispanic Population to Reach 111 Million by 2060"; Population by Hispanic or Latino Origin: 2010 and 2020.
7. Gosin, "The Death of 'La Reina de la Salsa': Celia Cruz and the Mythification of the Black Woman."
8. Godreau, "Folkloric 'Others': *Blanqueamiento* and the Celebration of Blackness as an Exception in Puerto Rico."
9. Lao-Montes, "Afro-Latin@ Difference and the Politics of Decolonization."
10. Román and Flores, introduction to *The Afro-Latin@ Reader*, 1
11. Los diversos términos que se emplean para referirse a los latinos se discuten al final de este capítulo.
12. Goldberg, *Racist Culture*.
13. Quesada, "The Violent History of Latin America Is ALL About Promoting Whiteness."
14. Okamoto and Mora, "Panethnicity."
15. Gotanda, "A Critique of 'Our Constitution Is Color-Blind.'"
16. Wilkerson, *Caste*.
17. Eberhardt, *Biased*.
18. Poets Medrano, *Regando esencias* [*The Scent of Waiting*]; Perdomo, *Where a Nickel Costs a Dime*. Novelists Acevedo, *The Poet X*; Llanos-Figueroa, *Daughters of the Stone*; Díaz, *The Brief Wondrous Life of Oscar Wao*; Serrano, *Gunmetal Black*. Memoirists Díaz, *Ordinary Girls*; Redd, "Something Latino Was Up with Us"; Thomas, *Down These Mean Streets*.
19. García-Peña, "Dismantling Anti-Blackness Together"; Petra Rivera-Rideau, "Expanding the Dialogues: Afro-Latinx Feminisms"; Jaime, "How Latinx People Can Fight Anti-Black Racism in Our Own Culture"; López, "It's

Time for Non-Black Latinx People to Talk About Anti-Blackness in Our Own Communities"; Julie Torres, "Black Latinx Activists on Anti-Blackness"; Pérez, "As Non-Black POC, We Need to Address Anti-Blackness."
20. Holder and Aja, *Afro-Latinos in the U.S. Economy*.
21. "Afro-Latinos in 2017: A Demographic and Socio-Economic Snapshot"; Logan, *How Race Counts for Hispanic Americans*; López and Gonzalez-Barrera, "Afro-Latino: A Deeply Rooted Identity Among U.S. Hispanics"; Monforti and Sanchez, "The Politics of Perception."
22. "Afro-Latinos in 2017: A Demographic and Socio-Economic Snapshot"; Logan, *How Race Counts for Hispanic Americans*; López and Gonzalez-Barrera, "Afro-Latino: A Deeply Rooted Identity Among U.S. Hispanics"; Monforti and Sanchez, "The Politics of Perception."
23. Quiros and Dawson, "The Color Paradigm."
24. LaVeist-Ramos et al., "Are Black Hispanics Black or Hispanic?"
25. Gravlee, Dressler, and Bernard, "Skin Color, Social Classification, and Blood Pressure in Southeastern Puerto Rico."
26. López et al., "What's Your 'Street Race'?"
27. Roth, "Racial Mismatch."
28. López, "Killing Two Birds with One Stone?;" Nolasco, "Doing Latinidad While Black."
29. Hernández, *Racial Subordination in Latin America*, 2.
30. Hernández, "Roots of Anger."
31. Ashla, respuesta de un lector, *Los Angeles Times*.
32. Adriana E. Padilla, respuesta de una lectora, *Los Angeles Times*.
33. Telles, Sawyer, and Rivera-Salgado, *Just Neighbors?*
34. Roth and Kim, "Relocating Prejudice."
35. Roth and Kim, "Relocating Prejudice; Massagali, "What Do Boston-Area Residents Think of One Another?," 144–64.
36. Smith, "Market Rivals or Class Allies?"; Marrow, *New Destination Dreaming*, 120–34.
37. Hernández, "'Too Black to Be Latino/a'," 154; Prud'homme, "Race Relations Browns vs. Blacks"; Morales, "Brown Like Me?"
38. *Black Latinas Know Collective* (blog); *Radio Caña Negra* podcast; Latinx Racial Equity Project.
39. Crenshaw et al., *Critical Race Theory*, entendiendo la teoría crítica de la raza como el análisis crítico de la relación entre la raza, el racismo y el poder, con el fin de revelar las prácticas de subordinación sistémica y estructural facilitadas y permitidas por las instituciones jurídicas y el discurso jurídico.
40. Spivak, "Subaltern Studies: Deconstructing Historiography."
41. Hernández, *Racial Subordination in Latin America*, 73.
42. SlaveVoyages Trans-Atlantic Slave Trade Database, http://www.slavevoyages.org/estimates/bE6pXgi9. Accessed Oct. 27, 2021.
43. Telles, *Pigmentocracies*, 3.
44. Sawyer, *Racial Politics in Post-Revolutionary Cuba*; Clealand, *The Power of Race in Cuba*.
45. Telles, *Pigmentocracies*
46. Reiter and Simmons, *Afro-Descendants, Identity, and the Struggle for Development in the Americas*.
47. Hall, "A Descriptive Analysis of Skin Color Bias in Puerto Rico," 177–78.

48. Torres, "La gran familia Puertorriqueña 'ej preta de Beldá'" 285, 297.
49. Valentín and Minet, "Las 889 páginas de Telegram entre Rosselló Nevares y sus allegados."
50. Dulitzky, "A Region in Denial."
51. Miller and Garran, *Racism in the United States*, 289.
52. Valdes, "Race, Ethnicity, and Hispanismo in a Triangular Perspective," 326.
53. De Carvalho-Neto, "Folklore of the Black Struggle in Latin America."
54. Hordge-Freeman, *The Color of Love*; Hordge-Freeman and Veras, "Out of the Shadows, into the Dark," 146–60.
55. Adames, Chavez-Dueñas, and Organista, "Skin Color Matters in Latino/a Communities"; Derlan et al., "Longitudinal Relations Among Mexican-Origin Mothers' Cultural Characteristics, Cultural Socialization, and 5-Year-Old Children's Ethnic–Racial Identification."
56. Hordge-Freeman and Veras, "Out of the Shadows, into the Dark."
57. Bonilla-Silva, "Reflections About Race by a *Negrito Acomplejao*."
58. Cruz-Janzen, "Latinegras," 170.
59. Cruz-Janzen, "Latinegras," 179.
60. Comas-Díaz, "LatiNegra," 168.
61. Comas- Díaz, "LatiNegra," 176.
62. Llorens, "Identity Practices."
63. Comas-Díaz, "LatiNegra," 177.
64. Jorge, "The Black Puerto Rican Woman in Contemporary American Society," 138.
65. Candelario, *Black Behind the Ears*.
66. Calzada, Kim, and O'Gara, "Skin Color as a Predictor of Mental Health in Young Latinx Children."
67. Quiñones Rivera, "From Triguenita to Afro Puerto Rican."
68. Feliciano, Lee, and Robnett, "Racial Boundaries Among Latinos."
69. Jorge, "The Black Puerto Rican Woman," 139.
70. Morales, "Parental Messages Concerning Latino/Black Interracial Dating."
71. McClain et al., "Racial Distancing in a Southern City"; Torres-Saillant, "Problematic Paradigms"; Valdes, "Race, Ethnicity, and Hispanismo in a Triangular Perspective," 307.
72. Candelario, *Black Behind the Ears*.
73. Candelario, *Black Behind the Ears*, 339.
74. Howard, "Afro-Latinos and the Black-Hispanic Identity."
75. Dulitzky, *A Region in Denial*, 39.
76. Mindiola et al., *Black-Brown Relations and Stereotypes*, 20–29, 37–38.
77. Yancey, *Who Is White?*, 65.
78. Krupnikov and Piston, "The Political Consequences of Latino Prejudice Against Blacks."
79. Mindiola, *Black-Brown Relations and Stereotypes*, 35.
80. Mindiola, *Black-Brown Relations and Stereotypes*, 44–45.
81. Marcus L. Britton, "Close Together but Worlds Apart?"
82. Charles, *Won't You Be My Neighbor?*, 161.
83. Mindiola, *Black-Brown Relations and Stereotypes*, 46.
84. McClain et al. "Racial Distancing in a Southern City."
85. Wilkinson, *Partners or Rivals?*, 64.
86. Charles, "Neighborhood Racial-Composition Preferences," 379.

87. Yancey, *Who Is White?*, 70–71; Lindo, "Miembros de las diversas razas prefieren a los suyos."
88. National Conference of Christians and Jews, *Taking America's Pulse*.
89. Piatt, *Black and Brown in America*, 52–57.
90. Barreto, Gonzalez, and Sánchez, "Rainbow Coalition in the Golden State?"
91. Bobo and Hutchings, "Perceptions of Racial Group Competition."
92. Gomez-Aguinaga et al., "Importance of State and Local Variation in Black-Brown Attitudes," 214–25.
93. Bobo and Hutchings, "Perceptions of Racial Group Competition," 964.
94. Sampson and Raudenbush, "Seeing Disorder," 319, 332–33, 336.
95. Darity, Hamilton, and Dietrich, "Passing on Blackness"; Loveman and Muniz, "How Puerto Rico Became White."
96. US Census Bureau, "Hispanic or Latino Origin by Race."
97. Darity and Boza, "Choosing Race," 4–5; Darity et al., "Bleach in the Rainbow."
98. Darity et al., "Bleach in the Rainbow."
99. Cohn, "Millions of Americans Changed Their Racial or Ethnic Identity from One Census to the Next."
100. DiFulco, "Can You Tell a Mexican from a Puerto Rican?," 86.
101. Pessar, *A Visa for a Dream*, 44.
102. Howard, *Coloring the Nation*, 114–15.
103. Nieves, "The Representation of Latin@s in the Media"; Fletcher, "The Blond, Blue-Eyed Face of Spanish TV"; Goin, "Marginal Latinidad."
104. Calderón, *My Time to Speak*, 59.
105. Flores, "Race Discrimination Within the Latino Community."
106. Flores, "Race Discrimination Within the Latino Community," 30–31.
107. Pew Research Center, *Majority of Latinos Say Skin Color Impacts Opportunity in America and Shapes Daily Life*, 21; *National Survey of Latinos Report*, 74.
108. US Census Bureau, "Population by Hispanic or Latino Origin: 2010 and 2020, Table 3"; US Census Bureau, "The Hispanic Population in the United States: 2019."
109. Del Castillo, *The Treaty of Guadalupe Hidalgo*; McDonald, *The Mexican War*.
110. Foley, *Quest for Equality*.
111. Haney López, "Protest, Repression, and Race."
112. Salazar, "Chicanos Would Find Identity Before Coalition with Blacks," 239, 241.
113. Salazar, "Negro Drive Worries Mexican-Americans," 113.
114. Salazar, "Negro Drive Worries Mexican-Americans."
115. Hernández, "Afro-Mexicans and the Chicano Movement," 1537.
116. Murguia and Forman, "Shades of Whiteness."
117. Barbaro, "Ethnic Resentment," 77, 89–91.
118. Barbaro, "Ethnic Resentment," 91.
119. Barbaro, "Ethnic Resentment," 90.
120. Hutchinson, "Urban Tension."
121. Lee and Suro, "Latino-Black Rivalry Grows."
122. Martínez, "African-Americans, Latinos, and the Construction of Race."
123. Kasindorf and Puente, "Hispanics and Blacks Find Their Futures Entangled."
124. Kasindorf and Puente, "Hispanics and Blacks Find Their Futures Entangled."

125. Archibold, "Racial Hate Feeds a Gang War's Senseless Killing."
126. Rivera, "Poly High Violence Just Made News, But Parents Say It's a Decades-Old Problem."
127. Chideya and Del Barco, "Racial Tension at Los Angeles High School."
128. "Brawl Erupts at Carson High School Between 30 Black, Latino Students"; "Lunchtime Brawl Involving 40 People Breaks Out at LA High School After Tensions Flared Between Black and Hispanic Students at Prom"; "Riots Break Out Between Black, Latino Students at Victorville School"; Buchanan, "Tensions Mounting Between Blacks and Latinos Nationwide."
129. Lee and Suro, "Latino-Black Rivalry Grows."
130. Lee and Suro, "Latino-Black Rivalry Grows."
131. Guidry, "Reaching the People Across the Street."
132. De Genova and Ramos-Zayas, *Latino Crossings*, 187–89; McClain et al., *Racial Distancing in a Southern City*; Swarns, "Bridging a Racial Rift That Isn't Black and White."
133. Heard, "Racial Strife Runs Deep at High School."
134. LeDuff, "At a Slaughterhouse, Some Things Never Die."
135. Marrow, *New Destination Dreaming*, 118.
136. Schleef and Cavalcanti, *Latinos in Dixie*, 54, 88.
137. Jones, "Blacks May Be Second Class, But They Can't Make Them Leave," 73.
138. Dunn and Stepick, "Blacks in Miami," 41.
139. Dunn and Stepick, "Blacks in Miami," 45.
140. Stack and Warren, "The Reform Tradition and Ethnic Politics," 174.
141. Grenier and Castro, "Blacks and Cubans in Miami," 137, 151.
142. Peery, "Witnessing History," 305, 306–8.
143. Logan, *How Race Counts for Hispanic Americans*, 7.
144. Logan, *How Race Counts for Hispanic Americans*, 8.
145. Betancur, "Framing the Discussion of African-American-Latino Relations," 159–72.
146. Opie, *Upsetting the Apple Cart*.
147. De Genova and Ramos-Zayas, *Latino Crossings*, 40.
148. Lee, *Building a Latino Civil Rights Movement*.
149. Jorge, "The Black Puerto Rican Woman in Contemporary American Society," 134, 139.
150. Cruz, "Interminority Relations in Urban Settings," 84, 90.
151. Cruz, "Interminority Relations in Urban Settings," 91.
152. Barbaro, "Ethnic Resentment," 83.
153. Lee and Diaz, "'I Was the One Percenter,'" 64.
154. Cruz, "Interminority Relations in Urban Settings," 91; Melendez, *We Took the Streets*.
155. Ramos-Zayas, *National Performances*.
156. Itzigsohn et al., "Immigrant Incorporation and Racial Identity," 50, 69.
157. Monforti and Sanchez, "The Politics of Perception," 261–62; "National Survey of Latinos," 74.
158. Freeman, "A Note on the Influence of African Heritage on Segregation," 137, 141.
159. Itzigsohn and Dore-Cabral, "Competing Identities?," 225, 240.
160. Russell, "Perth Amboy Gang Tensions Worry Parents."
161. Ortiz, *Never Again a World Without Us*.

162. Mora, Perez, and Vargas, "Who Identifies as 'Latinx'?"
163. Noe-Bustamante, Mora, and Lopez, "About One-in-Four U.S. Hispanics Have Heard of Latinx, but Just 3% Use It."
164. Salinas and Lozano, "Mapping and Recontexualizing the Evolution of the Term 'Latinx.'"
165. Ramos, *Finding Latinx*.

CAPÍTULO 2: "NO JUEGUES CON NIÑOS DE COLOR EXTRAÑO"

1. Blades, "Plástico."
2. Hernández, *Racial Subordination in Latin America*, 109–11, 128.
3. Sued Badillo and Lopez Cantos, *Puerto Rico negro*; Morales Carrión, *Auge y decadencia de la trata negrera en Puerto Rico (1820–1860)*; Kinsbruner, *Not of Pure Blood*, 32.
4. Duany, "Making Indians out of Blacks," 31–32.
5. Santiago-Valles, "Policing the Crisis in the Whitest of All the Antilles," 43–44.
6. Betances, "The Prejudice of Having No Prejudice in Puerto Rico, Part II," 22, 33.
7. Llorens, García-Quijano, and Godreau, "Racismo en Puerto Rico"; Santiago-Valles, "Policing the Crisis in the Whitest of All the Antilles," 43–44; Muñoz Vásquez and Alegría Ortega, *Discrimen por razón de raza y los sistemas de seguridad y justicia*.
8. Puerto Rico Civil Rights Act, 1 P.R. Laws Ann. §§ 13–19 (1943); P.R. Const. Art. II, § 1 (1952); 29 P.R. Laws Ann. § 146 (codifying as amended 1959 P.R. Laws 100).
9. 48 U.S.C. § 734).
10. 42 U.S.C. §§ 2000a et seq.
11. *Bermudez Zenon*, 790 F. Supp. 41, 43.
12. Dinzey-Flores, *Locked In, Locked Out*, 4.
13. US Census Bureau, QuickFacts, "Miami City, Florida."
14. US Census Bureau, "Race and Ethnicity in the United States: 2010 Census and 2020 Census.
15. Booth, "Miami."
16. Aja et al., *The Color of Wealth in Miami*.
17. Sawyer, "Racial Politics in Multiethnic America."
18. *Laroche*, 62 F. Supp.2d 1375. Complaint at 1.
19. Labaton, "Denny's Restaurants to Pay $54 Million in Race Bias Suits."
20. Grillo, *Black Cuban, Black American*.
21. Greenbaum, *More Than Black*, 310.
22. *In re* Trujillo, 2002 WL 1491999.
23. *In re* Pryor, 1994 WL 910076.
24. *In re* Andrews, 2003 WL 23529549.
25. US Census Bureau, "Carlsbad, New Mexico Population: Census 2010 and 2000."
26. US Census Bureau, "Carlsbad, New Mexico Population: Census 2010 and 2000"; US Census Bureau, QuickFacts: "Carlsbad City, New Mexico."
27. *Pirtle*, 2003 WL 27385258.
28. *Pirtle*, 2003 WL 27385258. Complaint at 16.
29. *Pirtle*, 2003 WL 27385258. Complaint at 7.

30. Haywood, "'Latino Spaces Have Always Been the Most Violent.'"
31. Haywood, "'Latino Spaces Have Always Been the Most Violent,'" 774.
32. Garcia-Louis and Cortes, "Rejecting Black and Rejected Back."
33. Garcia-Louis and Cortes, "Rejecting Black and Rejected Back," 11.
34. Smith and Jones, "Intraracial Harassment on Campus."
35. Telzer and Vazquez Garcia, "Skin Color and Self-Perception of Immigrant and U.S.-Born Latinas."
36. Haywood, "'Latino Spaces Have Always Been the Most Violent,'" 777–80.
37. Literte, "Competition, Conflict, and Coalition."
38. Office for Civil Rights, "Section 101 Privacy Act and Freedom of Information Act," 5.
39. Office for Civil Rights, "Pending Cases Under Investigation at Elementary-Secondary and Post-Secondary Schools as of May 28, 2021."
40. Dache, Haywood, and Mislán, "A Badge of Honor Not Shame."
41. Straus, "Unequal Pieces of a Shrinking Pie"; Williams and Garza, "A Case Study in Change and Conflict."
42. Hardie and Tyson, "Other People's Racism."
43. Straus, "Unequal Pieces of a Shrinking Pie," 507.
44. Ericksen and Casuso, "Race Fights Break Out at Samohi."
45. Stovall, entrevista con la autora, 2–19.
46. "6 Students Arrested After Fight at Streamwood H.S."
47. Hodge, "Hard Lessons."
48. Hodge, "Hard Lessons."
49. Ayala, "Racismo institucional en las escuelas: Una condena para lxs niñxs negrxs; Torres Gotay, "Justicia desiste del caso contra estudiante de educación especial."
50. Cruz-Janzen, "Y tu abuela a'onde esta?"
51. *Fennell*, 963 F. Supp. 2d 623.
52. Recio, "Black and Ugly."
53. Sinnette, Arthur Alfonso Schomburg, 13.
54. Valdés, *Diasporic Blackness*.
55. Cortés, entrevista con la autora, 48–64.
56. Stovall, entrevista con la autora, 86–90.
57. Vilson, entrevista con la autora, 99–120.
58. Montoya, entrevista con la autora, 132–62.
59. "Providence, 2019–20 Report Card: Overview," accedido el 24 de junio de 2021. Los números para los afrolatinos no están especificados en los datos. La restante población de estudiantes se clasifica como 9 por ciento blanca, 5 por ciento asiática, 4 por ciento multirracial y 1 por ciento indígena de las Américas.
60. Teach for America fellow, Rhode Island, entrevista con la autora; "Providence, 2019–20 Report Card: Civil Rights Data Collection for 2017–2018," accedido el 24 de junio de 2021, muestra una cantidad desproporcionada de suspensiones y arrestos escolares de estudiantes de color en comparación con los estudiantes blancos.
61. Generation Teach, "Why We Exist and What We Do," accedido el 20 de julio de 2021.
62. Teaching fellow, Generation Teach Rhode Island Program, entrevista con la autora, 22–30.

63. Teaching fellow, Generation Teach Rhode Island Program, entrevista con la autora, 140–52.
64. Epstein, Blake, and Gonzalez, *Girlhood Interrupted*.
65. Stovall, entrevista con la autora, 76–82.
66. Jackson et al., "Betrayed: Chicago Schools Fail to Protect Students from Sexual Abuse and Assault, Leaving Lasting Damage"; Schuler, *Annual Report—Fiscal Year 2019*.
67. City of Chicago School District 299, datos demográficos de los maestros, accedido el 20 de julio de 2021.
68. Cruz-Janzen, "Latinegras," 171.

CAPÍTULO 3: TRABAJAR EN LOS ESTADOS UNIDOS DE AMÉRICA

1. *Olumuyiwa*, 1999 WL 529553.
2. *Ajayi*, 336 F.3d 520; *Dunn*, 288 F. Supp. 3d 749; *EEOC v. New Koosharem Corp*, No. 2:13-cv-761(W.D. Tenn.); *Gallentine*, 919 F. Supp. 2d 787; *Young*, 2009 WL 3352148; *EEOC v. E&D Services, Inc.*, No. SA-08-CA-0714-NSN(W.D. Tex.); *EEOC v. Lockheed Martin*, Civil No. 05–00479 SPK(D. Haw.); *Cruz*, No. 3–21709(S.D. Fla. Mia. Div.); Reform Bd. Of Trustees, 1999 WL 258488, at *1; *Hines*, 2010 WL 2599321; *Roberts*, 2003 WL 1194102, at *1; *Ferguson*, No. 2017–026195-CA-01(Fla. Cir. Ct.) ; *Bradshaw*, No. 2016–020723-CA-01(Fla. Cir. Ct.); *Green*, No. 2015–024883-CA-01(Fla. Cir. Ct.); *Turner*, 49 Misc.3d 1220(A); *Boyce*, 958 N.Y.S.2d 306; *Bowen*, 49 S.W. 3d 902; *In re* Johnson, 1998 WL 104771.
3. *Cruz*, No. 3–21709 (S.D. Fla. Mia. Div.).
4. Berrey, Nelson, and Nielsen, *Rights on Trial*; Nielsen and Nelson, "Rights Realized?"
5. Clermont and Schwab, "Employment Discrimination Plaintiffs in Federal Court," 127.
6. Clermont and Schwab, "Employment Discrimination Plaintiffs in Federal Court."
7. Hornby, "Summary Judgment Without Illusions," 273, 279–80.
8. Johnson v. Pride Indus., 2018 WL 6624691, la desestimación del caso está en apelación; *Osei-Buckle*, 1998 WL 552126, at *1; *Patino*, 1997 WL 416949, at*1; *Farias*, 925 F.2d 866, 879; *Atencia*, 2020 WL 3893582; *Shelby*, 2019 WL 1958001; *Smiley*, 2010 WL 10669508; *Cortez*, No. 03–1251 BB/LFG (D.New Mexico); *Isaac*, 2002 WL 31086118, at *1; *Allen*, 2001 WL 1249054, at*1; *Hogan*, 102 F. Supp. 2d 1180; *Russell*, 46 F. Supp. 2d 1330; *Harper*, 1999 WL 147698, at *1; *Vincent*, 3 F. Supp. 2d 1405; *Bernard*, 1996 WL 457284; *Mathura*, 1996 WL 157496; *Foster*, 2016 WL 4098676; *Johnson*, 2009 WL 867131; *Donjoie*, No. 2018–036551-CA-01 (Fla. Cir. Ct.); *Beard*, 2013 WL 5947951; *Walcott*, 2013 WL 593488; *McCleary*, 2019 WL 7205918; *Hicks*,2003 WL 21788903; *McCrimmon*, 2003 WL 1862156; *Quintana*, 1989 WL 645048; *In re* Green, 2020 WL 2303164; *In re* Garcia, 2018 WL 6625532; *In re* Hernandez, 2007 WL 9254612.
9. Giuliano, Levine, and Leonard, "Manager Race and the Race of New Hires."
10. *Arrocha*, No. CV021868, 2004 WL 594981.
11. Fanon, *Peau noir, masques blancs (Piel negra, máscaras blancas)*.
12. *Castaneda*, 430 U.S. 482.

13. Collins, *Black Feminist Thought*; Crenshaw, "Demarginalizing the Intersection of Race and Sex."
14. *Cruz Young*, 2009 WL 33522148.
15. "Remedies for Employment Discrimination." También es posible otorgar indemnizaciones por daños para castigar a un empleador que ha cometido un acto de discriminación particularmente malicioso o imprudente. Existen límites a la cantidad de daños compensatorios y punitivos que una persona puede recibir dependiendo del tamaño del empleador.
16. *Bartholomew*, No. 3:11CV02219 (D.P.R.).
17. *Webb*, 992 F. Supp. 1382.
18. *Sprott*, 1998 WL 472061, at *1.
19. Gerente de aprendizaje y desarrollo organizativo, mensaje de correo electrónico a la autora.
20. Joshi and Kline, "Lack of Jury Diversity"; Democracy and Government Reform Team, *Examining the Demographic Compositions of U.S. Circuit and District Courts*; Bannon and Adelstein, "State Supreme Court Diversity—February 2020 Update."
21. Mendez, entrevista con la autora.
22. Mindiola, Flores Niemann, and Néstor, *Black-Brown: Relations and Stereotypes*, 31–35.
23. *Portugues-Santa*, 614 F. Supp. 2d 221.
24. *Vance*, 570 U.S. 421; *De Los Santos Rojas*, 85 F. Supp. 3d 615.
25. "Section 15: Race and Color Discrimination."
26. *EEOC v. Koper*, U.S. Dist. Ct. of P.R. Case No. 09–1563.
27. Johnson v. Pride Indus., (No. 19–50173) 2018 WL 6624691. La desestimación del caso está en apelación.
28. US Census Bureau, "QuickFacts: El Paso County, Texas."
29. *Ash*, 546 U.S. 454, 456.
30. West, *Race Matters*.
31. Stack, "Black Workers' Suit Accuses Job Agency of Favoring Hispanic Applicants."
32. *Hunt*, 2018 Fair Emp. Prac. Case (BNA) 59,091.
33. Stack, "Black Workers' Suit Accuses Job Agency of Favoring Hispanic Applicants."
34. *EEOC v. Rodríguez*, 1994 WL 714003.
35. Haslip-Viera, *White Latino Privilege*.
36. *EEOC v. Rodriguez*, at *10.
37. Morales, "The Utility of Shared Ethnicity on Job Quality Among Latino Workers"; Elliot and Smith, "Ethnic Matching of Supervisors to Subordinate Work Groups."
38. *Farias*, 925 F.2d 866, 879.
39. Newman, *No Shame in My Game*; Smith, *Mexican New York*.
40. Fuentes-Mayorga, "Sorting Black and Brown Latino Service Workers in Gentrifying New York Neighborhoods."
41. Hersch, "Profiling the New Immigrant Worker."
42. Murguia and Telles, "Phenotype and Schooling Among Mexican Americans," 276–89.
43. Hersch, "The Persistence of Skin Color Discrimination for Immigrants"; Hersch, "Colorism Against Legal Immigrants to the United States."

44. Rosenblum et al., "Looking Through the Shades."
45. Melendez, Rodriguez, and Barry Figueroa, *Hispanics in the Labor Force.*
46. Hill, *Black Labor and the American Legal System*, 182–83, 254; Royster, *Race and the Invisible Hand*, 29–33; Higginbotham, "Employment for Professional Black Women in the Twentieth Century."
47. *Felix*, 27 Emp. Prac. Dec. P 32,241, 22,2768 n. 6.
48. Denton and Massey, "Racial Identity Among Caribbean Hispanics"; Padilla, "'But You're Not a Dirty Mexican'"; Uhlmann et al., "Subgroup Prejudice Based on Skin Color Among Hispanics in the United States and Latin America."
49. Tafoya, "Shades of Belonging."
50. Valcarel, "Growing Up Black in Puerto Rico."
51. Hernández, "Afro-Latin@s and the Latino Workplace."
52. Cruz-Janzen, "Y tu abuela a'onde esta?"; Quiñones Rivera, "From Trigueñita to Afro-Puerto Rican."
53. Belluck, "John H. Pratt, 84, Federal Judge Who Helped Define Civil Rights."
54. Crenshaw, "Demarginalizing the Intersection of Race and Sex," 139.
55. Banks, "Colorism."
56. *Falero Santiago*, 10 F. Supp. 2d 93.
57. White, "The Irrational Turn in Employment Discrimination Law."
58. *Ash*, 126 S. Ct. 1195.
59. Orozco and Tareque, *2020 State of Latino Entrepreneurship Report.*
60. *Minorities in Business.*
61. Kramer Mills et al., *Latino-Owned Businesses.*
62. Orozco and Tareque, *2020 State of Latino Entrepreneurship Report.*
63. Noe-Bustamante, Lopez, and Krogstad, "U.S. Hispanic Population Surpassed 60 Million in 2019, but Growth Has Slowed."
64. Orozco and Tareque, *2020 State of Latino Entrepreneurship Report.*
65. Morales, "The Utility of Shared Ethnicity," 439–65; Aguilera, "The Impact of Social Capital on the Earnings of Puerto Rican Migrants."
66. Elliot and Smith, "Ethnic Matching of Supervisors," 258–76.
67. Rushing and Winfield, "Bridging the Border Between Work and Family."

CAPÍTULO 4: OYE NEGRO,NO PUEDES VIVIR AQUÍ

1. Quinta, entrevista con la autora.
2. Fair Housing Act, 42 U.S.C. § 3603(b) (1968).
3. 42 U.S.C. § 1982 (1866).
4. Reosti, "'We Go Totally Subjective,'" 625.
5. Limón et al., *State of Hispanic Homeownership Report*, 4; "Homeownership Rate in the U.S. 1990–2020."
6. *Martinez*, No. CV 05–7608-JTL, 2007 WL 8435675, at *1.
7. Lacayo, "Latinos Need to Stay in Their Place"; "Hate Crimes on the Rise in Orange County: Report"; Fry and Queally, "Hate Crimes Targeting Jews and Latinos Increased in California in 2018, Report Says"; Carroll, "'They Just Don't Fit In.'"
8. US Census Bureau, "2010 Census of Population: General Population Characteristics, Illinois."
9. López, "Cosa de Blancos," 439.
10. Clealand, "Undoing the Invisibility of Blackness in Miami."

11. Aja, *Miami's Forgotten Cubans*, 28.
12. Nicholas, "Racial and Ethnic Discrimination in Rental Housing."
13. Greenbaum, *More Than Black*; Prohías and Casal, *The Cuban Minority in the US*.
14. Grillo, *Black Cuban, Black American*.
15. Aja, *Miami's Forgotten Cubans*, 47–49.
16. Grillo, *Black Cuban, Black American*.
17. Gosin, *The Racial Politics of Division*, 6.
18. Hay, *"I've Been Black in Two Countries"*, 46.
19. "Current Hispanic or Latino Population Demographics in Miami, Florida 2020, 2019 by Gender and Age."
20. Mirabal, *Suspect Freedoms*, 189.
21. Hoffnung-Garskof, *Racial Migrations*.
22. Delgado, "Puerto Rican."
23. Maciag, "Residential Segregation Data for U.S. Metro Areas."
24. Keys v. Garcia, HUDALJ 05–89–0457–1.
25. Machicote, "Dear Latines."
26. US Census Bureau, "1990 Census of Population: General Population Characteristics, Illinois."
27. Gabriel and Painter, "Mobility, Residential Location, and the American Dream."
28. Limón et al., *2019 State of Hispanic Homeownership Report*, 9; "NAHREP Releases New State of Hispanic Homeownership Report."
29. US Census Bureau, "2000 Census of Population: General Population Characteristics, New York."
30. US Census Bureau, "1990 Census of Population: General Population Characteristics, New York."
31. Tulsen, 1999 WL 521272, at *1.
32. Rochester, *The Black Tax*.
33. García, "The Birth of the MS13 in New York"; "MS-13 on Long Island."
34. US Census Bureau, "2000 Census of Population: General Population Characteristics, Iowa."
35. *Echols*, 1998 WL 21060, at *1.
36. *United States v. Barberis*, 887 F. Supp. 110.
37. *Frazier*, 27 F.3d 828.
38. US Census Bureau, "1990 Census of Population: General Population Characteristics, New York."
39. Paquette, "Book Details Klan Role in Smithtown's Past"; Glaberson, "15 Hate Groups in Region, Monitoring Organization Says."
40. *Frazier*, 27 F.3d at 831
41. Scott, entrevista con la autora, 74–80.
42. Hendley, entrevista con la autora, 89–119.
43. LaRaia, entrevista con la autora, 51–56.
44. Dinzey-Flores, *Locked In, Locked Out*, 6–7, 134.
45. Fair Housing Act of 1968, 42 U.S.C. § 3604 (2019), prohíbe la discriminación en la venta, arrendamiento o servicios relacionados contra cualquier persona por motivos de la raza, el color o el origen nacional.
46. Larkin, "The Forty-Year 'First Step,'" 1617.
47. Massey and Denton, *American Apartheid*, 151.

48. Massey and Bitterman, "Explaining the Paradox of Puerto Rican Segregation," 326; Gans, "Second Generation Decline," 1–20.
49. South, Crowder, and Chavez, "Migration and Spatial Assimilation Among US Latinos: Classical Versus Segmented Trajectories," 514.
50. Iceland and Nelson, "Hispanic Segregation in Metropolitan America," 752; Sacks, "The Puerto Rican Effect on Hispanic Residential Segregation," 98.
51. Uzogara, "Who Desires In-Group Neighbors?"
52. Lofland, *A World of Strangers*.
53. Britton, "Close Together but Worlds Apart?"

CAPÍTULO 5: LA VIOLENCIA FÍSICA

1. Johnson, "5 Things About Alex Michael Ramos."
2. Clemente, "Not in Our Name: A Puerto Rican White Supremacist in Charlottesville."
3. Hing, "The Curious Case of George Zimmerman's Race."
4. Yancey, "'Blacks Cannot Be Racist.'"
5. Resto-Montero, "With the Rise of the Alt-Right, Latino White Supremacy May Not Be a Contradiction in Terms."
6. "14 Words: General Hate Symbols, Hate Slogans/Slang Terms."
7. Resto-Montero, "With the Rise of the Alt-Right, Latino White Supremacy May Not Be a Contradiction in Terms."
8. Resto-Montero, "With the Rise of the Alt-Right, Latino White Supremacy May Not Be a Contradiction in Terms."
9. Johnson v. California, 543 U.S. 499.
10. Spiegel, "Prison Race Rights."
11. Moore, "Hundreds Hurt in California Prison Riot."
12. Tanner, "Hispanics Battle Blacks in Major Calif. Prison Riot."
13. Ripston and Butler, "Legality of Segregating Prisoners by Race."
14. Raphael, "California Prisons Struggle to Adapt to Desegregation."
15. Vasquez, "One Prison Taught Me Racism. Another Taught Me Acceptance."
16. Vasquez, "One Prison Taught Me Racism. Another Taught Me Acceptance."
17. Quinones, "Race, Real Estate, and the Mexican Mafia."
18. Quinones, "Race, Real Estate, and the Mexican Mafia."
19. *In re* Louis Vasquez on Habeas Corpus, Case No. C087261, (Cal. 3rd App. Dist. June 4, 2018); Gonzales, "La Puente Man Sentenced to Decades in Prison for Stabbing 2 Men in Covina."
20. Holland, "2 Convicted of Racial Hate Crime in San Fernando Valley Shootings."
21. Holland, "2 Convicted of Racial Hate Crime in San Fernando Valley Shootings."
22. Rubin, "Gang Member Gets Prison for Firebombing Black Families in Boyle Heights."
23. U.S. v. Rios et al., Docket No. 2:11-cr-00492 (C.D. Cal. June 1, 2011).
24. Ng, "Latino Gang Charged with Racial Cleansing Attacks in California Town."
25. Hutchinson, "Will Latino Gang Arrests Deepen Black-Brown Divide?"
26. Quinones, "Azusa 13 Street Gang Leader, Son Sentenced to Prison."
27. U.S. v. Flores et al., Docket No. 2:09-cr-00445 (C.D. Cal. May 6, 2009).

28. "Massive Racketeering Case Targets Hawaiian Gardens Gang Involved in Murder of Sheriff's Deputy, Attacks on African-Americans and Widespread Drug Trafficking."
29. Cunningham and Kimball, "Gangs, Guns, Drugs and Money"; Glover and Winton, "Dozens Arrested in Crackdown of Latino Gang Accuse of Targeting Blacks."
30. People v. Alcarez et al., No. NA072796 (LA County Superior Court Jan. 1, 2007).
31. Spano, "Blacks Were Targeted, Witness Insists."
32. Marrero, "El odio en acción."
33. U.S. v. Cazares et al., 788 F.3d 956 (9th Cir. 2015); US Department of Justice, Gang Members Convicted of Federal Hate Crimes for Murders, Assaults of African Americans.
34. US Department of Justice, Gang Members Convicted of Federal Hate Crimes for Murders, Assaults of African Americans.
35. Murr, "A Gang War with a Twist."
36. Rafael, *The Mexican Mafia*, 216.
37. Quinones, "Last Suspect in Cheryl Green Hate-Crime Murder Gets 238 Years."
38. Hipp and Tita, "Ethnically Transforming Neighborhoods and Violent Crime Among and Between African-Americans and Latinos."
39. Umemoto and Mikami, "A Profile of Race-Bias Hate Crime in Los Angeles County."
40. Davis and Erez, "Immigrant Populations as Victims," 1.
41. Cuevas, "Race and the L.A. Human."
42. Steffensmeier et al., "Reassessing Trends in Black Violent Crime, 1980–2008."
43. Márquez, *Black-Brown Solidarity*, 12; Telles, Sawyer, and Rivera-Salgado, *Just Neighbors?*, 1–28.
44. Márquez, *Black-Brown Solidarity*, 12; Telles, Sawyer, and Rivera-Salgado, *Just Neighbors?*, 1–2."
45. Lyons, "Defending Turf: Racial Demographics and Hate Crime Against Blacks and Whites."
46. 2010 Census data reports the racial demographic statistics for each of the following California neighborhoods. Azusa: 3% African American, 67.57% Hispanic, 19.3% White persons not Hispanic; Hawaiian Gardens: 3.83% African American, 77.24% Hispanic, 7.32% White persons not Hispanic; Highland Park: 2.13% African American, 71.69% Hispanic, 13.16% White persons not Hispanic; Harbor Gateway: 9.63% African American, 48.48% Hispanic, 28.66% White persons not Hispanic. "Racial/Ethnic Composition, Cities and Communities, Los Angeles County: By Percentages, 2010 Census."
47. Logan, *How Race Counts for Hispanic Americans*; Parisi et al., "Multi-Scale Residential Segregation," using an "Index of Dissimilarity."
48. Telles et al., *Just Neighbors?*, 1.
49. Feldmeyer, "The Effects of Racial/Ethnic Segregation on Latino and Black Homicide."
50. Vigil, "Ethnic Succession and Ethnic Conflict."
51. Lefebvre, *The Production of Space*.
52. Boddie, "Racial Territoriality."

53. "Two California Men Indicted in Federal Hate Crime Case Stemming from New Year's Eve Attack on African-American Youths."
54. US Census Bureau, QuickFacts Table, "Compton City, California."
55. Bell, *Hate Thy Neighbor*.
56. Rafael, *The Mexican Mafia*.
57. Shroder, "Suspect Arrested in Carlsbad Hate Crime."
58. *Hernandez et al.*, Case No. B236093, California 2nd App. Dist.; "4 Face Arson, Hate Crime Trial for Cross Burning."
59. Taylor, 2006 WL 2239659.
60. *Gonzalez*, Case No. 3D13–1474 (Fla. 3rd Dist. Ct. of App.) (en la que se denegó la apelación de la convicción emitida por el tribunal inferior.)
61. *State of Florida v. Nunez*, Case No. 2013-CF-002454-A-O (Fla. Orange Cnty.); "Full Sail Student Stabbed in Class with Screwdriver, Deputies Say."
62. Moran, "Hate Crime Charges Dropped Against Northwestern Chapel Vandals."
63. Glueck, "Iowa City Man Charged with Hate Crime for Assaulting Black Man."
64. Unger, "Hate Crime Strikes Rio Rancho."
65. Baumgartner, Epp, and Shoub, *Suspect Citizens*.
66. Dart and Laughland, "Sandra Bland."
67. Vargas, "Latinos and Criminal Justice, Policing, and Drug Policy Reform," question 25.
68. López and Krogstad, "How Hispanic Police Officers View Their Jobs."
69. "Philando Castile Death."
70. Hauser, "Florida Police Chief Gets 3 Years for Plot to Frame Black People for Crimes."
71. Hauser, "Florida Police Chief Gets 3 Years for Plot to Frame Black People for Crimes."
72. Alford, "'They Believe We're Criminals,'"
73. Cratty, "Agreement Announced to Reform Puerto Rico's Police Force."
74. Torres Gotay, "Justicia desiste del caso contra estudiante de educación especial."

CAPÍTULO 6: DE LA IGUALDAD RACIAL EN ESTADOS UNIDOS

1. Bonilla-Silva, "We Are All Americans!"
2. Guinier and Torres, *The Miner's Canary*, 225.
3. Guinier and Torres, *The Miner's Canary*.
4. Haslip-Viera, ed., *White Latino Privilege*.
5. Saenz, "Who and What the Hell Is a White Hispanic?"
6. García, "White Privilege and the Effacement of Blackness," 79.
7. Hernández, *Racial Subordination in Latin America*, 2.
8. Vargas, "Latina/o Whitening?"
9. Vargas, "Off White."
10. Ramirez and Peterson, *Ignored Racism*; Morales, *Latinx*.
11. Gómez, *Inventing Latinos*.
12. Sanchez and Rodriguez Espinosa, "Does the Race of the Discrimination Agent in Latinos' Discrimination Experiences Influence Latino Group Identity?"; Carey et al., "The Determinants and Political Consequences of Latinos' Perceived Intra-Group Competition."
13. Howard, "Afro-Latinos and the Black-Hispanic Identity."

14. McConnaughy et al., "A Latino on the Ballot."
15. Li and Rudensky, "Rethinking the Redistricting Toolbox."
16. Sanchez, "Latino Group Consciousness and Perceptions of Commonality with African Americans"; Kaufmann, "Cracks in the Rainbow."
17. Cartagena, entrevista con la autora, 120.
18. Saenz, entrevista con la autora, 132.
19. Nelson, entrevista con la autora, 54.
20. Smith, *Whitelash*, 1.
21. Valdes, "The Fight for Latino Voters for the G.O.P."
22. Krupnikov and Piston, "The Political Consequences of Latino Prejudice Against Blacks"; Haywood, "Anti-Black Latino Racism in an Era of Trumpismo," 957.
23. Beltrán, *The Trouble with Unity*.
24. Hernández, "Latino Antiblack Bias and the Census Categorization of Latinos," 283; Gómez, *Inventing Latinos*.
25. Cohn, "Census History: Counting Hispanics."
26. Reyes, "Afro-Latinos Seek Recognition and Accurate Census Count."
27. Rodríguez-Muñiz, *Figures of the Future*, xviii.
28. "The Census Bureau's Proposed 'Combined Question' Approach Offers Promise for Collecting More Accurate Data on Hispanic Origin and Race, but Some Questions Remain."
29. Parker, "Multiracial in America: Proud, Diverse and Growing in Numbers."
30. Hogan, "Reporting of Race Among Hispanics"; Allen, "Investigating the Cultural Conception of Race in Puerto Rico."
31. Hernández, "Too Black to Be Latino/a" Blackness and Blacks as Foreigners in Latino Studies."
32. Duany, *The Puerto Rican Nation on the Move*.
33. Minority Rights Group, *No Longer Invisible*.
34. Gosin, "'A Bitter Diversion.'"
35. Marks and Rios-Vargas, "Improvements to the 2020 Census Race and Hispanic Origin Question Designs, Data Processing, and Coding Procedures."
36. U.S. Census Bureau, "Hispanic or Latino Origin by Race: 2010 and 2020."
37. López and Gonzalez-Barrera, "Afro-Latino."
38. López and Hogan, "What's Your Street Race?"
39. Contreras and Reyes, "The Multiracial Identity Revolution Among U.S. Latinos."
40. 1andOnlyAlpha, Twitter post.
41. Giron, Twitter post.
42. DiAngelo, *White Fragility*.
43. U.S. Census Bureau, "Hispanic or Latino Origin by Race: 2010 and 2020."
44. Wang, "The 2nd-Largest Racial Group in the U.S. Is 'Some Other Race.'"
45. US Census Bureau, "Hispanic or Latino Origin by Race: 2010 and 2020" (los porcentajes están basados en el total de la población hispana de 2010 y 2020 respectivamente).
46. US Census Bureau, "Race and Ethnicity in the United States: 2010 Census and 2020 Census" (los porcentajes están basados en el total de la población hispana de 2010 y 2020 respectivamente).
47. US Census, "2020 Census: Redistricting File (Public Law 94-171) Dataset" (tabulado a partir de datos censales).

48. Hoy, "Negotiating Among Invisibilities."
49. Rosado, "Puerto Ricans, Dominicans, and the Emotional Politics of Race and Blackness in the U.S.," 115.
50. Eustachewich, "Dominicans in Inwood Blasted on Social Media for Chasing Away Black Men"; Amezcua, "A History of Anti-Blackness Permeates the Grid of Chicago's Southwest Side."
51. Padgett, "Why Are So Many Latinos Obsessed with Demonizing Black Lives Matter? It's Complicated."
52. Márquez, *Black-Brown Solidarity*, 157.
53. Machicote, "Dear Latines."
54. Hordge-Freeman and Loblack, "'Cops Only See Brown Skin, They Could Care Less Where It Originated.'"
55. Fox, *Hispanic Nation*.
56. Fernández, *The Young Lords*.
57. Jones, *The Browning of the New South*.
58. Guinier and Torres, *The Miner's Canary*.
59. Gordon and Lenhardt, "Rethinking Work and Citizenship"; Millet, "Case Study of Black-Brown Bridging."
60. Community Coalition.
61. Grant-Thomas, Sarfati, and Staats, "Natural Allies or Irreconcilable Foes?"
62. Millet, "Case Study of Black-Brown Bridging," 30–35; "Encuentro Diaspora Afro."
63. Pastor et al., "Bridges Puentes."
64. Paul Ortiz, *An African American and Latinx History of the United States*, 204.
65. Foley, *Quest for Equality*.
66. Aja, Bustillo, and Wallace, "Countering 'Anti-Blackness' Through 'Black-Brown' Alliances and Inter-Group Coalitions,'" 77–78.
67. Siegel, "A Short History of Sexual Harassment," 1, 8.
68. Kleppin, interview with author, 172–79.
69. Hernández, "Latino Inter-Ethnic Employment Discrimination and the 'Diversity Defense.'"
70. Cruz, interview with author, 141.
71. *Victor Rivera Sanchez*, No. 02–1161.

EPÍLOGO: UNA AFROLATINA INTERROGA LA ANTINEGRITUD DE LOS LATINOS

1. La lista detallada de todas las búsquedas y archivos de datos consultados pueden examinarse en el siguiente enlace: www.ProfessorTKH.com, *Racial Innocence* Book Methodology Appendix page.
2. He usado seudónimos para todos los nombres de personas mencionadas en el epílogo a fin de proteger la privacidad de mi familia y mis amigos. El epílogo incluye un extracto previamente publicado de mi libro *Multiracials and Civil Rights: Mixed-Race Stories of Discrimination* y se reproduce aquí con permiso del editor.
3. Haslip-Viera, *Taíno Revival*.
4. Hernández, *Racial Subordination in Latin America*.
5. Candelario, *Black Behind the Ears*.
6. Hall and Whipple, "The Complexion Connection."
7. "Aché" es una expresión yoruba que significa "salud y suerte".

BIBLIOGRAFÍA

LEYES, REGLAMENTOS Y DOCUMENTOS GUBERNAMENTALES

"City of Chicago School District 299." Teacher demographics, Illinois Report Card 2019–2020 website, Illinois State Board of Education. https://www.illinoisreportcard.com/district.aspx?districtid=15016299025&source=teachers&source2=teacherdemographics.

Civil Rights Act of 1866, 42 U.S.C. § 1982 (1866).

Cunningham, Jason F., and Sharon R. Kimball. "Gangs, Guns, Drugs and Money." *United States Attorneys' Bulletin: Gang Prosecutions* 62, no. 12 (2014):12–17.

Fair Housing Act of 1968, 42 U.S.C. § 3604 (2019).

Fair Housing Act, 42 U.S.C. § 3603(b) (1968).

"Final Gang Defendant in Federal Hate Crimes Indictment Pleads Guilty in Firebombing of African-American Residences." Press release no. 19–067, US Department of Justice, US Attorney's Office of the Central District of California, Apr. 9, 2019. https://www.justice.gov/usao-cdca/pr/final-gang-defendant-federal-hate-crimes-indictment-pleads-guilty-firebombing-african.

Marks, Rachel, and Merarys Rios-Vargas. "Improvements to the 2020 Census Race and Hispanic Origin Question Designs, Data Processing, and Coding Procedures." US Census Bureau, Random Samplings Blog, Aug. 3, 2021. https://www.census.gov/newsroom/blogs/random-samplings/2021/08/improvements-to-2020-census-race-hispanic-origin-question-designs.html.

"Massive Racketeering Case Targets Hawaiian Gardens Gang Involved in Murder of Sheriff's Deputy, Attacks on African-Americans and Widespread Drug Trafficking." Press release, US Attorney's Office, Central District of California, May 21, 2009. https://www.fbi.gov/losangeles/press-releases/2009 /la052109.htm.

Meinero, Seth Adam. "La Vida Loca Nationwide: Prosecuting Sureño Gangs Beyond Los Angeles." *United States Attorneys' Bulletin: Gang Prosecutions* 62, no. 12 (2014): 26–35.

Minorities in Business. Washington, DC: US Small Business Administration, 1999. www.sba.gov/advo/stats/min.pdf.

Office for Civil Rights. "Pending Cases Currently Under Investigation at Elementary-Secondary and Post-Secondary Schools." Washington, DC: US

Department of Education, July 2, 2021. https://www2.ed.gov/about/offices/list/ocr/docs/investigations/open-investigations/tvi.html.

Office for Civil Rights. "Section 101: Privacy Act and Freedom of Information Act." In *Case Processing Manual (CPM)*. Washington, DC: US Department of Education, 2020. https://www2.ed.gov/about/offices/list/ocr/docs/ocrcpm.pdf.

Organic Act of Puerto Rico, Pub. L. No. 64–368, § 9, 39 Stat. 951, 954 (1917) (codified as amended at 48 U.S.C. § 734).

"Providence, 2019–20 Report Card: Civil Rights Data Collection (CRDC) for 2017–2018." Rhode Island Department of Education. https://reportcard.ride.ri.gov/201920/DistrictCRDC?DistCode=28.

"Providence, 2019–20 Report Card: Overview." Rhode Island Department of Education. https://reportcard.ride.ri.gov/201920/DistrictSnapshot?DistCode=28.

Puerto Rico Civil Rights Act, 1 P.R. Laws Ann. §§ 13–19 (1943); P.R. Const. art. II, § 1 (1952); 29 P.R. Laws Ann. § 146 (codifying as amended 1959 P.R. Laws 100).

"Remedies for Employment Discrimination." US Equal Employment Opportunity Commission. https://www.eeoc.gov/remedies-employment-discrimination, accedido el 20 de julio de 2021.

Schuler, Nicholas. *Annual Report—Fiscal Year 2019*. Chicago: Office of the Inspector General, Chicago Board of Education, 2020. https://www.scribd.com/document/441923974/Chicago-2019-Report#download&from_embed.

"Section 15: Race and Color Discrimination." In *Equal Employment Opportunity Commission (EEOC) Compliance Manual*. Washington, DC: US Equal Employment Opportunity Commission, 2006. https://www.eeoc.gov/laws/guidance/section-15-race-and-color-discrimination.

Title II of the 1964 Civil Rights Act, 42 U.S.C. §§ 2000a et seq.

"Two California Men Indicted in Federal Hate Crime Case Stemming from New Year's Eve Attack on African-American Youths." Press release no. 13. US Department of Justice, Office of Public Affairs, Feb. 8, 2013. https://www.justice.gov/opa/pr/two-california-men-indicted-federal-hate-crime-case-stemming-new-year-s-eve-attack-african.

US Census Bureau. "1990 Census of Population: General Population Characteristics, Illinois." Washington, DC: 1992. https://www2.census.gov/library/publications/decennial/1990/cp-1/cp-1-15.pdf.

US Census Bureau. "1990 Census of Population: General Population Characteristics, New York." Washington, DC: 1992. https://www2.census.gov/library/publications/decennial/1990/cp-1/cp-1-34-1.pdf.

US Census Bureau. "2000 Census of Population: General Population Characteristics, Iowa" Washington, DC: 2000. https://factfinder.census.gov.

US Census Bureau. "2000 Census of Population: General Population Characteristics, New York." Washington, DC: 2000. https://factfinder.census.gov.

US Census Bureau. "2010 Census of Population: General Population Characteristics, Illinois." Washington, DC: 2010. https://factfinder.census.gov.

US Census Bureau. "2013–2017 American Community Survey 5-Year Estimates." Washington, DC: 2018. https://www.census.gov/programs-surveys/acs/technical-documentation/table-and-geography-changes/2017/5-year.html.

US Census Bureau. "2018 American Community Survey Table of Hispanic or Latino Origin Population by Race." https://data.census.gov/cedsci

/table?q=hispanic%20origin%20by%20race&hidePreview=false&tid=ACSDT1Y2018.B03002&vintage=2018.
US Census Bureau. "2019 American Community Survey Table of Hispanic or Latino Origin by Race." https://data.census.gov/cedsci/table?q=hispanic%20origin%20by%20race&tid=ACSDT1Y2019.B03002&hidePreview=true.
US Census Bureau. "2020 Census: Redistricting File (Public Law 94-171) Dataset." Census.gov, Aug. 12, 2021. https://www.census.gov/data/datasets/2020/dec/2020-census-redistricting-summary-file-dataset.html.
US Census Bureau. "Hispanic or Latino Origin by Race: 2010 and 2020," 2020 Census Redistricting Data (Public Law 94-171) Summary File Table 4. https://www2.census.gov/programs-surveys/decennial/2020/data/redistricting-supplementary-tables/redistricting-supplementary-table-04.pdf. Accessed Aug. 13, 2021.
US Census Bureau. "The Hispanic Population in the United States: 2019," Data Table 26. Census.gov, Oct. 8, 2021. https://www.census.gov/data/tables/2019/demo/hispanic-origin/2019-cps.html.
US Census Bureau. "Hispanic Population to Reach 111 Million by 2060." Census. gov, Oct. 8, 2021, https://www.census.gov/library/visualizations/2018/comm/hispanic-projected-pop.html.
US Census Bureau. "Race and Ethnicity in the United States: 2010 Census and 2020 Census." Census.gov, Aug. 12, 2021. https://www.census.gov/library/visualizations/interactive/race-and-ethnicity-in-the-united-state-2010-and-2020-census.html.
US Census Bureau. "QuickFacts: Carlsbad City, New Mexico." https://www.census.gov/quickfacts/fact/table/carlsbadcitynewmexico/PST045219. Accedido el 23 de julio de 2021.
US Census Bureau. "QuickFacts: El Paso County, Texas." https://www.census.gov/quickfacts/elpasocountytexas. Accessed July 29, 2021. US Census Bureau. "QuickFacts: Miami City, Florida." https://www.census.gov/quickfacts/fact/table/miamicityflorida/PST045219. Accedido el 22 de julio de 2019.
US Department of Justice, 2006 Press Release, U.S. Dep't of Just. Cent. Dist. Of Cal. Att'y Gen., Gang Members Convicted of Federal Hate Crimes for Murders, Assaults of African Americans. (2006) (regarding U.S. v. Martinez, CR 04–415(b) (D. Ca. Aug. 1, 2006). www.usdoj.gov/usao/cac/pr2006/102.html.
Vespa, Jonathan, Lauren Medina, and David M. Armstrong. "Demographic Turning Points for the United States: Population Projections for 2020 to 2060." US Census Bureau, Feb. 2020. https://www.census.gov/content/dam/Census/library/publications/2020/demo/p25–1144.pdf.

CASOS LEGALES

Ajayi v. Aramark Bus. Servs., 336 F.3d 520 (7th Cir. 2003).
Allen v. Bake-Line Prods., Inc., No. 98 C 1119, 2001 WL 1249054 (N.D. Ill. Oct. 17, 2001).
Arrocha v. CUNY, 2004 WL 594981 (E.D.N.Y. Feb. 9, 2004).
Ash v. Tyson Foods, 546 U.S. 454, 456 (2006).
Ash v. Tyson Foods, Inc., 126 S. Ct. 1195 (2006).
Atencia v. Maricopa Cty. Sheriff's Off., No. CV-19–05855, 2020 WL 3893582 (D. Ariz. July 10, 2020).

Bartholomew v. Martin Brower Co. LLC et al., No. 3:11CV02219 (D.P.R. Oct. 4, 2012).
Beard v. JBT Aerotech Serv., No. 01–12–00155, 2013 WL 5947951 (Tex. App. Nov. 5, 2013).
Bermudez Zenon v. Rest. Compostela, Inc., 790 F. Supp. 41 (D.P.R. Apr. 24, 1992).
Bernard v. N.Y. City Health & Hosps. Corp., No. 93 CIV.8593, 1996 WL 457284 (S.D.N.Y. Aug. 14, 1996).
Bowen v. El Paso Electric Co., 49 S.W. 3d 902 (Tex. App. 2001).
Boyce v. Spitzer, 958 N.Y.S.2d 306 (N.Y. Sup. Ct. 2010).
Bradshaw v. Vivex Biomedical, No. 2016–020723-CA-01 (Fla. Cir. Ct. Aug 10, 2016).
Castaneda v. Partida 430 U.S. 482 (1977).
Cortez v. Wal-Mart Stores, Inc., No. 03–1251 BB/LFG (D. New Mexico Jan. 14, 2005), 157.
Cruz v. Rinker Materials of Fla., No. 3–21709 (S.D. Fla. Mia. Div, Dec. 5, 2003).
De Los Santos Rojas v. Hosp. Español De Auxilio Mutuo de Puerto Rico, Inc., 85 F. Supp. 3d 615 (D.P.R. 2015).
Donjoie v. Whitestone Gulf, No. 2018–036551-CA-01 (Fla. Cir. Ct. Oct. 29, 2018).
Dunn v. Hunting Energy Serv., 288 F. Supp. 3d 749 (S.D. Tex. 2017).
EEOC v. E&D Services, Inc., No. SA-08-CA-0714-NSN (W.D. Tex. Aug. 2009).
EEOC v. Koper Furniture, Inc., U.S. Dist. Ct. of P.R. Case No. 09–1563 (2009).
EEOC v. Lockheed Martin, Civil No. 05–00479 SPK (D. Haw. settled Jan. 2, 2008).
EEOC v. New Koosharem Corp., No. 2:13-cv-2761 (W.D. Tenn., Dec. 5, 2014).
EEOC v. Rodriguez, 1994 WL 714003 (E.D. Cal., Nov. 16, 1994).
Falero Santiago v. Stryker, 10 F. Supp. 2d 93 (D.P.R. 1998).
Farias v. Bexar Cnty. Bd. of Trs. for Mental Health Mental Retardation Serv., 925 F.2d 866 (5th Cir. 1991).
Felix v. Marquez, 27 Emp. Prac. Dec. P 32,241, 22,2768 n. 6 (D.D.C. 1981).
Fennell v. Marion Independent School District, 963 F. Supp. 2d 623 (W.D. Tex. 2013).
Ferguson v. Sage Parts Plus, No. 2017–026195-CA-01 (Fla. Cir. Ct. Nov 10, 2017).
Foster v. BAE Sys. Inc., No. A141373, 2016 WL 4098676 (Cal. Ct. App. July 29, 2016).
Frazier v. Rominger, 27 F.3d 828 (2d Cir. 1994).
Gallentine v. Housing Auth. of City of Port Arthur, Tex., 919 F. Supp. 2d 787 (E.D. Tex. 2013).
Gonzalez v. the State of Florida, Case No. 3D13–1474, Fla. 3rd Dist. Ct. of App (May 2, 2014).
Green v. Best Western Int'l, No. 2015–024883-CA-01 (Fla. Cir. Ct. Oct 26, 2015).
Harper v. Hunter Coll., No. 95 CIV. 10388, 1999 WL 147698 (S.D.N.Y. Mar. 15, 1999).
Hernandez et al. v. San Luis Obispo Superior Court, Case No. B236093, California 2nd App. Dist. (Sept. 23, 2011).
Hicks v. Treasure Serv./Metro Dade Transit, DOAH No. 02–1410, 2003 WL 21788903 (Fla. Div. Admin. Hearings Aug. 1, 2003).
Hines v. City of Los Angeles, No. B215896, 2010 WL 2599321 (Cal. Ct. App. June 30, 2010).
Hogan v. Henderson, 102 F. Supp. 2d 1180 (D. Ariz. 2000).
Hunt v. Pers. Staffing Grp., LLC, 2018 Fair Emp. Prac. Case (BNA) 59,091.

In re Andrews v. JPK Enter. et. al, CCHR No. 03-P-107, 2003 WL 23529549 (Chi. Comm'n Hum. Rel. Dec. 1, 2003).
In re Garcia, IHRC No. 2013CF2356, 2018 WL 6625532 (Ill. Hum. Rts. Comm'n Nov. 21, 2018.
In re Green, IHRC No. 2018CA1970, 2020 WL 2303164 (Ill. Hum. Rts. Comm'n Apr. 29, 2020).
In re Hernandez, CCHR No. 05-E-14, 2007 WL 9254612 (Chi. Comm'n Hum. Rel. Nov. 28, 2007).
In re Johnson, IHRC No. 1996CF1009, 1998 WL 104771 (Ill. Hum. Rts. Comm'n Jan. 13, 1998).
In re Louis Vasquez on Habeas Corpus, Case No. C087261 (Cal. 3rd App. Dist. June 4, 2018)
In re Pryor v. Echevarria, CCHR No. 93-PA-62/63, 1994 WL 910076 (Chi. Comm'n Hum. Rel. Oct. 19, 1994).
In re Trujillo, CCHR No. 01-PA-52, 2002 WL 1491999 (Chi. Comm'n Hum. Rel., May 15, 2002).
In re Louis Vasquez on Habeas Corpus, Case No. C087261 (Cal. 3rd App. Dist. June 4, 2018).
In the Matter of the Accusation of the Dep't of Fair Emp. and Hous. v. Mark Anthony Taylor, Fair Emp. and Hous. Comm'n of the State of Cal., Case Dec. No. 06–05, 2006 WL 2239659 (June 6, 2006).
Isaac v. Sch. Bd. of Miami-Dade Cnty., No. 00–0890-CIV, 2002 WL 31086118 (S.D. Fla. Sept. 3, 2002).
Johnson v. California, 543 U.S. 499 (2005).
Johnson v. Morales, No. B204818, 2009 WL 867131 (Cal. Ct. App. Apr. 2, 2009).
Johnson v. Pride Indus., No. 19–501173, 2018 WL 6624691 (5th Cir. 2019).
Laroche v. Denny's, Inc., 62 F. Supp.2d 1375 (S.D. Fla. 1999).
Martinez v. Cal. Inv. XII, No. CV 05–7608-JTL, 2007 WL 8435675 (C.D. Cal. Dec. 12, 2007).
Mathura v. Council for Hum. Servs. Home Care Servs., Inc., No. 95CIV4191, 1996 WL 157496 (S.D.N.Y. Apr. 2, 1996).
McCleary v. Cole, DOAH No. 201916366, 2019 WL 7205918 (Fla. Div. Admin. Hearings Nov. 26, 2019).
McCrimmon v. DaimlerChrysler Corp., DOAH No. 02–3575, 2003 WL 1862156 (Fla. Div. Admin. Hearings Apr. 9, 2003).
Olumuyiwa v. Harvard Prot. Corp., No. 98–CV–5110, 1999 WL 529553 (E.D.N.Y. July 21, 1999).
Osei-Buckle v. Laidlaw Transit, Inc., No. CV-96–00753-DDP, 1998 WL 552126 (9th Cir. Aug. 27, 1998).
Patino v. Rucker, No. 96–7531, 1997 WL 416949 (2d Cir. July 25, 1997).
People v. Alcarez, et al., Docket No. NA072796 (Los Angeles County Superior Court Jan. 1, 2007).
Pirtle v. Allsup's Convenience Store, Inc., 2003 WL 27385258 (D.N.M. Apr. 2, 2003).
Portugues-Santa v. B. Fernandez Hermanos, Inc., 614 F. Supp. 2d 221 (D.P.R. 2009).
Quintana v. Hillsborough Cty, DOAH No. 88–5125, 1989 WL 645048 (Fla. Div. Admin. Hearings Feb. 7, 1989).
Reform Bd. of Trustees, No. 97 C 1172, 1999 WL 258488 (N.D. Ill. Apr. 13, 1999).

Rivera Sanchez v. Sears Roebuck de Puerto Rico, No. 02–1161 (D.P.R Feb. 25, 2003).
Roberts v. CBS Broad. Inc., No. BC 227280, 2003 WL 1194102 (Cal. Ct. App. Mar. 17, 2003).
Russell v. Am. Eagle Airlines, 46 F. Supp. 2d 1330 (S.D. Fla. 1999).
Sec'y of the U.S. Dep't of Hous. and Urb. Dev. (for Andre Echols) v. Frank V. Quijas, HUDALJ 07–97–0691, 1998 WL 21060 (Jan. 16, 1998).
The Sec'y of the U.S. Dep't of Hous. and Urb. Dev. on behalf of Elias Tulsen and Patricia Tulsen v. Thomas Clemente and Andrew Clemente, HUDALJ No. 02–96–0060–8, 1999 WL 521272 (July 14, 1999).
The Sec'y of the U.S. Dep't of Hous. and Urb. Dev. on behalf of Mitchell Keys v. Garcia, HUDALJ 05–89–0457–1, 1990 WL 547179 (Mar. 20, 1990).
Shelby v. Kwik Kar/Guide Star, No. 3:18-CV-0532, 2019 WL 1958001 (N.D. Tex. May 2, 2019).
Smiley v. San Antonio Indep. Sch. Dist., No. 5:09-CA-00029-FB, 2010 WL 10669508 (W.D. Tex. 2010).
Sprott v. Franco, No. 94 Civ. 3818, 1998 WL 472061 (S.D.N.Y. Aug. 7, 1998).
State of Florida v. Xavier Antonio Nunez, Case No. 2013-CF-002454-A-O, Fla. Orange Cnty. 9th Cir. (Mar. 27, 2013).
Turner v. Manhattan Bowery Mgmt., 49 Misc. 3d 1220(A) (N.Y. Sup. Ct. 2015).
U.S. v. Atesiano, No. 1:18-cr-20479, 2018 WL 5831092 (S.D. Fla. Nov 7, 2018).
U.S. v. Cazares, et al., 788 F.3d 956 (9th Cir. 2015).
U.S. v. Flores et al., Docket No. 2:09-cr-00445 (C.D. Cal. May 6, 2009).
U.S. v. Martinez, CR 04–415(b) (D. Ca. Aug. 1, 2006).
U.S. v. Rios et al., Docket No. 2:11-cr-00492 (C.D. Cal. June 1, 2011).
U.S. v. Barberis, 887 F. Supp. 110 (D. Md. 1995).
Vance v. Ball State Univ., 570 U.S. 421 (2013).
Vincent v. Wells Fargo Guard Servs., Inc. of Fla., 3 F. Supp. 2d 1405 (S.D. Fla. 1998).
Walcott v. Texas S. Univ., No. 01–12–0035, 2013 WL 593488 (Tex. App. Feb. 13, 2013).
Webb v. R&B Holding Co., 992 F. Supp. 1382 (S.D. Fla. 1998).
Young v. Columbia Sussex Corp., No. CV-08–01325, 2009 WL 3352148 (D. Ariz. Oct. 16, 2009).
Young v. Columbia Sussex Corp., No. 8–01325, 2009 WL 33522148 (D. Arizona Oct. 16, 2009).

ENTREVISTAS

Berkan, Judith (Berkan/Mendez Law Firm). Apr. 6, 2020. Transcripción de audio de Zoom.
Cartagena, Juan (president and general counsel, LatinoJustice PRLDEF). Apr. 1, 2020 Transcripción de audio de Zoom.
Cortés, Noemí (program director, Surge Institute Academy). June 30, 2021. Transcripción de audio de Zoom.
Cruz, Kimberly A. (supervisory trial attorney, US Equal Employment Opportunity Commission, New York District Office). June 24, 2021. Transcripción de audio de Zoom.
Fellow at Teach for America Rhode Island. Mar. 21, 2021.
Hendley, Amber (fair housing testing coordinator, Roosevelt University in Chicago). July 20, 2020. Transcripción de audio de Zoom.
Kleppin, Chris. (Kleppin Law Firm). June 18, 2020. Transcripción de audio de Zoom.

LaRaia, Catherine (clinical fellow, Suffolk Law School Housing Discrimination Testing Program). Aug. 4, 2020. Transcripción de audio de Zoom.

Manager of learning and organizational development. Correo electrónico a la autora. July 29, 2004.

Mendez, Luz Minerva. June 9, 2021.

Montoya, Roberto (instructor of education, University of Colorado Denver School of Education). July 6, 2021. Transcripción de audio de Zoom.

Nelson, Janai S. (associate director-counsel, now president and director-counsel, NAACP Legal Defense and Educational Fund). Apr. 9, 2020. Transcripción de audio de Zoom.

Quinta (seudónimo). Dec. 6, 2019. Entrevista telefónica.

Roller, Shamus (executive director, National Housing Law Project). July 28, 2020. Transcripción de audio de Zoom.

Saenz, Thomas (president and general counsel, MALDEF). Apr. 10, 2020. Transcripción de audio de Zoom.

Scott, Kate (director, Equal Rights Center). Aug. 12, 2020. Transcripción de audio de Zoom.

Stovall, David (professor of Black studies and educational policy studies, University of Illinois at Chicago). June 30, 2021. Transcripción de audio de Zoom.

Teaching fellow at Teach for America, Rhode Island school. Mar. 21, 2021. Entrevista telefónica.

Teaching fellow at Generation Teach Rhode Island Program. Apr. 2, 2021. Transcripción de audio de Zoom.

Vilson, Jose Luis (director, EduColor). July 20, 2021. Transcripción de audio de Zoom.

FUENTES SECUNDARIAS

1andOnlyAlpha. Twitter Post, June 30, 2021, 12:07 AM. [La cuenta de Twitter fue suspendida].

"4 Face Arson, Hate Crime Trial for Cross Burning." Fox News, Sept. 13, 2011. https://www.foxnews.com/us/4-face-arson-hate-crime-trial-for-cross-burning.amp.

"6 Students Arrested after Fight at Streamwood H.S." CBS Chicago, May 13, 2014. https://chicago.cbslocal.com/2014/05/13/6-students-arrested-after-fight-at-streamwood-h-s.

"14 Words: General Hate Symbols, Hate Slogans/Slang Terms." Anti-Defamation League. https://www.adl.org/education/references/hate-symbols/14-words.

Acevedo, Elizabeth. *The Poet X*. New York: Quill Tree Books, 2018.

Adames, Hector Y., Nayeli Y. Chavez-Dueñas, and Kurt C. Organista. "Skin Color Matters in Latino/a Communities: Identifying, Understanding, and Addressing Mestizaje Racial Ideologies in Clinical Practice." *Professional Psychology: Research and Practice* 47, no. 1 (2016): 46–55.

"Afro-Latinos in 2017: A Demographic and Socio-Economic Snapshot." Unidos US, Feb. 2019, http://publications.unidosus.org/bitstream/handle/123456789/1926/AfroLatino_22219_v2.pdf?sequence=4&isAllowed=y.

Aguilera, Michael Bernabé. "The Impact of Social Capital on the Earnings of Puerto Rican Migrants." *Sociological Quarterly* 46, no. 4 (Autumn 2005):569–92.

Aja, Alan A. *Miami's Forgotten Cubans: Race, Racialization, and the Miami Afro-Cuban Experience*. New York: Palgrave Macmillan, 2016.

Aja, Alan A., Gretchen Beesing, Daniel Bustillo, Danielle Clealand, Mark Paul, Khaing Zaw, Anne E. Price, William Darity Jr., and Darrick Hamilton. *The Color of Wealth in Miami.* Ohio State University, Duke University, and the Insight Center for Community Economic Development, 2019. https://socialequity.duke.edu/portfolio-item/the-color-of-wealth-in-miami.

Aja, Alan A., Daniel Bustillo, and Antwuan Wallace. "Countering 'Anti-Blackness' Through 'Black-Brown' Alliances and Inter-Group Coalitions: Policy Proposals to 'Break the Silence.'" *Journal of Intergroup Relations* 35, no. 2 (2014): 58–87.

Alford, Natasha S. "'They Believe We're Criminals': Black Puerto Ricans Say They're a Police Target." *Guardian*, Oct. 9, 2019. https://www.theguardian.com/world/2019/oct/09/they-believe-were-criminals-black-puerto-ricans-say-theyre-a-police-target.

Allen, Reuben. "Investigating the Cultural Conception of Race in Puerto Rico: Residents' Thoughts on the U.S. Census, Discrimination, and Interventionist Policies." *Latin American and Caribbean Ethnic Studies* 12, no. 3 (2017):201–26.

Amezcua, Mike. "A History of Anti-Blackness Permeates the Grid of Chicago's Southwest Side." *The Abusable Past* (*Radical History Review* digital venue), June 10, 2020. https://www.radicalhistoryreview.org/abusablepast/a-history-of-anti-blackness-permeates-the-grid-of-chicagos-southwest-side.

Archibold, Randal C. "Racial Hate Feeds a Gang War's Senseless Killing." *New York Times*, Jan. 17, 2007.

Ashla, Mario. Respuesta de un lector a la columna de opinión: "Roots of Anger: Longtime Prejudices, Not Economic Rivalry, Fuel Latino-Black Tensions" by Tanya Katerí Hernández. *Los Angeles Times*, Jan. 11, 2007. https://www.latimes.com/archives/la-xpm-2007-jan-11-le-thursday11-story.html.

Ayala, Edmy. "Racismo institucional en las escuelas: Una condena para lxs niñxs negrxs." *Revista* étnica 2 (2019).

Banks, Taunya Lovell. "Colorism: A Darker Shade of Pale." *UCLA Law Review* 47, no. 6 (2000): 1705–46.

Bannon, Alicia, and Janna Adelstein. "State Supreme Court Diversity—February 2020 Update." Brennan Center for Justice, NYU Law, Feb. 20, 2020. https://www.brennancenter.org/our-work/research-reports/state-supreme-court-diversity-february-2020-update.

Barbaro, Fred. "Ethnic Resentment." In *Black/Brown/White Relations: Race Relations in the 1970s*, ed. Charles V. Willie, 77–94. New Brunswick, NJ: Transaction, 1977.

Barreto, Matt A., Benjamin F. Gonzalez, and Gabriel R. Sanchez. "Rainbow Coalition in the Golden State? Exposing Myths, Uncovering New Realities in Latino Attitudes Toward Blacks." In *Black and Brown in Los Angeles: Beyond Conflict and Coalition*, ed. Josh Kun and Laura Pulido, 203–32. Berkeley: University of California Press, 2014.

Baumgartner, Frank R., Derek A. Epp, and Kelsey Shoub. *Suspect Citizens: What 20 Million Traffic Stops Tell Us About Policing and Race.* New York: Cambridge University Press, 2018.

Bell, Jeannine. *Hate Thy Neighbor: Move-In Violence and the Persistence of Racial Segregation in American Housing.* New York: New York University Press, 2013.

Belluck, Pam. "John H. Pratt, 84, Federal Judge Who Helped Define Civil Rights." *New York Times*, Aug. 14, 1995.

Beltrán, Cristina. *The Trouble with Unity: Latino Politics and the Creation of Identity.* Oxford: Oxford University Press, 2010.

Berrey, Ellen, Robert L. Nelson, and Laura Beth Nielsen. *Rights on Trial: How Workplace Discrimination Law Perpetuates Inequality.* Chicago: University of Chicago Press, 2017.

Betances, Samuel. "The Prejudice of Having No Prejudice in Puerto Rico, Part II." *The Rican: A Journal of Contemporary Puerto Rican Thought* 3 (1973): 22–37.

Betancur, John J. "Framing the Discussion of African American-Latino Relations: A Review and Analysis." In *Neither Enemies nor Friends: Latinos, Blacks, Afro-Latinos,* ed. Anani Dzidzienyo and Suzanne Oboler, 159–72. Houndmills, UK: Palgrave Macmillan, 2005.

Black Alliance for Just Immigration (sitio web). https://baji.org.

Black Latinas Know Collective (blog). Accessed July 17, 2021. https://www.blacklatinasknow.org/the-blog.

Blades, Rubén. "Plástico," with Willie Colón. Fania Records, 1978. https://www.letras.mus.br/ruben-blades/417302/.

Bobo, Lawrence, and Vincent L. Hutchings, "Perceptions of Racial Group Competition: Extending Blumer's Theory of Group Position to a Multiracial Social Context," *American Sociological Review* 61, no. 6 (1996): 951–72.

Boddie, Elise C. "Racial Territoriality." *UCLA Law Review* 58, no. 2 (2010): 401–63.

Bonilla-Silva, Eduardo. "Reflections About Race by a *Negrito Acomplejao.*" In *The Afro-Latin@ Reader: History and Culture in the United States,* ed. Miriam Jiménez Román and Juan Flores, 445–52. Durham, NC: Duke University Press, 2010.

———. "We Are All Americans!: The Latin Americanization of Racial Stratification in the USA." *Race and Society* 5, no. 1 (2002): 3–16.

Booth, Cathy. "Miami: The Capital of Latin America." *Time,* Dec. 2, 1993. http://content.time.com/time/subscriber/article/0,33009,979733,00.html.

"Brawl Erupts at Carson High School Between 30 Black, Latino Students." KPCC News, Mar. 7, 2012. https://www.scpr.org/news/2012/03/07/31551/racial-brawl-erupts-carson-high-school-between-30-.

Britton, Marcus L. "Close Together but Worlds Apart? Residential Integration and Interethnic Friendship in Houston." *City and Community* 10, no. 2 (2011): 182–204.

Buchanan, Susy. "Tensions Mounting Between Blacks and Latinos Nationwide." *Southern Poverty Law Center Intelligence Report,* July 27, 2005. https://www.splcenter.org/fighting-hate/intelligence-report/2005/tensions-mounting-between-Blacks-and-latinos-nationwide.

Calderón Ilia. *My Time to Speak: Reclaiming Ancestry and Confronting Race.* New York: Atria Books, 2020.

Calzada, Esther J., Yeonwoo Kim, and Jaimie L. O'Gara. "Skin Color as a Predictor of Mental Health in Young Latinx Children." *Social Science and Medicine* 238 (2019).

Candelario, Ginetta E. B. *Black Behind the Ears: Dominican Racial Identity from Museums to Beauty Shops.* Durham, NC: Duke University Press, 2007.

Carey, Tony E., Jr., Tetsuya Matsubayashi, Regina Branton, and Valerie Martinez-Ebers. "The Determinants and Political Consequences of Latinos'

Perceived Intra-Group Competition." *Politics, Groups, and Identities* 1, no. 3 (2013): 311–28.
"Carlsbad, New Mexico Population: Census 2010 and 2000 Interactive Map, Demographics, Statistics, QuickFacts." CensusViewer. http://censusviewer.com/city/NM/Carlsbad. Accessed July 23, 2021.
Carroll, Rory. "'They Just Don't Fit In': UCLA Study Links Racism and Segregation in Orange County." *Guardian*, Sept. 19, 2016. https://www.theguardian.com/us-news/2016/sep/19/ucla-study-racism-segregation-orange-county.
"The Census Bureau's Proposed 'Combined Question' Approach Offers Promise for Collecting More Accurate Data on Hispanic Origin and Race, but Some Questions Remain." NALEO Educational Fund, 2017. https://d3n8a8pro7vhmx.cloudfront.net/naleo/pages/190/attachments/original/1497288838/Hispanic_Origin_and_Race_Brief_fin_05-17.pdf?1497288838.
Charles, Camille Zubrinsky. "Neighborhood Racial-Composition Preferences: Evidence from a Multiethnic Metropolis." *Social Problems* 47, no. 3 (2000):379–407.
———. *Won't You Be My Neighbor? Race, Class, and Residence in Los Angeles.* New York: Russell Sage Foundation, 2006.
Chideya, Farai, and Mandalit del Barco. "Racial Tension at Los Angeles High School," NPR, May 16, 2005. https://www.npr.org/templates/story/story.php?storyId=4653328.
Clealand, Danielle Pilar. *The Power of Race in Cuba: Racial Ideology and Black Consciousness During the Revolution.* Oxford: Oxford University Press, 2017.
———. "Undoing the Invisibility of Blackness in Miami." *Black Latinas Know Collective* (blog), Dec. 22, 2019. https://www.blacklatinasknow.org/post/undoing-the-invisibility-of-blackness-in-miami.
Clemente, Rosa. "Not in Our Name: A Puerto Rican White Supremacist in Charlottesville." Aug. 17, 2017. https://rosaclemente.net/not-name-puerto-rican-white-supremacist-charlottesville.
Clermont, Kevin M., and Stewart J. Schwab. "Employment Discrimination Plaintiffs in Federal Court: From Bad to Worse?," *Harvard Law and Policy Review* 3, no. 1 (2009): 103–32.
Cohn, D'Vera. "Census History: Counting Hispanics." Pew Research Center, Mar. 3, 2010. https://www.pewsocialtrends.org/2010/03/03/census-history-counting-hispanics-2.
———. "Millions of Americans Changed Their Racial or Ethnic Identity from One Census to the Next." Pew Research Center, May 5, 2014. https://www.pewresearch.org/fact-tank/2014/05/05/millions-of-americans-changed-their-racial-or-ethnic-identity-from-one-census-to-the-next.
Collins, Patricia Hill. *Black Feminist Thought: Knowledge, Consciousness, and the Politics of Empowerment.* 2nd ed. New York: Routledge, 2000.
Comas-Díaz, Lillian. "LatiNegra: Mental Health Issues of African Latinas." In *The Multiracial Experience: Racial Borders as the New Frontier*, ed. Maria P. P. Root, 167–90. New York: Sage, 1996.
Community Coalition–Los Angeles (website). http://cocosouthla.org.
Contreras, Russell, and Yacob Reyes. "The Multiracial Identity Revolution Among U.S. Latinos." *Axios*, Aug. 19, 2021. https://www.axios.com/multiracial-identity-us-latinos-black-indigenous-75f68985-3376-4b23-912d-8aeac4e57786.html.

Costa Vargas, João H. *The Denial of Antiblackness: Multiracial Redemption and Black Suffering*. Minneapolis: University of Minnesota Press, 2018.

Cratty, Carol. "Agreement Announced to Reform Puerto Rico's Police Force." CNN, July 17, 2013. https://www.cnn.com/2013/07/17/justice/puerto-rico-civil-rights/index.html.

Crenshaw, Kimberlé. "Demarginalizing the Intersection of Race and Sex: A Black Feminist Critique of Antidiscrimination Doctrine, Feminist Theory and Antiracist Politics." *University of Chicago Legal Forum* 1989, no. 1 (1989):139–67.

Crenshaw, Kimberlé, Neil Gotanda, Gary Peller, and Kendall Thomas, eds. *Critical Race Theory: The Key Writings That Formed the Movement*. New York: New Press, 1996.

Cruz-Janzen, Marta I. "Latinegras: Desired Women—Undesirable Mothers, Daughters, Sisters, and Wives." *Frontiers: A Journal of Women Studies* 22, no. 3 (2001): 168–83.

Cruz-Janzen, Marta I. "Y tu abuela a'onde está?" *SAGE Race Relations Abstracts* 26, no. 2 (2001): 7–24.

Cruz, José E. "Interminority Relations in Urban Settings: Lessons from the Black-Puerto Rican Experience." In *Black and Multiracial Politics in America*, ed. Yvette M. Alex-Assensoh and Lawrence J. Hanks, 84–112. New York: New York University Press, 2000.

"Current Hispanic or Latino Population Demographics in Miami, Florida 2020, 2019 by Gender and Age." Suburban Stats, 2020. https://suburbanstats.org/race/florida/miami/how-many-hispanic-or-latino-people-live-in-miami-florida.

Cuevas, Ofelia Ortiz. "Race and the L.A. Human: Race Relations and Violence in Globalized Los Angeles." In *Black and Brown in Los Angeles: Beyond Conflict and Coalition*, ed. Josh Kun and Laura Pulido, 233–52. Berkeley: University of California Press, 2014.

Dache, Amalia, Jasmine Marie Haywood, and Christina Mislán. "A Badge of Honor Not Shame: An AfroLatina Theory of Black-Imiento for U.S Higher Education Research." *Journal of Negro Education* 88, no. 2 (2019): 130–45.

Darity, William A., Jr., and Tanya Golash Boza. "Choosing Race: Evidence from the Latino National Political Survey (LNPS)." Princeton University, Apr. 2004. https://paa2004.princeton.edu/papers/41644.

Darity, William A., Jr., Jason Dietrich, and Darrick Hamilton. "Bleach in the Rainbow: Latino Ethnicity and Preference for Whiteness." *Transforming Anthropology* 13, no. 2 (2005): 103–9.

Darity, William A., Jr., Darrick Hamilton, and Jason Dietrich. "Passing on Blackness: Latinos, Race and Earnings in the USA." *Applied Economics Letters* 9, no. 13 (2002): 847–53.

Dart, Tom, and Oliver Laughland. "Sandra Bland: Texas Officials Deny Dashcam Footage of Arrest Was Doctored." *Guardian*, July 22, 2015. https://www.theguardian.com/us-news/2015/jul/22/sandra-bland-texas-dashcam-footage-doctored.

Davis, Robert C., and Edna Erez. "Immigrant Populations as Victims: Toward a Multicultural Criminal Justice System." *National Institute of Justice Research in Brief* (1998): 1–7.

De Carvalho-Neto, Paulo. "Folklore of the Black Struggle in Latin America." *Latin American Perspective* 5, no. 2 (1978): 53–88.

De Genova, Nicholas, and Ana Y. Ramos-Zayas. *Latino Crossings: Mexicans, Puerto Ricans, and the Politics of Race and Citizenship*. New York: Routledge, 2003.

Del Castillo, Richard Griswold, *The Treaty of Guadalupe Hidalgo: A Legacy of Conflict*. Norman: University of Oklahoma Press, 1990.

Delgado, Pura. "Puerto Rican: If You're a Shade Darker, You Face Discrimination." *Orlando Sentinel*, May 4, 2017. https://www.orlandosentinel.com/os-ed-colored-puerto-rican-has-endured-racial-slurs-myword-20170504-story.html.

Democracy and Government Reform Team. *Examining the Demographic Compositions of U.S. Circuit and District Courts*." Center for American Progress, Feb. 13, 2020. https://www.americanprogress.org/issues/courts/reports/2020/02/13/480112/examining-demographic-compositions-u-s-circuit-district-courts.

Denton, Nancy A., and Douglas S. Massey. "Racial Identity Among Caribbean Hispanics: The Effect of Double Minority Status on Residential Segregation." *American Sociological Review* 54, no. 5 (1989): 790–808.

Derlan, Chelsea L., Adriana J. Umaña-Taylor, Kimberly A. Updegraff, and Laudan B. Jahromi. "Longitudinal Relations Among Mexican-Origin Mothers' Cultural Characteristics, Cultural Socialization, and 5-Year-Old Children's Ethnic-Racial Identification." *Developmental Psychology* 53, no. 11 (2017):2078–91.

DiAngelo, Robin J. *White Fragility: Why It's so Hard for White People to Talk About Racism*. Boston: Beacon Press, 2020.

Díaz, Jaquira. *Ordinary Girls: A Memoir*. New York: Algonquin, 2019.

Díaz, Junot. *The Brief Wondrous Life of Oscar Wao*. New York: Riverhead Books, 2007.

DiFulco, Denise. "Can You Tell a Mexican from a Puerto Rican?" *Latina* 8, no. 1 (2003): 86–88.

Dinzey-Flores, Zaire Zenit. *Locked In, Locked Out: Gated Communities in a Puerto Rican City*. Philadelphia: University of Pennsylvania Press, 2013.

Duany, Jorge. "Making Indians Out of Blacks: The Revitalization of Taíno Identity in Contemporary Puerto Rico." In *Taíno Revival: Critical Perspectives on Puerto Rican Identity and Cultural Politics*, ed. Gabriel Haslip-Viera, 31–55. New York: Centro de Estudios Puertorriqueños, 1999.

———. *The Puerto Rican Nation on the Move: Identities on the Island and the United States*. Chapel Hill: University of North Carolina Press, 2002.

Dulitzky, Ariel E. "A Region in Denial: Racial Discrimination and Racism in Latin America." In *Neither Enemies nor Friends: Latinos, Blacks, Afro-Latinos*, ed. Anani Dzidzienyo and Suzanne Oboler, 39–59. Houndmills, UK: Palgrave Macmillan, 2005.

Dunn, Marvin, and Alex Stepick III, "Blacks in Miami." In *Miami Now! Immigration, Ethnicity, and Social Change*, ed. Guillermo J. Grenier and Alex Stepick III, 41. Gainesville: University Press of Florida, 1992.

Eberhardt, Jennifer L. *Biased: Uncovering the Hidden Prejudice That Shapes What We See, Think, and Do*. New York: Viking, 2019.

Elliot, James R., and Ryan A. Smith. "Ethnic Matching of Supervisors to Subordinate Work Groups: Findings on 'Bottom-Up' Ascription and Social Closure." *Social Problems* 48, no. 2 (2001): 258–76.

Encuentro Diáspora Afro. "Encuentro Diáspora Afro @encuentrodiasporaafro." Facebook. https://www.facebook.com/encuentrodiasporaafro. Accessed July 22, 2021.

Epstein, Rebecca, Jamilia J. Blake, and Thalia Gonzalez. *Girlhood Interrupted: The Erasure of Black Girls' Childhood*. Georgetown Law Center on Poverty and Inequality, 2017. https://www.law.georgetown.edu/poverty-inequality-center/wp-content/uploads/sites/14/2017/08/girlhood-interrupted.pdf.

Ericksen, Olin, and Jorge Casuso. "Race Fights Break Out at Samohi." *Santa Monica Lookout*, Apr. 15, 2005. https://www.surfsantamonica.com/ssm_site/the_lookout/news/News-2005/April-2005/04_15_05_Race_Fights_Break_Out_at_Samohi.htm.

Eustachewich, Lia. "Dominicans in Inwood Blasted on Social Media for Chasing Away Black Men," *New York Post*, June 3, 2020. https://nypost.com/2020/06/03/dominicans-in-inwood-blasted-for-chasing-away-black-men.

Fanon, Frantz. *Piel Negra, máscaras blancas*. Traducido por Ana Useros Martín. Madrid: Ediciones Akal, Grove Press, 2009.

———. *Peau noire, masques blancs*. Paris: Éditions du Seuil, 1952.

Feldmeyer, Ben. "The Effects of Racial/Ethnic Segregation on Latino and Black Homicide." *Sociological Quarterly* 51, no. 4 (2010): 600–623.

Feliciano, Cynthia, Rennie Lee, and Belinda Robnett. "Racial Boundaries Among Latinos: Evidence from Internet Daters' Racial Preferences." *Social Problems* 58, no. 2 (2011): 189–212.

Fernández, Johanna. *The Young Lords: A Radical History*. Chapel Hill: University of North Carolina Press, 2020.

Fletcher, Michael A. "The Blond, Blue-Eyed Face of Spanish TV." *Washington Post*, Aug. 3, 2000.

Flores, Carlos. "Race Discrimination Within the Latino Community." *Diálogo* 5, no. 1 (2001): 30–31.

Foley, Neil. *Quest for Equality: The Failed Promise of Black-Brown Solidarity*. Cambridge, MA: Harvard University Press, 2010.

Fox, Geoffrey. *Hispanic Nation: Culture, Politics, and the Constructing of Identity*. Secaucus, NJ: Carol, 1996.

Freeman, Lance. "A Note on the Influence of African Heritage on Segregation: The Case of Dominicans." *Urban Affairs Review* 35, no. 1 (1999): 137–46.

Fry, Hannah, and James Queally. "Hate Crimes Targeting Jews and Latinos Increased in California in 2018, Report Says." *Los Angeles Times*, July 3, 2019. https://www.latimes.com/local/lanow/la-me-ln-jewish-latino-hate-crime-report-20190703-story.html.

Fuentes-Mayorga, Norma. "Sorting Black and Brown Latino Service Workers in Gentrifying New York Neighborhoods." *Latino Studies* 9 (2011): 106–25.

"Full Sail Student Stabbed in Class with Screwdriver, Deputies Say." Click Orlando.com, Feb. 21, 2013. https://www.clickorlando.com/news/full-sail-student-stabbed-in-class-with-screwdriver-deputies-say-.

Gabriel Haslip-Viera, ed. *Taíno Revival: Critical Perspectives on Puerto Rican Identity and Cultural Politics*. Princeton, NJ: Markus Wiener, 2001.

Gabriel, Stuart A., and Gary Painter. "Mobility, Residential Location, and the American Dream." *Real Estate Economics* 36, no. 3 (2008): 499–531.

Gans, Herbert. "Second-Generation Decline: Scenarios for the Economic and Ethnic Futures of Post-1965 American Immigrants." *Ethnic and Racial Studies* 15 (1992): 173–92.

García-Louis, Claudia, and Krista L. Cortes. "Rejecting Black and Rejected Back: AfroLatinx College Students' Experiences with Anti-AfroLatinidad." *Journal of Latinos and Education* (2020): 1–16.
García, Carlos. "The Birth of the MS13 in New York." InSight Crime, Mar. 9, 2018. https://www.insightcrime.org/news/analysis/birth-ms13-new-york.
García, William. "White Privilege and the Effacement of Blackness: Puerto Rico and Its Diaspora in the Early 21st Century." In *White Latino Privilege: Caribbean Latino Perspectives in the Second Decade of the 21st Century*, ed. Gabriel Haslip-Viera, 73–89. New York: Latino Studies Press, 2018.
García-Peña, Lorgia. "Dismantling Anti-Blackness Together." NACLA, June 8, 2020. https://nacla.org/news/2020/06/09/dismantling-anti-blackness-together.
Generation Teach (sitio web). https://www.generationteach.org/why.
Giron, Jonathan. Twitter post. Sept. 21, 2021, 10:17 PM. https://twitter.com/JonathanGiron70/status/1440500465385410563.
Giuliano, Laura, David I. Levine, and Jonathan Leonard. "Manager Race and the Race of New Hires." *Journal of Labor Economics* 27, no. 4 (2009): 589–631.
Glaberson, William. "15 Hate Groups in Region, Monitoring Organization Says." *New York Times*, Mar. 22, 1998. https://www.nytimes.com/1998/03/22/nyregion/15-hate-groups-in-region-monitoring-organization-says.html.
Glover, Scott, and Richard Winton. "Dozens Arrested in Crackdown on Latino Gang Accused of Targeting Blacks." *Los Angeles Times*, May 22, 2009. https://www.latimes.com/archives/la-xpm-2009-may-22-me-gang-sweep22-story.html.
Glueck, Kevin. "Iowa City Man Charged with Hate Crime for Assaulting Black Man." CBS2/FOX28, Mar. 14, 2016. https://cbs2iowa.com/news/connects-against-crime/iowa-city-man-charged-with-hate-crime-for-assaulting-black-man.
Godreau, Isar P. "Folkloric 'Others': *Blanqueamiento* and the Celebration of Blackness as an Exception in Puerto Rico." In *Globalization and Race: Transformations in the Cultural Production of Blackness*, ed. Kamari Maxine Clarke and Deborah A. Thomas, 171–88. Durham, NC: Duke University Press, 2006.
Goin, Keara K. "Marginal Latinidad: Afro-Latinas and US Film." *Latino Studies* 14, no. 3 (2016): 344–63.
Goldberg, David Theo. *Racist Culture: Philosophy and the Politics of Meaning.* Malden, MA: Blackwell, 1993.
Gomez-Aguinaga, Barbara, Gabriel R. Sanchez, and Matt Barreto. "Importance of State and Local Variation in Black-Brown Attitudes: How Latinos View Blacks and How Blacks Affect Their Views." *Journal of Race, Ethnicity, and Politics* 6, no. 1 (2021): 214–52. https://doi.org/10.1017/rep.2019.33.
Gómez, Laura E. *Inventing Latinos: A New American Story of Racism.* New York: New Press, 2020.
Gonzales, Ruby. "La Puente Man Sentenced to Decades in Prison for Stabbing 2 Men in Covina." *San Gabriel Valley Tribune*, Dec. 5, 2017. https://www.sgvtribune.com/2017/12/05/la-puente-man-sentenced-to-decades-in-prison-for-stabbing-2-men-in-covina.
Gordon, Jennifer, and Robin A. Lenhardt. "Rethinking Work and Citizenship." *UCLA Law Review* 55, no. 5 (2003): 1161–238.
Gosin, Monika. "'A Bitter Diversion': Afro-Cuban Immigrants, Race, and Everyday-Life Resistance." *Latino Studies* 15, no. 1 (2017): 4–28.

———. "The Death of 'La Reina de la Salsa': Celia Cruz and the Mythification of the Black Woman." In *Afro-Latin@s in Movement: Critical Approaches to Blackness and Transnationalism in the Americas*, ed. Petra R. Rivera-Rideau, Jennifer A. Jones, and Tianna S. Paschel, 85–107. New York: Palgrave Macmillan, 2016.

———. *The Racial Politics of Division: Interethnic Struggles for Legitimacy in Multicultural Miami*. Ithaca, NY: Cornell University Press, 2019.

Gotanda, Neil. "A Critique of 'Our Constitution Is Color-Blind.'" *Stanford Law Review* 44, no. 1 (1991): 1–68.

Grant-Thomas, Andrew, Yusuf Sarfati, and Cheryl Staats. "Natural Allies or Irreconcilable Foes? Reflections on African American/Immigrant Relations." *Poverty and Race Research Action Council* 19, no. 2 (2010): 1–12.

Gravlee, Clarence C., William W. Dressler, and H. Russell Bernard. "Skin Color, Social Classification, and Blood Pressure in Southeastern Puerto Rico." *American Journal of Public Health* 95, no. 12 (2005): 2191–97.

Greenbaum, Susan D. *More Than Black: Afro-Cubans in Tampa*. Gainesville: University Press of Florida, 2002.

Grenier, Guillermo J., and Max Castro. "Blacks and Cubans in Miami: The Negative Consequences of the Cuban Enclave on Ethnic Relations." In *Governing American Cities: Inter-Ethnic Coalitions, Competition, and Conflict*, ed. Michael Jones-Correa, 137–57. New York: Russell Sage Foundation, 2001.

Grillo, Evelio. *Black Cuban, Black American: A Memoir*. Houston: Arte Público Press, 2000.

Guidry, Francis W. "Reaching the People Across the Street: An African American Church Reaches Out to Its Hispanic Neighbors." PhD diss., Drew University Theological School, 1997.

Guinier, Lani, and Gerald Torres. *The Miner's Canary: Enlisting Race, Resisting Power, Transforming Democracy*. Cambridge, MA: Harvard University Press, 2002.

Hall, Ronald E. "A Descriptive Analysis of Skin Color Bias in Puerto Rico: Ecological Applications to Practice." *Journal of Sociology and Social Welfare* 27, no. 4 (2000): 171–83.

Hall, Ronald E., and Ellen E. Whipple. "The Complexion Connection: Ideal Light Skin as Vehicle of Adoption Process Discrimination vis-à-vis Social Work Practitioners." *Journal of Human Behavior in the Social Environment* 27, no. 7 (2017): 669–77. https://doi.org/10.1080/10911359.2017.1321511.

Haney López, Ian. "Protest, Repression, and Race: Legal Violence and the Chicano Movement." *University of Pennsylvania Law Review* 150 (2001): 205–44.

Hardie, Jessica Halliday, and Karolyn Tyson. "Other People's Racism: Race, Rednecks, and Riots in a Southern High School." *Sociology of Education* 86, no. 1 (2013): 83–102.

Haslip-Viera, Gabriel, ed. *White Latino Privilege: Caribbean Latino Perspectives in the Second Decade of the 21st Century*. New York: Latino Studies Press, 2018.

"Hate Crimes on the Rise in Orange County: Report." NBC Los Angeles, Sept. 25, 2018. https://www.nbclosangeles.com/news/local/Hate-Crimes-on-the-Rise-in-Orange-County-Report-494325841.html.

Hauser, Christine. "Florida Police Chief Gets 3 Years for Plot to Frame Black People for Crimes." *New York Times*, Nov. 28, 2018. https://www.nytimes.com/2018/11/28/us/florida-police-chief-frame-black-people.html.

Hay, Michelle. *"I've Been Black in Two Countries": Black Cuban Views on Race in the U.S.* El Paso, TX: LFB Scholarly Publishing, 2009.
Haywood, Jasmine M. "Anti-Black Latino Racism in an Era of Trumpismo." *International Journal of Qualitative Studies in Education* 30, no. 10 (2017):957–64.
——— "'Latino Spaces Have Always Been the Most Violent': Afro-Latino Collegians' Perceptions of Colorism and Latino Intragroup Marginalization." *International Journal of Qualitative Studies in Education* 30, no. 8 (2017): 759–82.
Heard, Jacquelyn. "Racial Strife Runs Deep at High School: Black and Hispanic Staff, Students Clash at Farragut." *Chicago Tribune*, Nov. 17, 1992.
Hernández, Tanya Katerí. "Afro-Latin@s and the Latino Workplace." In *The Afro-Latin@ Reader: History and Culture in the United States*, ed. Miriam Jiménez Román and Juan Flores, 520–26. Durham, NC: Duke University Press, 2010.
———. "Afro-Mexicans and the Chicano Movement: The Unknown Story." Review of *Racism on Trial: The Chicano Fight for Justice* by Ian F. Haney López. *California Law Review* 92, no. 5 (2004): 1537–51.
———. "Latino Antiblack Bias and the Census Categorization of Latinos: Race, Ethnicity, or Other?" In *Antiblackness*, ed. Moon-Kie Jung and Jo.o H. Costa Vargas, 283–96. Durham, NC: Duke University Press, 2021.
———. "Latino Inter-Ethnic Employment Discrimination and the Diversity Defense." *Harvard Civil Rights—Civil Liberties Law Review* 42, no. 2 (2007): 259–316.
———. *Multiracials and Civil Rights: Mixed-Race Stories of Discrimination*. New York: NYU Press, 2018.
———. *Racial Subordination in Latin America: The Role of the State, Customary Law, and the New Civil Rights Response*. Cambridge: Cambridge University Press, 2013.
———. "Roots of Anger: Longtime Prejudices, Not Economic Rivalry, Fuel Latino-Black Tensions." *Los Angeles Times*, Jan. 7, 2007.
———. "'Too Black to Be Latino/a': Blackness and Blacks as Foreigners in Latino Studies." *Latino Studies* 1 (2003): 152–59.
Hersch, Joni. "Colorism Against Legal Immigrants to the United States." *American Behavioral Scientist* 62, no. 14 (2018): 2117–32.
———. "The Persistence of Skin Color Discrimination for Immigrants." *Social Science Research* 40, no. 5 (2011): 1337–49.
———. "Profiling the New Immigrant Worker: The Effects of Skin Color and Height." *Journal of Labor Economics* 26, no. 2 (2008): 345–86.
Higginbotham, Elizabeth. "Employment for Professional Black Women in the Twentieth Century." In *Ingredients for Women's Employment Policy*, ed. Christine Bose and Glenna Spitze, 73–91. Albany, NY: SUNY Press, 1987.
Hill, Herbert. *Black Labor and the American Legal System: Race, Work, and the Law*. Madison: University of Wisconsin Press, 1985.
Hing, Julianne. "The Curious Case of George Zimmerman's Race." *ColorLines*, July 22, 2013. https://www.colorlines.com/articles/curious-case-george-zimmermans-race.
Hipp, John R., and George E. Tita. "Ethnically Transforming Neighborhoods and Violent Crime Among and Between African-Americans and Latinos: A Study of South Los Angeles." Department of Criminology, Law and Society, University of California, 2010. https://faculty.sites.uci.edu

/johnhipp/files/2018/06/Haynes-Final-Report2377_Ethnically-Transforming-Neighborhoods.pdf.

Hodge, Damon. "Hard Lessons." *Las Vegas Weekly*, Mar. 7, 2008. https://lasvegasweekly.com/news/archive/2008/mar/07/hard-lessons.

Hoffnung-Garskof, Jesse. *Racial Migrations: New York City and the Revolutionary Politics of the Spanish Caribbean*. Princeton, NJ: Princeton University Press, 2019.

Hogan, Howard. "Reporting of Race Among Hispanics: Analysis of ACS Data." In *The Frontiers of Applied Demography*, ed. David A. Swanson, 169–91. Cham, Switzerland: Springer International, 2016.

Holder, Michelle, and Alan A. Aja. *Afro-Latinos in the U.S. Economy*. Lanham, MD: Lexington Books, 2021.

Holland, Gale. "2 Convicted of Racial Hate Crime in San Fernando Valley Shootings." *Los Angeles Times*, Sept. 30, 2011. https://latimesblogs.latimes.com/lanow/2011/09/hate-crime-convictions-in-san-fernando-valley-shootings.html.

"Homeownership Rate in the U.S. 1990–2020." Statista Research Department, Feb. 17, 2021. https://www.statista.com/statistics/184902/homeownership-rate-in-the-us-since-2003/#:~:text=The%20homeownership%20rate%20in%20the,are%20occupied%20by%20the%20owners.

Hordge-Freeman, Elizabeth. *The Color of Love: Racial Features, Stigma, and Socialization in Black Brazilian Families*. Austin: University of Texas Press, 2015.

Hordge-Freeman, Elizabeth, and Angelica Loblack. "'Cops Only See the Brown Skin, They Could Care Less Where It Originated': Afro-Latinx Perceptions of the #BlackLivesMatter Movement." *Sociological Perspectives* 64, no. 4 (2021): 518–35.

Hordge-Freeman, Elizabeth, and Edlin Veras. "Out of the Shadows, into the Dark: Ethnoracial Dissonance and Identity Formation Among Afro-Latinxs." *Sociology of Race and Ethnicity* 6, no. 2 (2019): 146–60.

Hornby, D. Brock. "Summary Judgment Without Illusions." *Green Bag* 2, no. 13 (2010): 273–88.

Howard, David. *Coloring the Nation: Race and Ethnicity in the Dominican Republic*. Oxford, UK: Signal Books, 2001.

Howard, Tiffany. "Afro-Latinos and the Black-Hispanic Identity: Evaluating the Potential for Group Conflict and Cohesion." *National Political Science Review* 19, no. 1 (2018): 29–50.

Hoy, Vielka Cecilia. "Negotiating Among Invisibilities: Tales of Afro-Latinidades in the United States." In *The Afro-Latin@ Reader: History and Culture in the United States*, ed. Miriam Jiménez Román and Juan Flores, 426–30. Durham, NC: Duke University Press, 2010.

Hutchinson, Earl Ofari. "Urban Tension: Latinos' New Clout Threatening to Blacks." *Los Angeles Daily News*, Jan. 26, 2003.

———. "Will Latino Gang Arrests Deepen Black-Brown Divide?" *TheGrio*, June 8, 2011. http://thegrio.com/2011/06/08/will-latino-gang-arrests-deepen-Black-brown-divide.

Iceland, John, and Kyle Anne Nelson. "Hispanic Segregation in Metropolitan America: Exploring the Multiple Forms of Spatial Assimilation." *American Sociological Review* 73, no. 5 (2008): 741–65.

Itzigsohn, José, and Carlos Dore-Cabral. "Competing Identities? Race, Ethnicity and Panethnicity Among Dominicans in the United States," *Sociological Forum* 15, no. 2 (2000): 225–47.

Itzigsohn, José, Silvia Giorguli, and Obed Vazquez. "Immigrant Incorporation and Racial Identity: Racial Self-Identification Among Dominican Immigrants." *Ethnic and Racial Studies* 28, no. 1 (2005): 50–78.

Jackson, David, Jennifer Smith Richards, Gary Marx, and Juan Perez Jr. "Betrayed: Chicago Schools Fail to Protect Students from Sexual Abuse and Assault, Leaving Lasting Damage." *Chicago Tribune*, July 27, 2018. http://graphics.chicagotribune.com/chicago-public-schools-sexual-abuse/gaddy.

Jaime, Angie. "How Latinx People Can Fight Anti-Black Racism in Our Own Culture." *Teen Vogue*, June 1, 2020. https://www.teenvogue.com/story/how-latinx-people-can-fight-anti-black-racism-in-our-own-culture.

Johnson, Craig. "5 Things About Alex Michael Ramos: Georgia Man Tied to Charlottesville Violence." *Patch*, Aug. 30, 2017. https://patch.com/georgia/marietta/5-things-alex-michael-ramos-georgia-man-tied-charlottesville-violence.

Jones, Jennifer A. *The Browning of the New South*. Chicago: University of Chicago Press, 2019.

Jones, Jennifer A. "Blacks May Be Second Class, But They Can't Make Them Leave: Mexican Racial Formation and Immigrant Status in Winston-Salem." *Latino Studies* 10, no. 1 (2012): 60–80.

Jorge, Angela. "The Black Puerto Rican Woman in Contemporary American Society." In *The Puerto Rican Woman*, ed. Edna Acosta-Belen, 134–41. New York: Praeger, 1979.

Joshi, Ashish S., and Christina T. Kline. "Lack of Jury Diversity: A National Problem with Individual Consequences." American Bar Association, Sept. 1, 2015. https://www.americanbar.org/groups/litigation/committees/diversity-inclusion/articles/2015/lack-of-jury-diversity-national-problem-individual-consequences.

Jung, Moon-Kie, and Costa Vargas João Helion. *Antiblackness.* Durham, NC: Duke University Press, 2021.

Kasindorf, Martin, and Maria Puente. "Hispanics and Blacks Find Their Futures Entangled." *USA Today*, Sept. 10, 1999.

Kaufmann, Karen M. "Cracks in the Rainbow: Group Commonality as a Basis for Latino and African-American Political Coalitions." *Political Research Quarterly* 56, no. 2 (2003): 199–210.

Kinsbruner, Jay. *Not of Pure Blood: The Free People of Color and Racial Prejudice in Nineteenth-Century Puerto Rico.* Durham, NC: Duke University Press, 1996.

Kramer Mills, Claire, Jessica Battisto, Scott Lieberman, Marlene Orozco, Iliana Perez, and Nancy S. Lee. *Latino-Owned Businesses: Shining a Light on National Trends.* Palo Alto, CA: Stanford Graduate School of Business, 2018. https://www.gsb.stanford.edu/sites/gsb/files/publication-pdf/slei-report-2018-latino-owned-businesses-shinging-light-national-trends.pdf.

Krupnikov, Yanna, and Spencer Piston. "The Political Consequences of Latino Prejudice Against Blacks." *Public Opinion Quarterly* 80, no. 2 (2016):480–509.

Labaton, Stephen. "Denny's Restaurants to Pay $54 Million in Race Bias Suits." *New York Times*, May 25, 1994.

Lacayo, Celia. "Latinos Need to Stay in Their Place: Differential Segregation in a Multi-Ethnic Suburb." *Societies* 6, no. 3 (2016): 25. https://www.mdpi.com/2075-4698/6/3/25.

Lao-Montes, Agustín. "Afro-Latin@ Difference and the Politics of Decolonization." In *Latin@s in the World-System: Decolonization Struggles in the Twenty-First Century U.S. Empire*, ed. Ramón Grosfoguel, Nelson Maldonado-Torres, and José David Saldívar, 78–79. Boulder, CO: Paradigm, 2005.

Larkin, Brian Patrick. "The Forty-Year 'First Step': The Fair Housing Act as an Incomplete Tool for Suburban Integration." *Columbia Law Review* 107, no. 7 (2007): 1617–54.

Latinx Racial Equity Project. https://latinxracialequityproject.org. Accessed July 26, 2021.

LaVeist-Ramos, Thomas Alexis, Jessica Galarraga, Roland J. Thorpe Jr., Caryn N. Bell, and Chermeia J. Austin. "Are Black Hispanics Black or Hispanic? Exploring Disparities at the Intersections of Race and Ethnicity." *Journal of Epidemiological Community Health* 66 (2012): 1–5.

LeDuff, Charlie. "At a Slaughterhouse, Some Things Never Die: Who Kills, Who Cuts, Who Bosses Can Depend on Race." *New York Times*, June 16, 2000.

Lee, Gary, and Robert Suro. "Latino-Black Rivalry Grows: Los Angeles Reflects Tensions Between Minorities." *Washington Post*, Oct. 13, 1993.

Lee, Sonia S. *Building a Latino Civil Rights Movement: Puerto Ricans, African Americans, and the Pursuit of Racial Justice in New York City*. Chapel Hill: University of North Carolina Press, 2014.

Lee, Sonia S., and Ande Diaz. "'I Was the One Percenter': Manny Diaz and the Beginnings of a Black-Puerto Rican Coalition." *Journal of American Ethnic History* 26, no. 3 (2007): 52–80.

Lefebvre, Henri. *The Production of Space*. Translated by Donald Nicholson-Smith. Oxford, UK: Blackwell, 1991.

"Legality of Segregating Prisoners by Race." Interview with Ramona Ripston and Paul Butler. NPR, Feb. 13, 2006. https://www.npr.org/templates/story/story.php?storyId=5203572.

Li, Michael, and Yurij Rudensky. "Rethinking the Redistricting Toolbox." *Howard Law Journal* 62, no. 3 (2019): 713–37.

Limón, Noerena, Christa Murillo, Jaimie Owens, Alejandro Becerra, Meghan Lucero, and Emilio Abarca. *2019 State of Hispanic Homeownership Report*. San Diego: National Association of Hispanic Real Estate Professionals, 2019. https://nahrep.org/downloads/2019-state-of-hispanic-homeownership-report.pdf.

Lindo, Roger. "Miembros de las diversas razas prefieren a los suyos: Así lo afirma una investigación de la Universidad de California de Los Angeles." *La Opinión*, Nov. 20, 1992.

Literte, Patricia E. "Competition, Conflict, and Coalition: Black-Latino/a Relations Within Institutions of Higher Education." *Journal of Negro Education* 80, no. 4 (2011): 477–90.

Llanos-Figueroa, Dahlma. *Daughters of the Stone*. New York: Thomas Dunne Books, 2009.

Lloréns, Hilda. "Identity Practices: Racial Passing, Gender, and Racial Purity in Puerto Rico." *Afro-Hispanic Review* 37, no. 1 (2018): 29–47.

Llorens, Hilda, Carlos G. García-Quijano, and Isar P. Godreau. "Racismo en Puerto Rico: Surveying Perceptions of Racism." *CENTRO: Journal of the Center for Puerto Rican Studies* 29, no. 3 (2017): 154–83.

Lofland, Lyn H. *A World of Strangers: Order and Action in Urban Public Space.* New York: Basic Books, 1973.

Logan, John. *How Race Counts for Hispanic Americans.* Albany: State University of New York, Lewis Mumford Center for Comparative Urban and Regional Research, 2003. http://mumford.albany.edu/census/BlackLatinoReport/BlackLatinoReport.pdf.

López, Antonio. "Cosa de Blancos: Cuban-American Whiteness and the Afro-Cuban Occupied House." *Latino Studies* 8, no. 2 (2010): 220–43.

López, Canela. "It's Time for Non-Black Latinx People to Talk About Anti-Blackness in Our Own Communities—And the Conversation Starts at Home." *Insider*, June 26, 2020. https://www.insider.com/anti-blackness-non-black-latinx-spaces-racism-2020-6.

López, Gustavo, and Ana Gonzalez-Barrera. "Afro-Latino: A Deeply Rooted Identity Among U.S. Hispanics." Pew Research Center, Mar. 1, 2016. https://www.pewresearch.org/fact-tank/2016/03/01/afro-latino-a-deeply-rooted-identity-among-u-s-hispanics.

López, Gustavo, and Jens Manuel Krogstad. "How Hispanic Police Officers View Their Jobs." Pew Research Center, Feb. 15, 2017. https://www.pewresearch.org/fact-tank/2017/02/15/how-hispanic-police-officers-view-their-jobs.

López, Nancy. "Killing Two Birds with One Stone? Why We Need Two Separate Questions on Race and Ethnicity in the 2020 Census and Beyond." *Latino Studies* 11 (2013): 428–38.

López, Nancy, and Howard Hogan. "What's Your Street Race? The Urgency of Critical Race Theory and Intersectionality as Lenses for Revising the U.S. Office of Management and Budget Guidelines, Census and Administrative Data in Latinx Communities and Beyond." *Genealogy* 5, no. 3 (2021): 75. https://doi.org/10.3390/genealogy5030075.

López, Nancy, Edward Vargas, Melina Juarez, Lisa Cacari-Stone, and Sonia Bettez, "What's Your 'Street Race'? Leveraging Multidimensional Measures of Race and Intersectionality for Examining Physical and Mental Health Status Among Latinx." *Sociology of Race and Ethnicity* 4, no. 1 (2017): 49–66.

Loveman, Mara, and Jeronimo Muniz. "How Puerto Rico Became White: Boundary Dynamics and Intercensus Racial Reclassification." *American Sociological Review* 72, no. 6 (2007): 915–39.

"Lunchtime Brawl Involving 40 People Breaks Out at LA High School 'After Tensions Flared Between Black and Hispanic Students at Prom.'" *Daily Mail*, May 10, 2016. https://www.dailymail.co.uk/news/article-3582947/Lunchtime-brawl-involving-40-people-breaks-LA-high-school-tensions-flared-Black-Hispanic-students-prom.html.

Lyons, Christopher J. "Defending Turf: Racial Demographics and Hate Crime Against Blacks and Whites." *Social Forces* 87, no. 1 (2008): 357–85.

Machicote, Michaela. "Dear Latines: Your Antiblackness Will Not Save You." *Latinx Talk*, Nov. 11, 2020. https://latinxtalk.org/2020/11/11/dear-latines-your-antiblackness-will-not-save-you.

Maciag, Michael. "Residential Segregation Data for U.S. Metro Areas." *Governing*, Jan. 10, 2019. https://www.governing.com/gov-data/residential-racial-segregation-metro-areas.html.

Márquez, John D. *Black-Brown Solidarity: Racial Politics in the New Gulf South.* Austin: University of Texas Press, 2013.

Marrero, Pilar. "El odio en acción." *BBC Mundo*, Aug. 29, 2001. http://news.bbc.co.uk/hi/spanish/specials/newsid_1513000/1513820.stm.

Marrow, Helen B. *New Destination Dreaming: Immigration, Race, and Legal Status in the Rural American South*. Stanford, CA: Stanford University Press, 2011.

Martínez, George A. "African-Americans, Latinos, and the Construction of Race: Toward an Epistemic Coalition." *Chicano-Latino Law Review* 19 (1998): 213–22.

Massagali, Michael. "What Do Boston-Area Residents Think of Each Other?" In *The Boston Renaissance*, ed. Barry Bluestone and Mary Huff Stevenson, 144–64. New York: Russell Sage Foundation, 2000.

Massey, Douglas S., and Brooks Bitterman. "Explaining the Paradox of Puerto Rican Segregation." *Social Forces* 64, no. 2 (1985): 306–31.

Massey, Douglas S., and Nancy A. Denton. *American Apartheid: Segregation and the Making of the Underclass*. Boston: Harvard University Press, 1993.

McClain, Paula D., Niambi M. Carter, Victoria M. DeFrancesco Soto, Monique L. Lyle, Jeffrey D. Grynaviski, Shayla C. Nunnally, Thomas J. Scotto, J. Alan Kendrick, Gerald F. Lackey, and Kendra Davenport Cotton. "Racial Distancing in a Southern City: Latino Immigrants' Views of Black Americans." *Journal of Politics* 68, no. 3 (2006): 571–84.

McConnaughy, Corrine M., Ismail K. White, David L. Leal, and Jason P. Casellas. "A Latino on the Ballot: Explaining Coethnic Voting Among Latinos and the Response of White Americans." *Journal of Politics* 72, no. 4 (2010):1199–211.

McDonald, Archie P., ed. *The Mexican War: Crisis for American Democracy*. Lexington: D. C. Heath, 1969.

Medrano, Marianela. *Regando esencias [The Scent of Waiting], Colección Tertuliando*, no. 2, New York: Ediciones Alcance, 1998.

Melendez, Edwin, Clara Rodriguez, and Janis Barry Figueroa, eds. *Hispanics in the Labor Force: Issues and Policies*. New York: Plenus Press, 1991.

Melendez, Miguel "Mickey." *We Took the Streets: Fighting for Latino Rights with the Young Lords*. New Brunswick, NJ: Rutgers University Press, 2003.

Miller, Joshua L., and Ann Marie Garran. *Racism in the United States: Implications for the Helping Professions*. 2nd ed. New York: Springer, 2017.

Millet, Ricardo. "Case Study of Black-Brown Bridging: A Study Commissioned by the Marguerite Casey Foundation." Unpublished manuscript, 2010.

Mindiola, Tatcho, Jr., Yolanda Flores Niemann, and Nestor Rodriguez. *Black-Brown Relations and Stereotypes*. Austin: University of Texas Press, 2002.

Minority Rights Group, ed. *No Longer Invisible: Afro-Latin Americans Today*. London: Minority Rights Publications, 1995.

Mirabal, Nancy Raquel. *Suspect Freedoms: The Racial and Sexual Politics of Cubanidad in New York, 1823–1957*. New York: NYU Press, 2017.

Monforti, Jessica Lavariega, and Gabriel Sanchez. "The Politics of Perception: An Investigation of the Presence and Sources of Perception of Internal Discrimination Among Latinos." *Social Science Quarterly* 91, no. 1 (2010): 245–65.

Moore, Solomon. "Hundreds Hurt in California Prison Riot." *New York Times*, Aug. 9, 2009. https://www.nytimes.com/2009/08/10/us/10prison.html.

Mora, G. Cristina, Reuben Perez, and Nicholas Vargas. "Who Identifies as 'Latinx'? The Generational Politics of Ethnoracial Labels." *Social Forces*, 2021.

Morales, Ed. "Brown Like Me?" *Nation*, Mar. 8, 2004.

Morales, Ed. *Latinx: The New Force in American Politics and Culture.* New York: Verso, 2018.
Morales, Erica. "Parental Messages Concerning Latino/Black Interracial Dating: An Exploratory Study Among Latina/o Young Adults." *Latino Studies* 10, no. 3 (2012): 314–33.
Morales, Maria Cristina. "The Utility of Shared Ethnicity on Job Quality Among Latino Workers." *Latino Studies* 9 (2011): 439–65.
Morales Carrión, Arturo. *Auge y decadencia de la trata negrera en Puerto Rico (1820–1860).* Barcelona: Centro de Estudios Avanzados de Puerto Rico y el Caribe, 1978.
Moran, Tim. "Hate Crime Charges Dropped Against Northwestern Chapel Vandals." *Patch*, Nov. 28, 2016. https://patch.com/illinois/evanston/hate-crime-charges-dropped-against-northwestern-chapel-vandals.
"MS-13 on Long Island: What We Know About the Gang." *Newsday*, July 18, 2017. https://projects.newsday.com/long-island/ms-13-long-island-know-gang.
Muñoz Vásquez, Marya, and Idsa E. Alegría Ortega. *Discrimen por razón de raza y los sistemas de seguridad y justicia.* San Juan: Comisión de Derechos Civiles de Puerto Rico, 1998.
Murguia, Edward, and Tyrone Forman. "Shades of Whiteness: The Mexican American Experience in Relation to Anglos and Blacks." In *White Out: The Continuing Significance of Racism*, ed. Ashley "Woody" Doane and Eduardo Bonilla-Silva, 63–84. New York: Routledge, 2003.
Murguia, Edward, and Edward Telles. "Phenotype and Schooling Among Mexican Americans." *Sociology of Education* 69, no. 4 (1996): 276–89.
Murr, Andrew. "A Gang War with a Twist: Gangbangers in L.A. on Trial for Deadly Hate Crimes." *Newsweek*, July 17, 2006.
"NAHREP Releases New State of Hispanic Homeownership Report." Chicago Association of Realtors, Aug. 9, 2019. https://chicagorealtor.com/nahrep-releases-new-state-of-hispanic-homeownership-report.
National Conference of Christians and Jews. *Taking America's Pulse: The Full Report of the National Conference Survey on Inter-Group Relations.* New York: National Conference of Christians and Jews, 1994.
National Survey of Latinos Report. Washington, DC: Pew Hispanic Center and the Kaiser Family Foundation, 2002.
Newman, Katherine S. *No Shame in My Game: The Working Poor in the Inner City.* New York: Alfred A. Knopf, 1999.
Ng, Christina. "Latino Gang Charged with Racial Cleansing Attacks in California Town." *ABC News*, June 9, 2011. http://abcnews.go.com/US/latino-gang-charged-racial-cleansing-california-town/story?id=13794815#.UHuGJ4bF271.
Nicholas, James C. "Racial and Ethnic Discrimination in Rental Housing." *Review of Social Economy* 36, no. 1 (1978): 89–94.
Nielsen, Laura Beth, and Robert L. Nelson. "Rights Realized? An Empirical Analysis of Employment Discrimination Litigation as a Claiming System." *Wisconsin Law Review* 2005, no. 2 (2005): 663–711.
Nieves, Yadira. "The Representation of Latin@s in the Media: A Negation of Blackness." *Afro-Latin American Research* no. 22 (2018): 29–38.
Noe-Bustamante, Luis, Mark Hugo Lopez, and Jens Manuel Krogstad. "U.S. Hispanic Population Surpassed 60 Million in 2019, but Growth Has Slowed." Pew Research Center, July 7, 2020. https://www.pewresearch.org

/fact-tank/2020/07/07/u-s-hispanic-population-surpassed-60-million-in-2019-but-growth-has-slowed.

Noe-Bustamante, Luis, Lauren Mora, and Mark Hugo Lopez. "About One-in-Four U.S. Hispanics Have Heard of Latinx, but Just 3% Use It." Pew Research Center, Aug. 11, 2020. https://www.pewresearch.org/hispanic/wp-content/uploads/sites/5/2020/08/PHGMD_2020.08.11_Latinx_FINAL.pdf.

Nolasco, Vianny Jasmin. "Doing Latinidad While Black: Afro-Latino Identity and Belonging." PhD diss., University of Arkansas, Fayetteville, 2020.

Okamoto, Dina, and G. Cristina Mora. "Panethnicity." *Annual Review of Sociology* 40, no. 1 (2014): 219–39.

Opie, Frederick Douglass. *Upsetting the Apple Cart: Black-Latino Coalitions in New York City from Protest to Public Office*. New York: Columbia University Press, 2015.

Orosco, Cynthia, "Aprender a convivir: Negros e Hispanos." *La Opinión*, Apr. 14, 2001.

Orozco, Marlene, and Inara Sunan Tareque. *2020 State of Latino Entrepreneurship Report*. Palo Alto, CA: Stanford Graduate School of Business, 2020. https://www.gsb.stanford.edu/sites/default/files/publication-pdf/report-2020-state-of-latino-entrepreneurship.pdf.

Ortiz, Paul. *An African American and Latinx History of the United States*. Boston: Beacon Press, 2018.

Ortiz, Teresa. *Never Again a World Without Us: Voices of Mayan Women in Chiapas, Mexico*. Washington, DC: EPICA Task Force, 2001.

Padgett, Tim. "Why Are So Many Latinos Obsessed with Demonizing Black Lives Matter? It's Complicated." WLRN, Oct. 5, 2020. https://www.wlrn.org/2020-10-05/why-are-so-many-latinos-obsessed-with-black-lives-matter-its-complicated-or-simple.

Padilla, Adriana E. Respuesta de lectora a columna de opinion: "Roots of Anger: Longtime Prejudices, Not Economic Rivalry, Fuel Latino-Black Tensions" by Tanya Katerí Hernández. *Los Angeles Times*, Jan. 11, 2007. https://www.latimes.com/archives/la-xpm-2007-jan-11-le-thursday11-story.html.

Padilla, Laura. "'But You're Not a Dirty Mexican': Internalized Oppression and Latinos." *Texas Hispanic Journal of Law and Policy* 7 (2001): 61–113.

Paquette, Carole. "Book Details Klan Role in Smithtown's Past." *New York Times*, Nov. 17, 1996. https://www.nytimes.com/1996/11/17/nyregion/book-details-klan-role-in-smithtown-s-past.html.

Parisi, Domenico, Daniel T. Lichter, and Michael C. Taquino. "Multi-Scale Residential Segregation: Black Exceptionalism and America's Changing Color Line." *Social Forces* 89, no. 3 (2011): 829–52.

Parker, Kim. "Multiracial in America: Proud, Diverse and Growing in Numbers." Pew Research Center, June 2015. https://www.pewsocialtrends.org/2015/06/11/multiracial-in-america.

Pastor, Manuel, Ashley K. Thomas, Preston Mills, Rachel Rosner, and Vanessa Carter. "Bridges Puentes: Building Black-Brown Solidarities Across the U.S." USC Dornsife Equity Research Institute, Nov. 2020. https://dornsife.usc.edu/assets/sites/1411/docs/Bridges_Puentes_Report_FINAL_02.pdf.

Peery, Nelson. "Witnessing History: An Octogenarian Reflects on Fifty Years of African American-Latino Relations." In *Neither Enemies nor Friends: Latinos, Blacks, Afro-Latinos*, ed. Anani Dzidzienyo and Suzanne Oboler, 305–12. Houndmills, UK: Palgrave Macmillan, 2005.

Perdomo, Willie. *Where a Nickel Costs a Dime.* New York: W. W. Norton, 1996.

Pérez, Ana Cecilia. "As Non-Black POC, We Need to Address Anti-Blackness." *Yes! Solutions Magazine*, July 6, 2020. https://www.yesmagazine.org/opinion/2020/07/06/non-black-poc-anti-blackness.

Pessar, Patricia R. *A Visa for a Dream: Dominicans in the United States.* Cranbury, NJ: Pearson, 1995. Pew Research Center. *Majority of Latinos Say Skin Color Impacts Opportunity in America and Shapes Daily Life.* Nov. 2021. https://www.pewresearch.org/hispanic/wp-content/uploads/sites/5/2021/11/RE_2021.11.04_Latinos-Race-Identity_FINAL.pdf.

"Philando Castile Death: Mother Gets $3M over Police Shooting." BBC News, June 26, 2017. https://www.bbc.com/news/world-us-canada-40408004.

Piatt, Bill. *Black and Brown in America: The Case for Cooperation.* New York: NYU Press, 1997.

Prohías, Rafael J., and Lourdes Casal. *The Cuban Minority in the U.S.: Preliminary Report on Need Identification and Program Evaluation.* Boca Raton: Florida Atlantic University, 1973.

Prud'homme, Alex. "Race Relations Browns vs. Blacks." *Time*, July 29, 1991.

Quarshie, Mabinty, and Donovan Slack. "Census: US Sees Unprecedented Multiracial Growth, Decline in the White Population for First Time in History."

USA Today, Aug. 13, 2021.

Quesada, Kayla Popuchet. "The Violent History of Latin America Is All About Promoting Whiteness (Opinion)." *Latino Rebels*, Sept. 9, 2020. https://www.latinorebels.com/2020/09/09/violenthistorylatinamerica.

Quinones, Sam. "Azusa 13 Street Gang Leader, Son Sentenced to Prison." *Los Angeles Times*, Jan. 15, 2013. https://www.latimes.com/local/la-xpm-2013-jan-15-la-me-0115-gang-sentence-20130115-story.html.

———. "Last Suspect in Cheryl Green Hate-Crime Murder Gets 238 Years." *Los Angeles Times*, June 20, 2012. http://latimesblogs.latimes.com/la-now/2012/06/last-suspect-in-cheryl-green-hate-crime-murder-sentenced-to-238-years.html.

———. "Race, Real Estate, and the Mexican Mafia: A Report from the Black and Latino Killing Fields." In *Black and Brown in Los Angeles: Beyond Conflict and Coalition*, ed. Josh Kun and Laura Pulido, 261–300. Berkeley: University of California Press, 2014.

Quiñones Rivera, Maritza. "From Trigueñita to Afro-Puerto Rican: Intersections of the Racialized, Gendered, and Sexualized Body in Puerto Rico and the U.S. Mainland." *Meridians* 7, no. 1 (2006): 162–82.

Quiros, Laura, and Beverly Araujo Dawson. "The Color Paradigm: The Impact of Colorism on the Racial Identity and Identification of Latinas." *Journal of Human Behavior in the Social Environment* 23, no. 3 (2013): 287–97.

"Racial/Ethnic Composition, Cities and Communities, Los Angeles County: By Percentages, 2010 Census." *Los Angeles Almanac.* http://www.laalmanac.com/population/po38_2010.php. Accessed July 24, 2021.

Radio Caña Negra (podcast). https://open.spotify.com/show/70k9xA1ERqz Vs4tYU8 Gcea?si=W9gx1onoRImHyziS50A9dw&dl_branch=1. Accessed July 26, 2021.

Rafael, Tony. *The Mexican Mafia.* New York: Encounter Books, 2007.

Ramirez, Mark D., and David A. M. Peterson. *Ignored Racism: White Animus Toward Latinos.* New York: Cambridge University Press, 2020.

Ramos, Paola. *Finding Latinx: In Search of the Voices Redefining Latino Identity.* New York: Vintage, 2020.

Ramos-Zayas, Ana Y. *National Performances: The Politics of Class, Race, and Space in Puerto Rican Chicago.* Chicago: University of Chicago Press, 2003.

Raphael, T. J. "California Prisons Struggle to Adapt to Desegregation." *PRI—The Takeaway*, Apr. 27, 2016. https://www.pri.org/stories/california-prisons-struggle-adapt-desegregation.

Recio, Sili. "Black and Ugly." *HuffPost*, Aug. 4, 2015. https://www.huffpost.com/entry/black-and-ugly_b_7927324.

Redd, Spring. "Something Latino Was Up with Us." In *Home Girls: A Black Feminist Anthology*, ed. Barbara Smith, 52–56. New Brunswick, NJ: Rutgers University Press, 1983.

Reiter, Bernd, and Kimberly Elson Simmons, eds. *Afro-Descendants, Identity, and the Struggle for Development in the Americas.* East Lansing: Michigan State University Press, 2012.

Reosti, Anna. "'We Go Totally Subjective': Discretion, Discrimination, and Tenant Screening in a Landlord's Market." *Law and Social Inquiry* 45, no. 3 (2020): 618–57.

Resto-Montero, Gabriela. "With the Rise of the Alt-Right, Latino White Supremacy May Not Be a Contradiction in Terms." *Mic*, Dec. 27, 2017. https://www.mic.com/articles/187062/with-the-rise-of-the-alt-right-latino-white-supremacy-may-not-be-a-contradiction-in-terms.

Reyes, Raul A. "Afro-Latinos Seek Recognition, and Accurate Census Count." *NBC News*, Sept. 21, 2014. https://www.nbcnews.com/storyline/hispanic-heritage-month/afro-latinos-seek-recognition-accurate-census-count-n207426.

"Riots Break Out Between Black, Latino Students at Victorville School." CBS Los Angeles, Sept. 28, 2012. https://losangeles.cbslocal.com/2012/09/28/riots-break-out-between-Black-latino-students-at-victorville-school.

Rivera, Maritza Quiñones. "From Triguenita to Afro-Puerto Rican: Intersections of the Racialized, Gendered, and Sexualized Body in Puerto Rico and the US Mainland." *Meridians* 7, no. 1 (2006): 162–82.

Rivera, Stephanie. "Poly High Violence Just Made News, But Parents Say It's a Decades-Old Problem; They Want Solutions." *Long Beach Post*, May 28, 2019. https://lbpost.com/news/education/poly-high-beating-special-ed-solutions.

Rivera-Rideau, Petra. "Expanding the Dialogues: Afro-Latinx Feminisms." Latinx Talk, Nov. 28, 2017. https://latinxtalk.org/2017/11/28/expanding-the-dialogues-afro-latinx-feminisms.

Rochester, Shawn D. *The Black Tax: The Cost of Being Black in America.* Stirling, NJ: Good Steward, 2018.

Rodríguez-Muñiz Michael. *Figures of the Future: Latino Civil Rights and the Politics of Demographic Change*. Princeton, NJ: Princeton University Press, 2021.

Román, Miriam Jiménez. "Real Unity for Afro-Latinos and African Americans." *AfroLatin@ Forum.* http://www.afrolatinoforum.org/real-unity-for-afrolatinos.html.

Román, Miriam Jiménez, and Juan Flores. Introduction to *The Afro-Latin@ Reader: History and Culture in the United States*, ed. Miriam Jiménez Román and Juan Flores, 1–15. Durham, NC: Duke University Press, 2010.

Rosado, Shantee. "Puerto Ricans, Dominicans, and the Emotional Politics of Race and Blackness in the U.S." PhD diss., University of Pennsylvania, 2018.
Rosenblum, Alexis, William Darity Jr., Angel L. Harris, and Tod G. Hamilton. "Looking Through the Shades: The Effect of Skin Color on Earnings by Region of Birth and Race for Immigrants to the United States." *Sociology of Race and Ethnicity* 2, no. 1 (2016): 87–105.
Roth, Wendy D. "Racial Mismatch: The Divergence Between Form and Function in Data for Monitoring Racial Discrimination of Hispanics." *Social Science Quarterly* 91, no. 5 (2010): 1288–311.
Roth, Wendy D., and Nadia Y. Kim. "Relocating Prejudice: A Transnational Approach to Understanding Immigrants' Racial Attitudes." *International Migration Review* 47, no. 2 (2013): 330–73.
Royster, Deirdre A. *Race and the Invisible Hand: How White Networks Exclude Black Men from Blue-Collar Jobs*. Berkeley: University of California Press, 2003.
Rubin, Joel. "Gang Member Gets Prison for Firebombing Black Families in Boyle Heights." *Los Angeles Times*, June 3, 2019. https://www.latimes.com/local/lanow/la-me-gang-firebombing-20190603-story.html.
Rushing, Beth, and Idee Winfield. "Bridging the Border Between Work and Family: The Effects of Supervisor-Employee Similarity." *Sociological Inquiry* 75, no. 1 (2005): 55–80.
Russell, Suzanne C. "Perth Amboy Gang Tensions Worry Parents." *Home News Tribune*, Apr. 7, 2004.
Sacks, Michael Paul. "The Puerto Rican Effect on Hispanic Residential Segregation: A Study of the Hartford and Springfield Metro Areas in National Perspective." *Latino Studies* 9, no. 1 (2011): 87–105.
Saenz, Christina. "Who and What the Hell Is a White Hispanic?" *Latino Rebels*, Sept. 25, 2014. https://www.latinorebels.com/2014/09/25/who-and-what-the-hell-is-a-white-hispanic.
Salazar, Ruben. "Chicanos Would Find Identity Before Coalition with Blacks." *Los Angeles Times*, Feb. 20, 1970. Reprinted in *Border Correspondent: Selected Writings, 1955–1970*, ed. Mario T. García, 239–41. Berkeley: University of California Press, 1995.
———. "Negro Drive Worries Mexican-Americans." *Los Angeles Times*, July 14, 1963. Reprinted in *Border Correspondent: Selected Writings, 1955–1970*, ed.
Mario T. García, 113–14. Berkeley: University of California Press, 1995.
Salinas, Cristobal, Jr., and Adele Lozano. "Mapping and Recontexualizing the Evolution of the Term 'Latinx': An Environmental Scanning in Higher Education." *Journal of Latinos and Education* 18, no. 4 (2019): 302–15.
Sampson, Robert J., and Stephen W. Raudenbush, "Seeing Disorder: Neighborhood Stigma and the Social Construction of 'Broken Windows.'" *Social Psychology Quarterly* 67 (2004): 319–42.
Sanchez, Gabriel R. "Latino Group Consciousness and Perceptions of Commonality with African Americans." *Social Science Quarterly* 89, no. 2 (2008): 428–44.
Sanchez, Gabriel R., and Patricia Rodriguez Espinosa. "Does the Race of the Discrimination Agent in Latinos' Discrimination Experiences Influence Latino Group Identity?" *Sociology of Race and Ethnicity* 2, no. 4 (2016): 531–47.
Santiago-Valles, Kelvin. "Policing the Crisis in the Whitest of All the Antilles." *CENTRO: Journal of the Center for Puerto Rican Studies* 8, nos. 1–2 (1996):42–57.

Sawyer, Mark. "Racial Politics in Multiethnic America: Black and Latina/o Identities and Coalition." In *Neither Enemies nor Friends: Latinos, Blacks, Afro-Latinos*, ed. Anani Dzidzienyo and Suzanne Oboler, 265–79. Houndmills, UK: Palgrave Macmillan, 2005.

Sawyer, Mark Q. *Racial Politics in Post-Revolutionary Cuba.* Cambridge: Cambridge University Press, 2005.

Serrano, Daniel. *Gunmetal Black.* New York: Grand Central, 2008.

Schleef, Debra J., and H. B. Cavalcanti. *Latinos in Dixie: Class and Assimilation in Richmond, Virginia.* Albany, NY: SUNY Press, 2009.

Shroder, Susan. "Suspect Arrested in Carlsbad Hate Crime." *Hartford Courant*, Sept. 29, 2011. https://www.courant.com/sdut-suspect-arrested-in-carlsbad-hate-crime-2011sep29-story.html.

Siegel, Reva B. "A Short History of Sexual Harassment." Introduction to *Directions in Sexual Harassment Law*, ed. Catharine A. MacKinnon and Reva B. Siegel, 1–40. New Haven, CT: Yale University Press, 2004.

Sinnette, Elinor Des Verney. *Arthur Alfonso Schomburg: Black Bibliophile and Collector.* New York: New York Public Library and Wayne State University Press, 1989.

Slave Voyages (website). "Trans-Atlantic Slave Trade—Database." http://www.slavevoyages.org/estimates/bE6pXgi9.

Smith, Barbara Ellen. "Market Rivals or Class Allies? Relations between African American and Latino Immigrant Workers in Memphis." In *Global Connections and Local Receptions: New Latino Immigration to the Southeastern United States*, ed. Fran Ansley and Jon Shefner, 299–317. Knoxville: University of Tennessee Press, 2009.

Smith, Robert Courtney. *Mexican New York: Transnational Lives of New Immigrants.* Berkeley: University of California Press, 2006.

Smith, Sandra Susan, and Jennifer Anne Meri Jones. "Intraracial Harassment on Campus: Explaining Between- and Within-Group Differences." *Ethnic and Racial Studies* 34, no. 9 (2011): 1567–93.

Smith, Terry. *Whitelash: Unmasking White Grievance at the Ballot Box.* Cambridge: Cambridge University Press, 2020.

South, Scott J., Kyle Crowder, and Erick Chavez. "Migration and Spatial Assimilation Among US Latinos: Classical Versus Segmented Trajectories." *Demography* 42, no. 3 (2005): 497–521.

Spano, John. "Blacks Were Targeted, Witness Insists: A Highland Park Gang Member Testifies in a Civil Rights Conspiracy Trial That a 1999 Murder Was Part of a Racial Cleansing Campaign." *Los Angeles Times*, July 6, 2006.

Spiegel, Sarah. "Prison Race Rights: An Easy Case for Segregation." *California Law Review* 95 (2007): 2261–93.

Spivak, Gayatri Chakravorty. "Subaltern Studies: Deconstructing Historiography." In *Selected Subaltern Studies*, ed. Ranajit Guha and Gayatri Chakravorty Spivak, 3–32. New York: Oxford University Press, 1988.

Stack, John F., and Christopher L. Warren. "The Reform Tradition and Ethnic Politics: Metropolitan Miami Confronts the 1990s." In *Miami Now! Immigration, Ethnicity, and Social Change*, ed. Guillermo J. Grenier and Alex Stepick III, 174. Gainesville: University Press of Florida, 1992.

Stack, Liam. "Black Workers' Suit Accuses Job Agency of Favoring Hispanic Applicants." *New York Times*, Dec. 6, 2016. https://www.nytimes.com/2016/12/06/us/lawsuit-alleges-discrimination-against-blacks-at-national-job-agency.html.

Steffensmeier, Darrell, Ben Feldmeyer, Casey T. Harris, and Jeffery T. Ulmer. "Reassessing Trends in Black Violent Crime, 1980–2008: Sorting Out the 'Hispanic Effect' in Uniform Crime Reports Arrests, National Crime Victimization Survey Offender Estimates, and U.S. Prisoner Counts." *Criminology* 49, no. 1 (2011): 197–251.

Straus, Emily E. "Unequal Pieces of a Shrinking Pie: The Struggle Between African Americans and Latinos over Education, Employment, and Empowerment in Compton, California." *History of Education Quarterly* 49, no. 4 (2009): 507–29.

Sued Badillo, Jalil, and Angel López Cantos. *Puerto Rico Negro.* Río Piedras, Puerto Rico: Editorial Cultural, 1986.

Swarns, Rachel L. "Bridging a Racial Rift That Isn't Black and White." *New York Times*, Oct. 3, 2006.

Tafoya, Sonya M. "Shades of Belonging: Latinos and Racial Identity." *Harvard Journal of Hispanic Policy* 17 (2004–5): 58–78.

Tanner, Adam. "Hispanics Battle Blacks in Major Calif. Prison Riot." Reuters, Jan. 20, 2007. https://www.reuters.com/article/us-prison-riot/hispanics-battle-blacks-in-major-calif-prison-riot-idUSN3144650620070101.

Telles, Edward. *Pigmentocracies: Ethnicity, Race, and Color in Latin America.* Chapel Hill: University of North Carolina Press, 2014.

Telles, Edward, Mark Q. Sawyer, and Gaspar Rivera-Salgado, eds. *Just Neighbors? Research on African American and Latino Relations in the United States.* New York: Russell Sage Foundation, 2011.

Telzer, Eva H., and Heidie A. Vazquez Garcia. "Skin Color and Self-Perceptions of Immigrant and U.S.-Born Latinas: The Moderating Role of Racial Socialization and Ethnic Identity." *Hispanic Journal of Behavioral Sciences* 31, no. 3 (2009): 357–74.

Thomas, Piri. *Down These Mean Streets.* New York: Alfred A. Knopf, 1967.

Torres, Arlene. "La gran familia Puertorriqueña 'ej preta de Beldá'" [The Great Puerto Rican Family Is Really Black]. In *Blackness in Latin America and the Caribbean, Volume 2: Social Dynamics and Cultural Transformation: Eastern South America and the Caribbean*, ed. Arlene Torres and Norman E. Whitten Jr., 285–97. Bloomington: Indiana University Press, 1998.

Torres, Julie. "Black Latinx Activists on Anti-Blackness." *Anthropology News*, Sept. 3, 2020. https://www.anthropology-news.org/articles/black-latinx-activists-on-anti-blackness.

Torres Gotay, Benjamín. "Justicia desiste del caso contra estudiante de educación especial." *El Nuevo Día*, Feb. 12, 2018. https://www.elnuevodia.com/noticias/tribunales/nota/justiciadesistedelcasocontraestudiantedeeducacionespecial-2397941.

Torres-Saillant, Silvio. "Problematic Paradigms: Racial Diversity and Corporate Identity in the Latino Community." *Review of International American Studies* 3, no. 1–2 (2008): 435–55.

Uhlmann, Eric, Nilanjana Dasgupta, Angelica Elgueta, Anthony G. Greenwald, and Jane Swanson. "Subgroup Prejudice Based on Skin Color Among Hispanics in the United States and Latin America." *Social Cognition* 20, no. 3 (2002): 198–226.

Umemoto, Karen, and C. Kimi Mikami. "A Profile of Race-Bias Hate Crime in Los Angeles County." *Western Criminology Review* 2, no. 2 (June 2000).

http://www.westerncriminology.org/documents/WCR/v02n2/umemoto/umemoto.html.

Unger, Todd. "Hate Crime Strikes Rio Rancho." *KOAT Action 7 News*, July 25, 2012. https://www.koat.com/article/hate-crime-strikes-rio-rancho/5042100.

Uzogara, Ekeoma E. "Who Desires In-Group Neighbors? Associations of Skin Tone Biases and Discrimination with Latinas' Segregation Preferences." *Group Processes and Intergroup Relations* 22, no. 8 (2019): 1196–214.

Valcarel, Carmen Luz. "Growing Up Black in Puerto Rico." In *Challenging Racism and Sexism: Alternatives to Genetic Explanations*, ed. Ethel Tobach and Betty Rosoff, 284–94. New York: Feminist Press, 1994.

Valdes, Francisco. "Race, Ethnicity, and Hispanismo in a Triangular Perspective: The 'Essential Latino/a' and LatCrit Theory." *UCLA Law Review* 48, no. 2 (2000): 305–13.

Valdes, Marcela. "The Fight for Latino Voters." *New York Times Magazine*, Nov. 29, 2020.

Valdés, Vanessa K. *Diasporic Blackness: The Life and Times of Arturo Alfonso Schomburg*. Albany, NY: SUNY Press, 2017.

Valentín, Luis J., and Carla Minet, "Las 889 páginas de Telegram entre Rosselló Nevares y sus allegados." *Centro de Periodismo Investigativo*, July 13, 2019. http://periodismoinvestigativo.com/2019/07/las-889-paginas-de-telegram-entre-rossello-nevares-y-sus-allegados.

Vargas, Edward D. "Latinos and Criminal Justice, Policing, and Drug Policy Reform." Latino Decisions/LatinoJustice PRLDEF, Jan. 10, 2018. https://latinodecisions.com/wp-content/uploads/2019/06/LJ_Posted_Deck.pdf.

Vargas, Nicholas. "Latina/o Whitening?: Which Latina/os Self-Classify as White and Report Being Perceived as White by Other Americans?" *Du Bois Review: Social Science Research on Race* 12, no. 1 (2015): 119–36.

———. "Off White: Colour-Blind Ideology at the Margins of Whiteness." *Ethnic and Racial Studies* 37, no. 13 (2014): 2281–302.

Vasquez, Jesse. "One Prison Taught Me Racism. Another Taught Me Acceptance." *Washington Post*, Oct. 1, 2018. https://www.washingtonpost.com/outlook/2018/10/01/one-prison-taught-me-racism-another-taught-me-acceptance.

Vigil, James Diego. "Ethnic Succession and Ethnic Conflict." In *Just Neighbors? Research on African American and Latino Relations in the United States*, ed. Edward Telles, Mark Q. Sawyer, and Gaspar Rivera-Salgado, 325–42. New York: Russell Sage Foundation, 2011.

Vilson, Jose. "My Skin Is Black, My Name Is Latino. That Shouldn't Surprise You." *Medium*, July 6, 2017. https://level.medium.com/my-skin-is-Black-my-name-is-latino-afrolatinidad-as-a-layered-Blackness-eb592b69ae12.

Wang, Hansi Lo. "The 2nd-Largest Racial Group in the U.S. Is 'Some Other Race.' Most Are Latino." *GPB News*. PBS, Sept. 30, 2021. https://www.wgbh.org/news/national-news/2021/09/30/the-2nd-largest-racial-group-in-the-u-s-is-some-other-race-most-are-latino.

West, Cornel. *Race Matters*. Boston: Beacon Press, 1993.

White, John Valery. "The Irrational Turn in Employment Discrimination Law: Slouching Toward a Unified Approach to Civil Rights Law." *Mercer Law Review* 53 (2002): 709–810.

Wilkerson, Isabel. *Caste: The Origins of Our Discontents*. New York: Random House, 2020.

Wilkinson, Betina Cutaia. *Partners or Rivals? Power and Latino, Black, and White Relations in the Twenty-First Century.* Charlottesville: University of Virginia Press, 2015.

Williams, Joyce E., and Liza Garza. "A Case Study in Change and Conflict: The Dallas Independent School District." *Urban Education* 41, no. 5 (2006): 459–81.

Yancey, George. "'Blacks Cannot Be Racists': A Look at How European-Americans, African-Americans, Hispanic-Americans and Asian-Americans Perceive Minority Racism." *Michigan Sociological Review* 19 (2005): 138–54.

Yancey, George. *Who Is White? Latinos, Asians, and the New Black/Nonblack Divide.* Boulder, CO: Lynne Rienner, 2003.

ÍNDICE